화폐시스템의 세계사

화폐시스템의 세계사

'비대칭성'을 읽는다

지은이 | 구로다 아키노부

초판 1쇄 인쇄 | 2005년 11월 1일

초판 1쇄 발행 | 2005년 11월 10일

옮긴이 | 정혜중

펴낸곳 | 논형

펴낸이 | 소재두

표지 | 디자인공

편집제작 | 에이디솔루션

등록번호 | 제2003-000019호

등록일자 | 2003년 3월 5일

주소 | 서울시 관악구 봉천2동 7-78 한림토이프라자 6층

전화 | 02-887-3561   **팩스** | 02-886-4600

ISBN 89-90618-22-3 94900

값 18,000원

논형출판사와 한림토이북은 한림토이스의 자회사로 출판과
문화컨텐츠 개발을 통해 향유 문화의 지평을 넓히고자 한다

화폐시스템의 세계사

'비대칭성'을 읽는다

구로다 아키노부 지음
정혜중 옮김

일러두기
1. 이 책의 번역은 2004년 2월 발행된 4쇄에 따른다.
2. 유럽, 동남아시아, 일본의 지명과 인명은 발음대로 표기하였으나,
   중국 인명과 지명은 한자 독음표기에 따른다.
3. 원서처럼 본문에 인용도서를 함께 표기한다.
4. 원서의 미주처리는 독자의 이해를 위해 각주 처리한다.

世界歴史選書

貨幣システムの世界史

〈非対称性〉をよむ

黒田明伸

岩波書店

KAHEI SHISURTEMU NO SEKAISHI
by Akinobu Kuroda
ⓒ2003 by Akinobu Kuroda
Originally published in Japanese in 2003 by Iwanami Shoten, Publishers, Tokyo.
This Korean Language edition published in 2005
by Nonhyung, Seoul
by arrangement with the author c/o Iwanami Shoten, Publishers, Tokyo.

만약 일본어가 명사의 단수형과 복수형을 엄격히 구분한다면, 이 책에서 '화폐'라고 표현되는 단어의 대부분은 화폐들이라는 복수형으로 바꾸어야 할 것이다.

지금까지 화폐를 연구하는 사람들은 추상적인 화폐이건 혹은 특정한 화폐이건 모두 단수형 화폐를 사용해 '화폐란 무엇인가'에 대해 설명해 왔다. 그러한 방법은 예컨대 한 천체의 존재를 전제로 하여 '별이란 무엇인가'를 탐구하고자 하는 것과 마찬가지라고 생각된다. 그러나 지구라는 천체를 이해하기 위해서는 지구를 태양과 은하계를 구성하는 일부로 생각해야 되는 것처럼 현실에서 화폐의 움직임은 함께 존재하는 화폐들이 만들어 내는 관계를 빼고서 이해하기는 곤란하기 때문이다.

이처럼 화폐들의 관계성에서 화폐를 생각하는 방법이 나로 하여금 함께 존재하는 화폐들 전체를 시스템으로서 생각하게 하였다. 그리하여 스스로 고찰 대상을 넓혀가며 본래 연구 대상인 중국 내지는 동아시아를 훨씬 벗어나 버리고 말았다. 따라서 이 책을 ≪화폐시스템의 세계사≫로 제목을 붙이긴 하였지만, 결코 화폐에 관한 세계사적인 서술 자체에 균형을 맞추려 한 것은 아님을 밝혀 둔다. 다만, 화폐들의 관련성을 읽고 이해한 후에, 그 다양한 존재형태를 규명하다 보니 어느새 연구 대상인 화폐의 동서고금을 다 살펴 보게 되는 결과가 되어 버린 것이다.

이 책이 일본에서 출판된 지 2년이 지났다. 고맙게도 이미 적지 않은 서평과 소개가 학술지와 신문, 잡지에 실려 있다. 그 서평들을 보고 만약 지금 이 책에 대한 설명을 하나만 보충하라고 한다면 화폐들 간의 보완성이라는 말을 보충하고 싶다. 보완성이란 대체성(代替性)에 반대되는 말이다. 지금까지의 연구는 새로운 화폐가 유통하는 것은 오래된 화폐를 대체하는 것이라고 생각해 왔다. 이른바 그레샴의 법칙 즉, 〈악화가 양화를 구축한다〉는 그러한 생각을 전형적으로 보여 왔다. 그러나 이 책이 세계사의 사례에서 보여준 것은 여러 화폐가 각각 다른 기능을 하면서 서로 보완하고 공존하는 형태였다. 책에서 다루고 있는 화폐에 관련된 비대칭적인 현상은 그러한 화폐간의 보완적인 관계에서 나오는 것이었다. 이러한 연구의 연장으로 필자는 세계화폐사 연구자들과 함께 2006년 헬싱키의 국제경제사학회에서 〈역사에서 화폐간의 보완적 관계'라는 테마로 회의를 주최하려 계획하고 있다. 정혜중 박사에 의해 이 책이 한국어로 번역되는 것은 나로서는 무한한 기쁨이 아닐 수 없다. 그녀의 중국 금융기관에 관한 연구는 매우 중요한 원사료에 기초하고 있다. 회계장부에서 경영 실상을 분석해 낸 통찰력은 본서의 번역에서도 발휘되었을 것으로 생각된다. 또 일찍부터 이와나미서점(岩波書店)에 책의 번역을 타진해온 한국의 출판사 논형에도 감사드리고 싶다. 책이 번역되어 한국에서 보다 창조적인 화폐론과 세계사상(世界史像)이 나온다면 모두 이 덕분이라고 생각된다.

2005년 2월 구로다 아키노부 黑田明伸

옮 긴 이 글

저자 구로다 아키노부는 도쿄대학 동양문화연구소의 교수로 1995년 ≪中華帝國の構造と世界經濟≫, (名古屋大學出版會, 1995)의 출간으로 학계에 널리 알려진 중국경제사 연구자이다.

1990년대의 연구에서는 중국 청대 화폐사에 관한 많은 자료를 이용하고 분석하여 〈중화제국〉의 경제구조에 초점을 두고 연구하였다. 그는 중국 청대의 활발하고 자유로운 경제 거래의 한편에 각 지역 간에 화폐가 서로 태환되지 않고 있기 때문에 상거래가 단절되어 시장균형에 따른 물가가 작용하지 않음을 지적하였다. 이러한 전통중국(=중화제국)의 시장경제를 그는 〈비균형적시장경제〉라고 하며, 국민국가 속에 화폐 제도가 통일되고 나아가 보다 광범위한 경제권으로 통합되어가는 〈세계경제〉와의 대비를 선명하게 그려내었다.

그의 연구는 청대 경제사 뿐 아니라 화폐사의 영역까지 영향을 미치게 되었고, 또 세계사와의 관련에서 중국사를 보는 연구라는 맥락에서도 최근 경제사 연구자들의 더욱 폭 넓은 관심을 받고 있었다. 그 후의 구로다 교수의 연구는 화폐에 관한 논의를 중국에만 한정한 것이 아니라 바다를 동서로 넘나들며 화폐 경제에 관한 풍부한 틀을 세워 논리를 정리하였다.

우리가 보통 알고 있는 화폐는 교역에서 대칭성을 보증하기 위한 것이었지만, 그는 이것을 비대칭적인 것으로 설명하고 있다. 이는 무엇보다 화폐에 대한 새로운 관점이라는 점에서 중요한 가치라고 생각된다. 따라서 각지에서의 실증과 더불어 저자의 해박한 지식을 담고 있는 경제사 영역의 역사서이면서 화폐론과 시장경제론에 새로운 시각을 담은 이론서로 비판의 여지도 있지만 일본에서 큰 반향을 불러일으켰다.

나는 지난 2003년 초두에 출판되자 곧바로 구로다 교수의 연구성과를 한국에 소개하고 싶은 생각으로, 저자와 직접 연락하여 번역하기로 마음먹었다. 그의 연구가 중국 청대에 한정된 연구로 중국경제사를 전문연구자로 하는 연구서라고 한다면, 이 책은 최근 일본 역사연구의 다채로운 방향에서 활약하고 있는 연구자들의 업적을 소개하는 일본 이와나미 서점(岩波書店)의 세계역사선서(世界歷史選書)의 하나로, 현대사회가 직면한 다양한 문제와도 관련된 테마로 역사연구의 다채로운 연구 성과를 읽기 쉬운 형태로 한다는 출판사의 기획 의도가 훌륭하다고 생각되었기 때문이었다.

중국사 전공자인 나는 특히 이책의 4장 〈중국화폐의 세계〉에서 평소 중국 화폐제도에 관한 궁금증들이 비교적 명쾌하게 정리되었음을 느끼며 본서를 읽는 독자들도 전통시대 중국 경제사 이해에 큰 도움이 될 것을 확신하게 되었다.

또한 이 책에서는 몇 가지 서로 대비가 되는 기본개념을 사용하고 있다. 가장 중요한 개념으로는 〈현지통화〉, 〈지역간 결제통화〉와 , 우리의 일반상식인 화폐의 〈대칭〉과 반대된 개념으로 〈비대칭〉에 대한 설명일 것이다. 이러한 설명의 과정에서 인도와 아프리카 심지어는 남미의 역사적 상황에 대한 설명을 부가하면서 동아시아사에 익숙한 우리를 화폐 흐름을 통하여 낯선 지역까지 안내한다. 최근 세계사란 이름으로 쏟아져 나오는 책들이 대부분 유럽을 중심으로 하고 있고 간혹 동양(동방)의 이야기로 약간 중국을 덧붙이는 경우가 많아 적지 않은 실망을 하곤 한다. 그러나 한국어판 서문에서도 저자가 지적하였듯이 본서가 화폐에 관한 세계사적인 서술 자체는 아니지만 각 지역의 화폐들을 추적하여 세계의 화폐 유형들을 고루 취급하고 있는 점은 가히 세계사로 이름붙이기에 충분하다.

다만 이 책이 동서고금의 광대한 자료를 기초로 한 시장경제와 화폐시스템에 관한 상을 그려내려고 하고 있고, 또 한편으로는 근대경제학자들의 이론과 비판도 적지 않은 부분을 차지하고 있어 번역자의 지식의 일천함을 자책하며, 연구에 매진하고자 한다. 번역초기의 야심만만하였던 각오도 점차 번역을 게을리 하게 되는 주위 환경에 휘말리며 속도를 내지 못하였다. 어느덧 2년의 세월이 흐르자 오랫동안 완역의 소식도 전해드리지 못한 송구스러움에 글의 마무리에 박차를 가하게 되었다.

출판사 논형에서도 원서의 출판과 동시에 이와나미와 출판협의 중이던 차에 저자 구로다 교수가 나에게 직접 논형 출판사를 소개하여 주었으니 번역자로서는 참으로 큰 수고를 덜 수 있었다. 초고를 읽어주신 하세봉 선생님과 좋은 책 소개의 기회를 주신 논형의 소재두 사장님께 감사드린다.

2005년 10월 정혜중 鄭惠仲

화폐시스템의 세계사

□ **차례**

화폐시스템의 세계사

화폐시스템의 세계사

화폐시스템의 세계사

서장
화폐의 비대칭성

1. 합산되지 않는 화폐

교환은 반드시 대칭적으로 일어난다. 꽃님이와 영수라는 친구 둘이서 어떤 물건을 교환하고자 한다면 우리는 보통 꽃님이가 영수에게 주려는 것과, 영수가 꽃님이에게 주려는 것이 밸런스가 맞게 평가된 것이라고 생각한다. 그러나 꽃님이가 영수에게 어떤 물건을 팔려고 하여 영수가 그 대가로 만 원짜리 한 장을 주려고 하는데, 만약 꽃님이가 100원짜리 동전 70개만을 달라고 한다면 매우 이상하게 생각할 것이다.

20세기 초 중국 양자강(揚子江)유역의 다음과 같은 짧은 기사는 위와 비슷한 상황을 전해주고 있다. 이 지역 농민은 자기들의 생산물을 팔려고 할 때, 그 물건을 사려고 하는 상인이 당시 시가로 동화(銅貨) 1300문(文)에 해당하는 1원 은화(1元 은화) 하나를 주려고 하자, 동화로 1000문을 요구하였다고 한다(Imperial Maritime Customs, 1912, p.283). 이와 같은 상황은 꽃님이가 농민으로 그려지고 영수가 상인으로 바뀐 것일 뿐, 앞서 언급한 상황과 매우 비슷한 인상을 주는 구도라 할 수 있다.

당시 중국에서는 상인 쪽은 동화와 은화 둘 다 사용하였던 것 같은데, 농민은 왠지 동화사용에 더 익숙한 모양이었다. 환전상들 간에 1원은화(1元銀貨) 한 개는 동화 1300문으로 교환되고 있었지만, 농민들 간에는 은화가 1000문 보다 낮게 평가되고 있었던 것이다.

즉 이것은 두 통화사이의 교환비율에 몇 가지 평가가 함께 존재하는 경우에 한해서 일어나는 현상이다.[1] 이렇듯 교역 당사자들이 서로 다른 통화비율을 설정해 둘 때에 두 통화의 교환은 쌍방에서 서로 대칭적으로 이루어질 수는 없을 것이다.

본래 화폐는 교역에서 대칭성을 부여하기 위해 존재했다. 예를 들면 5kg 쌀과 와인 한 병이 교환되는 경우에는 대칭적이라고 할 수 있다. 즉 둘 다 2000엔의 통화를 매개로 하였을 때 등가이므로 교환 당사자들끼리 승인한 것이다. 만약 통화 자체에 대한 평가가 다원적이라면 교역자체는 설 곳이 없어져버릴지도 모른다.

여러 통화가 함께 유통되고 있고, 그에 대한 평가 또한 다원적이라면 통화

---

[1] 이 경우 원(元)단위의 은화와 문단위의 동화는 단위가 다르게 때문에 특수한 사례인 것처럼 보일 수 있다. 그러나 같은 시기 중국의 사례를 보면, 동일한 단위의 고액면과 소액면 통화 사이에서조차 정액 비율이 무시되며, 실질 교환 비율도 변동하고 있음을 알 수 있다. 게다가 그러한 현상이 빈번하게 일어나고 있다. 예를 들면, 당시 중국 동남연안부에서는 1원(一元=1달러) 은화와 1각(1角=10실링), 2각(2角=20실링) 은화 등이 유통되고 있었으나 속칭 대양(大洋)이라 불리던 일원은화 1개는 소양이라 불리는 1각경화(1角硬貨) 10개로 교환 되지 않고 증액이 요구되고 있는 것이 일반 현상이었다. 또한 19세기 말까지 중국에서 동화로는 한 개가 1문인 동전만이 있었으나, 이 시기에는 한 개당 10문과 20문어치의 가치가 있는 동원(銅元)이 보급되기 시작하였다.

총량을 헤아려보는 것은 의미가 없을 것이다. 농민과 상인이 모이는 지방시장에 은화 100원(元)과 동화 70,000문이 있다고 가정해보자. 여기에 위의 1원은화 한 개가 동화 1300문과 같다는 시세에 따른다면, 이 시점에서 시장 통화총량은 200,000문에 해당한다고 볼 수가 있다. 여기서의 통화는 두 종류뿐이지만 세 개, 네 개 혹은 그 이상에 달한다 하여도 같은 방법으로 합산될 수 있다. 통화들 간의 시세가 매일 변동하여도 합산된다는 점에서는 어떤 변화도 없다고 할 수 있다. 통화 총량의 수치 자체는 비율 변동에 의해 증감이 있을 뿐이다. 다만, 시세라는 것이 단순히 환전상에 의한 환전비율에 지나지 않고, 그 시장에서 교역하는 사람들이 환전상의 환전비율에 의존하는 정도가 낮다면 통화총량 내지는 시장의 유동성 등을 따져보는 것은 쓸데없는 일이 될 것이다.

여러 통화가 합산될 수 없다는 것은 한 통화가 부족하게 되었을 때, 다른 통화로 그것을 보완하는 것이 쉽지 않다는 것과 같은 의미이다. 예를 들면, 농산물이 풍작이고, 또 사려고 하는 사람도 많은 경우에는 거래의 증대에 따라 통화 공급을 늘려갈 필요가 있게 된다. 이때 다른 지방시장에서 은화를 가지고 들어와도 사려고하는 사람이 생각하는 것처럼 쉽게 구매가 진행되지 않는다. 농민들이 수중에 은화 10개와 동화 13,000문 중 어느 것을 선택할 것인가는 환전상 시세로 환산을 하면 같은 것이지만, 농산물을 사들이는 것에 관한 한 전혀 다른 효과를 갖게 되는 것이다.

더군다나 통화에서 보완성이 떨어진다는 것은 어떤 통화의 공급 증가가 전반적인 물가 상승에는 반드시 관계된 것이 아니고, 반대로 감소가 꼭 물가하락을 가져오는 것도 아니라는 것을 말한다. 통화량의 증가와 물가 등락을 단지 하나의 일차식으로만 취급하여 왔던 화폐수량설 등은 거의 신뢰할 수 없게 되었다.

우리들은 상식적으로 통화량을 합산하여 당연히 화폐 총량을 예측할 수 있다고 생각한다. 그러나 실은 화폐 역사에는 화폐의 비대칭적인 사상(事象)이 드리워져 있다. 이 책에서 다루고자 하는 것처럼 인류사 전체를 돌아보면 이러한 비대칭성이 실제로 상당히 많았음을 알 수 있다. 그럼에도 불구하고 그것이 주목받지 못하였던 것은 전적으로 관찰하는 쪽에서 그것을 설명할 수 있는 이론을 가지고 있지 못하였기 때문이다.

실제로 교역에서 대칭적으로 사용되고 있는 것을 가지고, 사실은 그 자체가 비대칭적인 것이라고 말하니 매우 안정감이 결여된 듯 하다. 그렇지만 그러한 상태의 옳고 그름을 따지기 전에 화폐의 비대칭성 그 자체에 대해 설명하려는 것이 이 글의 목적이라고 할 수 있다.

2. 건네지는 화폐의 논리

지금처럼 예금의 계좌이체를 통한 구매와 지불이 이루어지면서 예금화폐가 중요성을 갖기 이전의 화폐는 단지 사람들의 손에서 손으로 건네지는 수교화폐[手交(hand to hand)貨幣]일 뿐이었다. 손에서 손으로 건네지는 수교화폐는 화폐론에서는 거의 문제되지 않았으나,[2] 이 책에서는 중요한 의

---

[2] 손에서 손으로 넘겨지는 수교화폐(手交貨幣) 자체보다도 케인즈의 《화폐의 순수이론》 서두에서처럼 (Keynes, 1971b, p.3) 그것으로 표시되는 단위인 계산화폐가 화폐의 본원(本源)으로 간주되는 경향도 있다. 또 인류학자 크리어슨처럼 사실(史實)로서 계산화폐만이 화폐라는 견해도 있는데, 이론의 가부는 차치하고 그러한 관념과 관계가 없지는 않다 (Grierson, 1978).

미를 갖고 있다. 물리적으로 이동하며 특히 확산된다는 점과 통화간의 다원적 평가 즉 비대칭성과 관계가 있다고 생각되기 때문이다.

실체가 동반된 수교화폐는 예금화폐가 지니고 있지 않은 두 가지 특징을 가지고 있다. 하나는 화폐 자체가 가치 있는 경우(지폐처럼 거의 무시해도 되는 경우도 있지만), 소재가 은이건 동이건 간에 소재가치 변동에서 독립적으로 중립적인 매개기능을 하기가 쉽지 않다는 것이다. 이에 관해서는 지금까지 많은 설명들이 있었다.[3] 또 다른 하나는 화폐순환에 관한 것이다. 즉, 화폐는 환류(還流)해야 하는 것인데, 실체를 가지고 있는 수교화폐는 흩어졌던 것이 모두 회수된다고 장담할 수 없으므로 환류가 보장되어있지 않다는 점에서 불안정하다는 것이다. 후자의 경우, 즉 〈수교화폐가 꼭 환류하는 것은 아니다〉라는 것은 이 책에서의 핵심 명제로, 지금까지는 그다지 주목받지 못했었다. 예금화폐의 경우는 계좌 간의 수치가 상쇄되는 것뿐이므로 물리적으로 어떠한 움직임도 없다.

수교화폐가 〈환류하지 않는다〉는 말은 조금은 납득하기 어려운 점도 있다. 예를 들면, 농민 개개인의 입장에서 볼 때, 그들이 생산물을 매각하여 얻는 수교화폐는 결국 납세와 소비물자의 구매를 통해 지출되어 수입과 지출이 맞게 되므로, 환류하지 않는다는 것은 있을 수 없는 일이라고 생각된다. 그러나 한 시장에 참가하는 사람들의 수지가 특정 기간을 놓고 보면 합치한다는 것과, 그 시장이 필요로 하는 양 만큼의 통화가 물리적으로 환류한다는 것은 같은 것이 아니다. 이는 시장의 거래규모에 증감이 있기 때문이며, 또 통화의 물리적인 환류에도 시간이 걸리기 때문이다. 높아진 거래

---

[3]따라서 케인즈는 이 때문에 인도의 화폐제도에 대해 금위체본위제의 도입이 타당하다고 주장하였다(Keynes, 1971a).

수요에 신규 통화를 투입할 수 있는 조건이 된다면 시장에서는 흩어져 있는 통화의 환류를 기다리지 않아도 될 것이다. 그리고 이것이 반복된다면 어떤 형식으로든지 환류하지 않는 통화가 생겨날 것이다.

이처럼 수교화폐에는 예금화폐와 엄격히 구별하여야 하는 특징이 있으며, 같은 실체를 가지고 있어도 상품화폐와는 또 다른 커다란 차이가 있는 것이다. 지금부터 이 책에서는 곡물은 동서고금을 막론하고 농산물시장에서 사실상 화폐의 기능을 하였던 사례를 종종 제시할 것이다. 이러한 역사적 현상은 18세기까지 비교적 광범위한 지역에 퍼져 있었다고 생각된다. 물론 곡물은 누구나 필요한 재화이고, 또 제일 판매 가능성[4]이 높기 때문에 생산자 주변의 농촌시장을 중심으로 매개 기능을 하였던 것은 당연하다. 그러나 그것은 합리적으로 보이면서도 동시에 불합리한 것이었다. 이는 단지 부피가 지나치게 크다든가 혹은 계량(計量)이 번거롭다든가 하는 것만을 말하는 것은 아니다. 단지 부피와 계량만을 생각한다면 수교화폐의 범주에 속하는 아주 적은 액면가의 패화(貝貨 제3장)가 상품화폐인 곡물과 비교해 어느 쪽이 더 효율적인가를 판단하기가 어렵기 때문이다.

---

[4]멘가(Carl Menger)는 권력도 아니고 그 자체 상품가치에도 의하지 않고 팔릴 수 있는 판매가능성 salability에서 화폐의 생성을 설명하고 있다(Menger, 1892). 판매가능성이 무엇보다 높은 재화가 매개 기능을 하게 됨으로써 화폐가 생성되었다는 이론이다. 이와이(岩井克人)는 이 이론을 더욱 발전시켰다. 〈판매가능성〉을 재화의 상품가치에서 분리시키는 방법에 대해서는 본서도 이와이의 논리를 따르고 있다. 그러나 멘가의 방법은 상품화폐의 가능성을 설명한 것이지, 현실적인 수교화폐의 수령을 설명하는 이론은 아니다. 상품화폐에는 다음에 기술하게 될 곡물의 경우처럼, 판매 가능성이 지나치게 높아서 거래가 정지될 수 있다는 모순이 내재되어 있다. 재화 자체에 매개기능이 내재되어 있다는 인식에서는 소재 자체의 수요로부터 독립하여 수교화폐가 성립된다는 이론을 설명하지 못하고 비약으로 흐르고 있다. 즉, 일반적으로 교환성이 높은 화폐 자체가 변용되어 화폐가 된다는 이론으로는 현실 역사 속에서의 수교화폐 생성을 설명할 수 없다고 본다.

문제는 가장 필요한 소비재에 매개 기능을 위탁시켜버리면 소비재의 수요와 공급에 압박이 있을 경우, 시장에서는 교환 전반이 마비되어 버릴 것이란 점이다. 기근이 일어나면 곡물의 판매가능성은 비약적으로 높아지며 또 아무도 팔려고 하지 않으므로 시장에서 매매는 성립되지 않고 혼란만이 생기게될 뿐이다. 또 화폐기능을 하는 재화(財)를 본래의 장기수요(長期需要)의 예측을 넘겨 지나치게 오랫동안 보관하는 경향도 생기게 된다. 실제로 아프리카 동부에서는 열강의 식민지시기에 가축을 화폐로 사용한 관행이 있었기 때문에 어떻게 해서든 가축을 많이 가지고 있으려고 하여 생산 활동에 부정적인 영향까지 미쳤다고 한다(Einzig, 1966, p.506).

역사상 일정 정도 보급된 수교화폐(手交貨幣)는 그러한 상품화폐와는 달리 화폐가 매개로 하는 여러 재화(財)의 생산과 수급에 비교적 중립적이었다고 할 수 있다. 쌀을 지나치게 쌓아 두게되면 실제 경제에 영향을 미칠 수밖에 없지만, 조개화폐의 경우는 직접적인 영향은 거의 없다고 해도 좋을 것이다. 4장에서 자세히 서술하겠지만, 중국 등지에서 철제 통화가 등장하였지만 장기간 계속되지 못하였던 것은 동전보다 녹슬기 쉽다는 물리적 속성과 더불어 철 자체 수요도 지나치게 많아 다른 재화(財)의 매개 기능을 하는 것이 어려웠다는 이유도 있을 것이다. 실제로 철전(鐵錢)을 녹여 달리썼던 일도 일어나고 있었다(pp.107-108).

곡물로 대표되는 상품화폐의 경우 자체 소비 때문에 유통에서 쉽게 퇴출되지만 자체의 소비가 거의 없는 수교화폐의 경우는 반영구적으로 유통되는 것이다.5) 게다가 반드시 환류되는 것도 아니며 또 통화마다 각각 독자적으로 다양한 궤적을 그리고 있다. 이 책에서 수교화폐에 특히 주목하는 것은 바로 이 점 때문이다. 수교화폐의 유통과 체류(滯留)의 형태 차이에 바로 통화들 간의 평가를 다원화시키는 요인이 있다. 특히, 환류하기 쉽다는 점과 액면의 대소차이가 절대적으로 관계하고 있다. 구체적 사실은 지금부터 하나하나 다루겠지만, 액면가가 아주 낮은 통화일수록 환류하기 어려운 경향이 있는 것을 명확하게 보여준다. 즉, 물리적으로 확산 정도가 큰 영세액면가 통화일수록 환류 정도가 낮다는 점만은 여기에서 지적해 두고자 한다.

3. 돌아오지 않는 화폐

그러면 은행예금이 존재하지 않고 수교화폐가 지배적인 전통사회에서, 어떤 통화의 한 궤적을 추적해보기로 하자. 어느 중심도시에서 발행된 통화는 그대로 도시 내를 계속 순환하는 경우도 있지만, 어떤 것은 지방의 시장마을(市場町)로 옮겨지고 또 다시 농촌 정기시로 옮겨진다. 그곳에서 통화는 자신의 잉여생산물을 팔러 온 농민과 함께 농부 집으로 가게 되고, 그 중 또 어떤 것은 주인과 함께 다시 정기시로 돌아 올 수도 있지만, 그 중에는 틀림없이 농부 집 어딘가에 보관되고 마는 것도 있을 것이다.

그러면 이렇게 〈서랍속의 예금〉이 되어버린 통화는 반대 경로를 밟으며 다시 도시로 돌아올 수 있을까? 그 중에는 납세 등을 통해 그러한 행운을 맛보는 통화가 있을지도 모른다. 그러나 좀처럼 돌아오지 못 할것이라고 직감

---

5)지금(地金)으로 유통되는 금 등을 상품화폐로 보는 관점도 있으나, 이 책에서는 그러한 형식적 분류에 중심을 두지 않는다. 소비에 의해 유통에서의 퇴출이 거의 무시될 수 있는 것은 상품화폐와는 구별되어야 한다고 생각된다. 다만 지금(地金)형태로 평량화폐(秤量貨幣)로 유통되는 것과 주조의 과정을 거쳐 경화(硬貨)로 유통되는 것과의 구별은 의미가 있다. 이점에 관해서는 제4-5장에서 다시 언급하겠다.

하는 독자도 많을 것이다. 그런데 돌아오기 힘든 상황을 어떻게 설명하면 좋을 것인가! 두 가지로 그 요인을 생각하여 볼 수 있다.

지금까지 우리는〈어떤 통화 하나〉라고만 가정하였지 액면 등은 특별히 정하지 않았다. 그러나 발행된 통화 사이에 액면의 대소 차가 있는 경우, 중심도시에서 농민의 서랍까지 기나긴 여행을 감행한 통화는 도중에 여정을 그만두어버린 통화에 비해 훨씬 액면가가 낮은 통화일 확률이 높다. 왜냐하면 도시보다도 시장마을(市場町), 시장마을 보다도 정기시 쪽에서 소규모 거래 비율이 증가하기 때문이다. 거래를 통해 통화가 도시에서 농촌으로 하향해 갈 때, 그에 따라 액면가가 낮은 통화의 비율도 높아질 가능성이 높다. 그런데 같은 규모의 거래일지라도, 통화가 농촌시장에서 상향하는 경우에는, 액면가가 낮은 화폐가 돌아오기보다는 고액면의 통화로 바뀌어 돌아오는 경우가 많다. 왜 그런가? 먼저 상위의 시장일수록 액면가가 낮은 통화의 수요가 낮다는 것, 그리고 액면가가 낮은 통화를 모아 운반하는 비용은 고액의 비용에 비하여 높다는 점을 그 이유로 들 수 있다. 수요가 적은데 따로 비용을 들여가면서까지 액면가가 낮은 통화를 옮길 필요가 없는 것이다.

그러나 제2장과 4장에서 볼 수 있는 것처럼 16세기까지 중국 등지에서 실질적으로 사람들이 사용하던 것은 아주 간단한 것이었다. 중국은 거의 1문 동전 하나만을 사용했으므로, 위와 같은 시장 계층에서 상하와 액면의 대소를 대응시켜 설명하는 것만으로는 불충분하다.

시장계층의 상하에 대응하면서, 더 중요한 또 하나의 요인이 있다. 위에서 이미 수교화폐가 완전하게 환류 되지 않는 것을 화폐수요의 증감의 여파로 설명하였다. 그러한 화폐 증감은 특히 농촌사회에서 피할 수 없는 것이다. 수확 후에 많은 거래가 집중되고, 수확 전에는 교역이 거의 없게 되는 것은 필연적이다. 그러나 화폐수요의 계절성도 한 사회전반에 똑같이 나타나는 것은 아니다. 아마도 도시에서 농촌시장으로 향해감에 따라 계절성이 강하게 나타나게 되는 것과, 농한기와 농번기 사이의 커다란 폭, 그리고 수요의 많고 적음 등에도 영향을 받는다고 생각된다.

화폐 수요의 계절성이 강하여 농번·농한의 진폭이 큰 시장은 화폐수요의 계절성이 약하고 진폭이 적은 시장보다 더 많은 수교화폐를 대기시키는 경향이 있다.

이것이 이 책에서 이제부터 주장해 나가려는 이론들의 가장 기초적인 명제이다. 이미 위에서 지적한 것처럼 본서에서는 화폐 수량설의 유효성이 매우 한정된 것으로 보고 있다. 일단 쉽게 설명하기 위해 이 명제를 따르자면 다음과 같이 표현할 수 있게 된다.

화폐 수량설〈M(화폐량) · V(유통속도) = P(가격) · T(상품량)〉

위의 V 즉, 유통속도는 현실 시장 특히, 전통시장에서 생각한다면 유통속도라기보다는 오히려 체류의 어려움으로 보아야 할 것이다. 즉, 수요 진폭이 크고 편중도 심하기 때문에 보장(保藏)되어버리는 성향의 역수인 것이다.

이 명제에 따르면 중심적 도시에서 시장마을(市場町), 그리고 정기시로 내려감에 따라 수확기에서 일어나는 화폐수요의 계절성이 보다 강하게 되기 때문에, 수교화폐도 이에 대응해 내려갈수록 상위 시장에 돌아오기 어렵게 된다.

그리고 만약, 첫 번째 요인에 대해서 소액면 통화가 자주 발행되고 있고, 또 두 번째 요인에 대해서는 농촌시장이 자주 발행되고 있다는 쌍방의 조건을 모두 가지고 있는 사회가 있다면, 그곳은 통화가 하위시장보다 정체되기 쉬운 조건을 갖고 있다고 볼 수 있다.

여기에서 처음의 중국 은화와 동전의 사례로 돌아가 보자. 제2장과 4장에서 다루겠지만, 중국은 옛날부터 동전이라는 소액화폐에 의존해온 사회였다. 또 동시에 6장에서 다루듯이 농민의 시장참여가 자유롭고, 정기시 등 농촌시장이 잘 발달된 사회였다. 실제 농민이 교역하는 정기시 등에서 유통되는 것은 오직 동전뿐이었다. 따라서 동전이 은화에 비해 도시의 환전시세보다 낮은 평가를 받고 있다고 하여도 조금도 이상하지 않을 것이다.

지금까지 우리는 소액통화의 존재와 농민의 시장참여를 당연한 것으로 논의하여 왔다. 그런데 양자는 각 사회마다 상당한 차이가 있다. 2장에서 논의되는 것처럼 로마제국의 붕괴 이후 중세유럽은 소액통화가 매우 부족한 세계였다. 소액통화의 유무와 그 존재의 양태는 각각 권력의 행재정(行財政) 성립과 밀접한 관계가 있다. 또 소농경영의 자유도와 농촌도시의 발흥과도 관계가 있다. 이에 관하여는 6장에서 후술할 것이다. 농촌의 시장참여의 정도가 각 사회 구성에 크게 의존하는 것은 당연한 것이다.

또 앞의 절에서 선언한 바와 같이 이 책은 주로 수교화폐에 대해 서술하고 있다. 그런데 손으로 건네지는 실체를 가진 통화인 수교화폐에 초점을 맞추면 맞출수록 보이지 않는 그늘에서 또 하나의 주인공이 떠오르게 된다. 그것은 바로 신용이다. 통화가 돌아오지 않으면 새로운 통화를 추가로 공급하거나 신용으로 메워야 하는 대책을 세워야 한다. 본서의 논리구성에서 신용은 실제 화폐발행을 절약하기도 하고 또 유통속도를 빠르게 한다는 의미에서 중요성을 갖는 것이 아니라, 변동하는 화폐 수요에 탄력적으로 대응한다는 점에서 무엇보다 중요하게 취급된다. 그것도 일반적인 신용이 아니라, 농촌사회에서 화폐수요의 번한(繁閑)을 대신하여주는 지역신용으로 발전하는가 아닌가가 커다란 분기점으로 자리 잡고 있다.

행재정, 사회구성, 지역신용의 세 요소가 서로 연계되어 각각의 제도적인 요소 및 화폐 그리고 시장의 형태가 양쪽 방향에서 각각의 사회를 규정하며 사회경제적 특색을 만들어가는 것이다. 화폐나 시장은 결코 제도에서 독립되어 존재하는 것이 아니며, 그러한 측면에서 보자면 제도 또한 마찬가지일 것이다. 이러한 공존적인 구조가(金子, 安富步, 2002년) 곧 본서에서 이해하고자 하는 대상이다. 그리고 화폐의 비대칭성은 바로 구조를 풀어갈 수 있는 열쇠인 것이다.

4. 다원적 화폐론으로

그러면 이 책에서 제시하고자 하는 논점이 화폐에 대한 지금까지의 논의와 어떤 관련이 있을까? 필자는 결코 화폐론 자체를 정리하고자 하는 것이 아니며, 이 책에서 다루고자하는 것은, 화폐가 다원적으로 존재한다는 착안에 한정되어있다는 것을 먼저 밝혀두고 싶다.

화폐는 수요가 다양하므로 같은 화폐라도 다른 특성을 갖는다는 생각은 새로운 것이 아니다. 예금화폐에 대해서 케인즈는 생산기능의 분업에서 생기는 거래에 대응하는 산업적 유통과 재화(財)의 투기적 거래와 금융거래에 대응하는 금융적 유통을 구별하고 있다. 전자는 실재 생산물 거래를 반영하여 안정적임에 비해, 후자는 변화하기 쉽고 또 거액으로 되기 쉽다고 설명하였다(Keynes, 1971b, pp.38-44). 그리고 양자는 대체로 화폐의 회전수, 유통속도가 다르다고 이해하였다. 그런데 두 가지 역할을 하는 화폐를 그냥 더하기만 하여 산출된 화폐유통량이란 구체적 내용을 살펴보지 않으면 별 의미가 없게 된다.

이상의 두 유통이 경계가 없이 같은 통화로 되어있다고 한다면 갑작스럽게 팽창되는 금융적 유통은 산업적 유통을 부족하게 하며 실제 경제에 영향을 미칠 수 있게 된다. 케인즈는 예금화폐로 이러한 논리를 전개하고 있는데, 만일 수교화폐로써 설명을 한다면 금융적 유통과 산업적 유통 사이의 차이를 좀더 명확하게 보여줄 것으로 생각된다. 예를 들면, 금융투기의 여파로 보통 때라면 도시에서 농촌시장으로 보내지게 될 곡물 구매 대금이 쌓이게 되는 현상이 생길 것이다. 혹은 반대로 농촌시장에서 풍작이 되면 보통 때보다 많은 자금이 도시에서 빠져나가고, 다른 자금의 수요도 더불어 생기면 도시에서는 통화 부족 때문에 금융기관에 혼란이 일어날 가능성도 있을 것이다. 구체적인 예는 7장 등에서 다루고 있다. 다만, 여기에서는 두 유통을 담당한 화폐가 만약 각각 다른 수교화폐라면 그처럼 직접적인 비교를 하거나, 그것을 완화할 수 있다는 점을 유의해주기 바란다(상호간의 통화 교환비율은 동요된다).

한편 케인즈는 산업적 유통·금융적 유통과는 별도로 화폐 중에서 활동하지 않으며 보관상태에 있는 것은 보장화폐(保藏貨幣)라고 하여 유통화폐와 구분하고 있다. 또 보장화폐의 비활동 자산에 대한 비율을 보장성향(保藏性向)이라고 부르고 있다(Keynes, 1971b, p.130). 그가 이해하는 보장성향이라는 것은 유동자산을 보유하고자 하는 공중(公衆)의 의지결정 결과로서 취급되고 있다. 비활동 상태에 있는 화폐는 이 책에서도 중점적으로 취급될 것이다. 그러나 본서에서 중요하게 다루고자 하는 보장(保藏)은 그가 공중(公衆)이건 누구이건 간에 그의 자발적 의지에 기초한 것이 아닌, 의도되지 않고 보장되어버린 존재로서의 화폐이다. 앞 절에서 기술한 것처럼 하위의 시장에 침투되어 회수되기 어려운 화폐는 또 다른 시각에서 본다면, 사회적으로는 대부분 활동하지 않는 보장화폐인 것이다. 그러나 화폐수요의 번한(繁閑)의 차이는 큰 하위계층 시장에서는 바로 번망기(繁忙期)를 위해 대기상태에 있는 화폐인 것이다.

이 책에서 쓰이는 이론은 위에 언급한 두 종류의 구분을 각각 설정을 바꾸어 결합시킨 것으로 볼 수 있다. 그 중 하나는 시장계층의 상위와 하위의 수직적 관계에서 비자발적인 보장이 생기는 경향이 있다는 점이다. 다른 하나는 일정한 공간을 가졌던 시장에서 그 내부와 외부는 수평적인 관계인데, 안정된 내부화폐의 수요와 때때로 크게 흔들리는 외부시장의 화폐출입이라는 두 힘이 부딪치고 있다는 것이다. 즉, 케인즈는 소위 업종별 화폐특성의 차이를 구분하였지만 본서에서는 공간적인 내외의 구분으로 화폐를 구분하고 있는 것이다.

픽스는 일찍이 《경제사이론》에서 이와 같은 공간적 구분으로 대통화(大通貨)와 현지통화라는 개념을 제시한 적이 있는데, 이 책에서 다루려는 것도 그와 매우 유사하다고 할 수 있다(Hicks, 1969, p.89,). 하지만 그는 현지를 내와 외로 구분하는 논리를 설정하지 않아 결국 행정적인 공간으로 내외를 구분해버리고 말았다. 그러나 본서에서는 권력에 의한 구분이 아니라 국경 내에서 혹은 국경을 넘어서 생기는 화폐유통의 공간적 구분을 다루려 한다.

화폐의 공간성을 명확하게 논의한 것으로 최적통화권이 있다. 이를 앞장

서서 주장한 선도자 먼델은 노동력 · 자본이라는 생산요소가 움직일 수 있는 범위와 그 범위를 넘어 움직일 수 없는 외부를 구분하여 행정경계에 관계없이, 요소시장이 충분히 기능하여 생산요소가 활동할 수 있는 범위라면 통화통치가 가능하다고 주장하였다(Mundell, 1961). 그렇지만 먼델 자신이 노동력과 자본의 가동성이 충분하지 않으면, 같은 행정 영역 내에서도 지역마다 물가 상승률과 실업률이 제 각각이 된다고 말하고 있는 것처럼, 같은 국내에서도 유동성이 똑같이 나타나지 않을 가능성도 상정하고 있다. 따라서 이 이론은 한발자국 더 다가가 뒤집어 생각하면 같은 국경 내에 화폐가 함께 존재하는 가능성을 열어준 것이라고 볼 수 있을 것이다.

하지만 먼델이 외부통화가 이미 내부 통화로 전환되는 것을 전제하고 있듯이 여러 국가가 하나의 통화를 공유하는 것은 가능하여도(지금의 유로화처럼), 한 국가가 여러 통화를 공유하는 경우에 대해서는 그도 적극적으로 가정하지 않았다. 그러나 하이에크는 한 사회가 여러 통화를 공유하는 것에 대해 긍정적으로 주장하였다. 그는 화폐 발행을 완전히 국가로부터 자유롭게 해야 한다는 관점에서 여러 통화가 경쟁적으로 함께 존재하면서 유통되는 상태를 주장하였다(Hayek, 1976). 경쟁적으로 유통된다는 것은 여러 통화에 대한 평가에 고저의 차이가 생기게 되어, 이로 인해 각 통화 간의 교환비율이 변하게 되는 것을 말한다. 권력과는 관계없이 각 통화가 변동시세를 가지고 병존하는 예는 실제 역사 속에서의 전통 중국과 인도 등지에서 보이는데 이 책에서는 제3장, 제4장에서 각각 소개하고 있다. 본서에서는 통화가 경쟁적으로 병존하는 구조적인 이론에 대해 구체적인 예를 들어가며 설명하고자 한다. 그 이론과 사례를 아는 것 자체는 지금 우리가 당연한 것으로 받아들이는 일국일통화(一國一通貨)제도가 유일하게 안정된 존재형태가 결코 아니라는 것을 강하게 시사하여 준다. 역사적 현실에서는 하이에크가 상정하고 있는 범위를 훨씬 넘어서고 있다. 여러 통화가 경쟁적으로 존재하는 상태는 본서에서 주목하고 있는 화폐요소의 다원성, 시장의 중층성을 이해할 때 비로소 그 의미를 알 수 있을 것이다.

그런데 현실 속에서 경쟁적으로 존재하는 화폐로 눈을 돌려보면 왜 화폐를 수령하게 되었을까 하는 화폐에 관한 가장 근원적인 문제에 부딪치게 될 것이다. 왜냐하면 역사적 현실에는 여러 화폐가 분명 국가 등의 권위에 의존하지 않고 유통되었으며[6], 또 실체가 같은 내용의 금속이 다른 통화단위에서 서로 다른 평가를 받으며 함께 존재하는 경우도 있으므로, 소재 가치로부터도 독립되어 받아들여지고 있다고 할 수 있다. 따라서 이 책은 먼저 제1장에서 국가권력에는 전혀 의존하지 않고, 또 소재가치로부터도 독립하여 유통되었던 사례로, 20세기 초기 홍해연안에서 유통되었던 마리아 테레지아를 예로 들고자 한다.

결론적으로 말하면 이 책에서 보여주는 화폐의 수령성(受領性)에 대한 해답도 역시 다원적인 것이라 할 수 있다. 즉, 화폐란 역사적으로도 이론적으로도 처음부터 제 화폐로 존재하였던 것이다. 본서에서는 화폐로 되는 재화 자체가 지니고 있는 매개 기능에 대한 이론은 취급하지 않는다. 재화를 재고로 보유하고 있는 것들이 좀처럼 분포되기 힘들거나 혹은 덩어리(cluster)

---

[6]〈왜 사람들은 소재가치가 없거나 혹은 부족한 것을 액면 그대로 받는가〉라는 근원적 물음에 대해 지금까지의 연구자들은 공권력에 의한 보증이나 혹은 닫혀진 사회관계에 의한 공동체적 규율에 기초한 것이라고 설명해 버리고 말았다. 전자는 크납프 등과 같은 흠정 화폐론으로 명맥이 계승되어 논의되고 있고(Kanpp, 1918), 후자는 막스 베버가 〈내부화 폐〉라 부르고 있는데 습관으로서 화폐수령을 논하는 폴라니 등의 입장과도 유사하다 (Polanyi, 1977).

에 가까울수록 화폐로 더 잘 받아들여지게 된다고 생각하여 왔다. 그러나 마지막 장에서 논하는 것처럼 공간적으로는 편차가 있는 재고 덩어리에 유동성을 부여하고자 하는 동기가 통화를 만드는 것이며, 동시에 그 동기는 공간적인 한계를 넘은 매체에 의해 좀더 보완하려고 별도의 동기를 만들어 내게 된다. 게다가 화폐는 제 화폐로 나타난다. 그리고 두 동기를 어떻게 재구성하는가에 따라 여러 구조가 생겨나게 된다. 책의 제목인 화폐 시스템의 세계사는 바로 그 구조를 말하는 것이다.

본서에서 사용하는 용어를 정리해보자. 이 책에서 〈통화〉라는 것은 역사적 현실에 존재했던 수교화폐를 말한다. 예금화폐를 예금통화라고 하지 않는 것은 예금화폐가 수교화폐처럼 물리적으로 이동하고 있지 않기 때문이다. 그리고 구체적인 수교화폐를 공유하고 있는 연결을 회로(回路)라고 부르자.[7] 또 어떤 한정된 공간의 거래에서 매개가 되는 기능의 총체를 계산해 낼 수 있다고 하면 그 총체를 〈지역유동성〉이라고 부르기로 하자. 지역유동성은 닫혀있는 사회관계에 기초한 신용이 담당하는 부분도 있지만, 그밖에도 수교화폐와 상품화폐가 지역유동성을 담당하기도 한다. (2장의 3절) 수교화폐의 유통은 그 공간을 계속하여 순환하는, 코일모양의 궤적을 남기는 회로와도 같다. 이 지역유동성을 체현하는 수교화폐를 〈현지통화〉라고 하

---

[7] 수교화폐가 존재한다는 것은 A→B→C→A와 같이 방향성을 가지고 환류하는 회로가 기능하고 있다는 것으로, 그 반대방향으로 재화가 흐르고 있음을 의미하고 있다. 여기에는 방향이 있으며 또 동시에 물리적인 이동이 동반되기 때문에 회로라고 할 수 있다. 재화를 매매하는 사람이 바로 도로처럼 그 회로를 이용하여 거래를 성립시키게 된다. 단지 전기회로처럼 이 회로에도 저항이 있고, 따라서 앞 절에서 쓴 것처럼 여러 곳에서 정체하기도 한다. 그 마디마디에 작은 곁가지를 가진 소회로를 동반하기도 하고, 또 큰 회로가 교차하여 큰 채널을 만들기도 한다. 이러한 회로는 여러 곳에 존재하며 각 회로마다 특성도 다르다 . 이때의 특성은 두 동기가 혼합되는 방식으로 정해진다.

자. 이러한 가운데 수교화폐는 공간자체에서 창조되기도 하고, 혹은 외부의 화폐가 독자적인 경로에 따라 기능하는 경우도 있는데 이때 수교화폐가 기능하고 있는 범주를 〈지불공동체(currency circuit)〉라고 부르자.[8] 범위는 하나 혹은 여러 시장의 집하범위 등 지리적 공간으로 형성되는 경우가 많지만, 특정한 업종에 관계하는 인적집합으로 나타나는 경우도 있다. 후자의 경우, 어떤 한정된 시장 공간 안에 여러 지불공동체가 함께 존재하기도 한다. 그러나 한 종류의 재화, 예를 들어 소금과 아편 등 상품이 수교화폐와 함께 지역을 넘어 사용된다면 회로(回路)도 지역을 넘어 전개된다. 제5장에서는 환중국해 동전공동체(環中國海銅錢共同體)라는 표현이 나오는데, 이때의 〈공동체〉는 international community 의 community에 가깝지만 그다지 강한 의미는 아니다. 동전을 사용하는 지불공동체가 바다를 둘러싸고 병렬하고 있는 집합체를 말한다.

한편, 〈지역유동성〉의 대칭 개념은 〈지역간 태환성(地域間兌換性)〉인데, 이를 체현하는 수교화폐를 〈지역간 결제통화〉라고 부르고 있다.[9] 여기서는 현지통화들의 코일모양의 회로가 그 위에 묶인 환상(環狀)으로 일방통행의 회로가 된다(223, 그림16). 다음 장에서 예로 드는 마리아 테레지아 은화는

---

8) 필자가 이미 지적하였지만(黑田, 1994a) 지불공동체에 대해 반복하여 설명하면 용어자체는 미야시다 타다오(宮下忠雄)가 크납의 표현을 따른 것이다(宮下, 1952, p.22 ; Knapp, 1918, S.122). 크납 자신은 은행권을 수령하는 고객을 지칭하는 말로 사용하였고 미야시타가 일본어로 지불공동체라 번역하였다.
9)현지통화에서는 함유하는 소재가치에 대한 신용과 인식보다도 계수성능이 중요시되고, 지역간 결제통화에서는 정해진 바의 가치가 신용과 인식의 조건으로 중요시되는 경향이 있다(黑田, 1994a, p.10). 이 책에서도 양자를 비교해 위와 같은 견해에 따르고 있다. 그러나 다음 제1장에서 논의하는 것처럼 지역간 결제통화가 기능하는 것은 지역들을 연결하는 화로가 형성되어 있을 때만이 중요하고 상식적인 동기가 되며, 소재가치가 처음 받아들여지는 계기의 하나로서만 의미가 있다.

그 전형적인 예가 된다.

　일국일통화 제도하의 정부지폐와 채권채무 관계에 기초한 은행권과 구별하여, 중국을 중심으로 출현한 적이 있는 통화가 종이의 통화형태를 띠었기 때문에, 이 책에서는 지제통화(紙製通貨)라는 용어를 사용한다. 다음 장에는 에티오피아에서 유통된 10리라의 지폐 등이 나오는데, 유래는 지폐지만 이 책의 용어법으로는 지제통화(紙製通貨)라고 부르게 될 것이다.

1장
월경(越境)하는 회로(回路)
홍해의 마리아 테레지아 은화

1. 마리아 테레지아 은화에 관한 수수께끼

　화폐는 무엇인가 혹은 어떠해야 하는가 등 화폐 자체를 맨 처음부터 논의하고자 할 때, 사람들은 항상 추상적이거나 불특정한 통화를 상정하게 된다. 실제로 존재하는 특정 통화에 대해 논의하는 경우는 매우 드물다. 물론, 논자가 속해있는 국가의 통화나 동시대의 국제적 기준통화를 구체화한 예로 나타내는 경우도 있다. 하지만 그 둘 중 어느 경우에도 해당하지 않는 외국통화를 예로 드는 경우는 드물 것이다. 이렇듯 보기 드문 예외로 취급되어 온 예가 바로 본장에서 다루려고 하는 마리아 테레지아 은화는 영광스런 예외에 해당한다. 서장에서 나오는 이론가 케인즈, 하이에크, 그리고 베버(Weber, 1924, S.217)도 18세기 오스트리아 여제의 상을 담고 있는 은화에 대해 언급하고 있다.

역사적으로도 유명하였던 오스트리아 여제를 기념하는 이 은화는 당연 오스트리아 정부에서 발행된 법폐이며, 발행도 여제 재위기간부터 시작된다. 그런데 베버가 언급한 마리아 테레지아 은화는 오스트리아 안에서만 유통된 것이 아니었으며, 또한 18세기에 한정되어 유통된 것만도 아니었다. 이들은 자신들이 살았던 시대 즉, 20세기 전반기에 오스트리아 본국에서 멀리 떨어진 아프리카와 서아시아에서 마리아 테레지아 은화가 유통되고 있다는 사실에 대해 매우 놀랐다.

이론가들이 종종 마리아 테레지아 은화에 대해 언급한 까닭도 바로 여기에 있다. 오스트리아의 식민지도 아니었고, 오스트리아의 세력권에 있었던 것도 아니었다. 이 지역은 오히려 영국과 프랑스의 식민지 혹은 세력범위에 있었던 지역이었다. 그런데 왜 오스트리아의 빈에서 주조된 은화가 유통되었던 것일까? 그것도 다른 오스트리아 은화가 아닌 오직 1780년이라는 연호가 새겨진 마리아 테레지아만이 유통되었던 것이다. 1780년은 마리아 테레지아 여제 즉위의 마지막 해이다. 오스트리아 영내에서는 이미 유통되지 않고 있었음에도 불구하고,[1] 1780년에 주조된 마리아 테레지아 은화는 20세기에 이르기까지 아프리카와 서아시아의 특정지역에서 계속 선호되고 있었다.

관찰자들을 가장 쉽고 빠르게 납득시킬 수 있을만한 설명은, 은화의 소재

---

[1] 오스트리아 내에서는 1854년 무효화 되었고, 19세기 동안에 오스만제국에서도 금지되어 시장에서 모습을 감추게 되었다. 그러나 1938년 나이지리아 주말 시장에서 쓰였다고 하는 것에서 알 수 있듯이 당국의 폐화법령이 지켜지는 지역만 있었던 것은 아니었다(Williams,1951). 본서의 1장에서 이용되는 사료는 주로 대영도서관 인도성문서(印度省文書)에 근거하고 있다. Financial Department Collection No.46 Currency ; Home, Colonail and Foreign Currency, File No.32 "Minting of Maria Theresa Dollars"(이하 FDC로 약칭)과 영국 국립 공문서관 소장의 왕립주조소 관계 문헌 특히 Mint/20/637 이하 (MINT라 약칭)의 파일에 포함되어 있는 것이다. 건거를 나타낼 때, FDC 혹은 MINT, 정리번호, 날짜의 순서로 표시한다.

인 은 때문이라고 생각하는 것이다. 마리아 테레지아 은화의 형태는 거기에 함유되어 있는 은 자체가 보증되어 쉽게 받아들여진다는 것[로버트슨은 임의의 실제화폐의 예로 고대에 사용되었다고 전해지는 언우화폐(犐牛貨幣)와 함께 마리아 테레지아 은화를 들고 있다.(Robertson, 1948. p.48)]이다. 그의 설명은 아주 그럴듯해 보이지만, 구체적 사실을 조금만 파고 들어가면, 그것이 설득력이 없음을 알 수 있다. 이 지역에서는 고품위의 은화가 있었음에도 불구하고 마리아 테레지아 은화가 보다 높은 시세로 유통되었다. 또 다른 통화와의 시세의 움직임을 자세히 살펴보면 국제적인 은 시세와도 같이 움직이고 있는 듯하지만 실제는 그렇지 않았음을 알 수 있다.

〈그림1〉 실제 크기의 마리아 테레지아 은화

정부가 발행한 화폐도 아니고 소재 가치와도 독립적으로 움직이고 있는 화폐는 좀처럼 설명하기가 어렵다. 따라서 케인즈도 〈각인(刻印)이 순분(純分)과 비수령성을 보증하고 있기 때문에〉 주화가 함유가치보다 다소 높게 평가되었다고 보는 일반적인 견해와 구별하여, 〈단지 미술적 성질 때문에〉 〈오늘날 아프리카 유목 아랍인이 즐겨 사용한〉 예로써 마리아 테레지아 은화를 제시했다 (Keynes, 1971b, p.12). 이것은 사실상 마리아 테레지아 은화가 경제학적 고찰의 범주에 있지 않다고 선언한 셈이다. 케인즈의 연구에서 마리아 테레지아 은화는 아주 경미한 존재에 지나지 않았다. 그러나 만약 화폐의 수령성, 즉 화폐를 주고받는 관계에 대하여 무언가 원리적인 설명을 적용할 수 있다면 아주 작은 예외도 인정될 리가 없다. 게다가 이 책의 행간에서 논의되는 것처럼 우리는 실제 역사 속에서 마리아 테레지아 은화와 같은 사례가 결코 몇 안 되는 예외가 아니라, 생각보다 많은 사례의 일부임을 확인할 수 있다.

빈에서 멀리 떨어진 아프리카 지역에서 사용되었던 마리아 테레지아 은화는 존재 자체만으로도 특수한 사례이면서, 왜 이 지역에서 마리아 테레지아 은화가 받아들여지고 있었는가라는 보다 근본적인 물음을 던져주고 있는 것이다. [로버트슨은 실제로 아랍제국에서 외국에서 만들어진 화폐가 화폐제도의 주요한 요소로 되어있는 경우에는 그것을 무시하여 왔는데, 마리아 테레지아의 경우도 마찬가지다(Robertson, 1948, p.49)라고 하며 고찰의 범주에서 제외시키고 있으나, 필자는 무시해서는 안 되는 문제라 생각한다].

2. 영국, 프랑스, 이탈리아, 벨기에의 은화주조 경쟁

마리아 테레지아 은화가 언제 어떻게 서아시아와 아프리카에서 시민권을 얻게 되었는지는 확실하지 않다. 다만, 1762년부터 67년까지 아라비아를 여행한 덴마크의 지리학자가 마리아 테레지아 은화의 존재를 확인하였으므로 상당히 오래 전으로 소급할 수 있을 것이다(MINT, 2235/19,13/9/48).[2]

---

[2] 17세기 후반 오스만 제국 통치 지역에서는 오스트리아를 비롯한 유럽의 은화가 대량으로 유입되었다(Pamuk, 1997). 이것이 역사적 원인이 된 것은 틀림없다.

마리아 테레지아는 1780년까지만 재위하였지만, 빈에서는 1780년이라는 즉위 마지막 해의 연도와 그녀의 흉상이 새겨진 은화를 1935년까지 계속해서 주조했다. 그림2는 빈에서 제조된 은화 주조의 추세를 나타내고 있다. 19세기에는 대부분이 아드리아해 (Adriatic Sea)에 인접한 트리에스테 (Trieste)에서 계속 출하되어 아프리카와 서아시아로 향하게 되었다. 1898년에 빈에서 출판된 《마리아 테레지아 은화의 역사》에는 알제(Alger, 알제리아의 수도)에서 카이로, 다마스쿠스(Damascus)에 걸친 지역과 홍해 남부 연안 말타(Malta)섬 등의 지역에서 일찍이 마리아 테레지아 은화가 유통되고 있었다고 나와 있다. 그러나 실제로 마리아 테레지아 은화는 홍해 주변과 에티오피아에서 나이지리아 북부에 걸친 지역에서 유통되었던 것으로, 이것은 그림3에 표시되어 있다(Peez/Raudnits, 1898, S.86). 20세기에 들어서면 식민지 당국의 외국통화 배제 움직임도 퍼져 영국령인 나이지리아에서는 본국통화로 대체되는 추세가 나타난다. 이러한 움직임에 따라 마리아 테레지아 은화의 유통지역은 점차 동아프리카 방향으로 후퇴되어갔다.

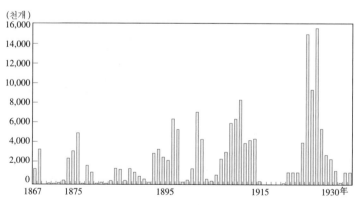

〈그림2〉 빈에서의 마리아 테레지아 은화 주조액의 추이
출전 ; Hans, 1961,S.18

국가 행재정(行財政)도 마리아 테레지아 은화를 중심으로 운영되어, 아프리카 동부의 독립국인 에티오피아에서조차 군대의 급여지급에 사용되기도 하였다(Garretson, 2000). 에티오피아에서부터 동쪽 홍해연안인 아라비아 반도에 걸친 지역은 마리아 테레지아 은화가 유통되는 마지막 지역으로 남아있었다. 마리아 테레지아 은화는 제1차 세계대전으로 인해 주조 및 출하가 사실상 중단되었지만, 아프리카 동부와 홍해연안에서 은화에 대한 수요가 강하여 전쟁 후 곧바로 주조가 다시 시작되었다. 그러나 이 무렵부터 주조차익이 기대되어지는 은화 주조권을 오스트리아 정부가 양도할 가능성에 관한 외교 정보가 흘러나오게 되었다.[3] 전쟁에서 패하여 중동 쪽 권익과는 전혀 관계없게 된 오스트리아 정부가 이미 본국에서조차 유통되고 있지 않은 화폐 주조권을 계속 고집할 이유가 없었기 때문이었다. 주조권의 양도는 1935년에 정말로 현실화되었다.[4] 먼저 이 후의 역사적 사실을 추적해 보자.

1935년부터 이탈리아의 무솔리니 정권은 에티오피아에 대한 침공을 개시하여 1937년까지 합병 전쟁을 수행하였다. 위에서 설명한 것과 같이 마리아 테레지아 은화는 당시 에티오피아에서 이른바 준법정화폐였다. 무솔리니 정권은 빈에서 주조권을 이양 받아 이를 에티오피아 합병 정책의 굳건한 경제적 기초로 삼고자 하였다. 이에 따라 이탈리아 정부도 로마에서 마리아 테레지아 은화를 주조하기 시작하며 그 출하를 관리하고자 하였다. 장차 이

---

[3] 1919년 오스트리아 정부가 주조권을 이탈리아 금융업자에게 양보한다는 정보가 있었다.(MINT,27723, 25/6/1919)

[4] 1935년 봄에는 은화 대중형이 로마에 양도되었고(Daily Telegraph. 13/1/1936) 10월에는 5톤이나 되는 은화가 에리트레아(Eritea)에 도착한 것으로 보인다(MINT, J7648,1/1, 14/11/1935) 이탈리아 정부는 이탈리아 북부가 이전에 오스트리아 정부영토이었다는 점을 들어 주조권을 계승할 수 있다는 입장을 취한 것 같다.

탈이라 통화인 리라로 대체시켜 마리아 테레지아 은화를 없애버릴 계획을 세우고 있었던 것이다. 그러나 마리아 테레지아에 대한 양도와 제한은 중동에 권익을 가진 다른 나라의 반발을 초래하고 말았다.

영국에게 홍해는 이집트와 인도를 잇는 전략상의 거점이었고, 홍해 주변지역의 농산물 출하 등에 관계하는 영국계 기업도 적지 않았다. 예를 들어 벳세 상회는 이 지역에서 피혁의 수출과 석유 및 사탕(영국제 등), 섬유제품(일본제)의 수입에 관여하고 있었다(MINT, F817/2/1936,22/12/1936). 피혁과 대표적인 수출품이었던 커피를 사들이는데 바로 마리아 테레지아 은화가 사용되었던 것이다. 무솔리니 정권이 은화 주조권을 획득한다는 것은 영국정부에게 있어 중동, 동아프리카 지역에서의자국의 권익을 크게 손상받는다는 것을 의미하였고, 나아가 보다 구체적으로는 영국계 기업이 이 지역에서 수출하는 상품에 대한 지불 수단을 빼앗길 것임을 의미하였다. 원래 1920년대 초기에 실제로 영국정부에는 마리아 테레지아 은화 주조가 비밀스럽게 제안되고 있었다. 오스트리아정부는 자국 내에서 유통되고 있지 않은 화폐에 대해 타국에서 발행하는 것을 제한할 논거가 없다는 식으로 논의하였다. 그러나 당시 영국은 영국이 은화를 발행하는 것은 주권침해에 해당하는 것이라며 오스트리아 정부의 입장을 존중하고 은화 주조를 유보하였다.5) 이러한 사정이 있은 후 1935년 빈에서 로마로 은화 주조권이 양도되었다. 따라서 이탈리아 정부가 다른 나라에서 은화를 주조하는 것은 모두 비합법적이라고 표명하였음에도 불구하고, 1936년에 전후하여 영국과 프랑스 그리고 벨기에에서 마리아 테레지아 은화를 주조하기 시작하였다. 특히, 프

---

5) 영국왕립주조소가 은화의 주조를 검토하였으나, 영토 밖에서의 어떠한 주조도 위법이라는 1892년 오스트리아 법령을 고려하여 실현되지 못했다. (MINT, 18112, 21/4/1920)

랑스 정부는 가장 명확한 논거를 제시하였다. 본래 고유의 주조권자가 그에 대한 주조를 방치한 이상 마리아 테레지아 은화는 한 나라에 속하는 통화가 아니라 단순히 교환에 사용되는 메달에 지나지 않는다는 것이었다. 그러므로 프랑스에서 메달 주조권을 가지고 있는 프랑스주조소가 민간의 요청에 따라 메달을 주조하는 것은 하등의 문제가 없다고 강조하였다(MINT, 1182/2/1937, 24/11/37).

〈그림3〉 홍해·아프리카 동부 지역 및 그 주변

표1은 1935년부터 1945년까지 런던·파리·브뤼셀·봄베이(현 뭄바이)·로마에서 발행된 마리아 테레지아 은화 주조액을 나타낸 것이다. 1938년의 수치를 보면 정당한 주조권을 가졌던 로마보다 브뤼셀에서 훨씬 더 많이 주조된 것이 눈에 띤다. 그렇다면 그것은 어떤 요구에 의한 것일까? 특산품인 메달로 요청된 것은 물론 아닐 것이다. 표2는 1938년의 1월부터 3월까지 3개월 동안 홍해 남단 아라비아 반도의 앞에 위치한 영국령 아덴(Aden)을 통해 지부티(Djibouti)에 들어온 마리아 테레지아 은화의 양을 나타낸 것이

다. 은화를 받는 사람들은 모두 영국 국적의 인도인들이었다. 이처럼 런던 등에서 주조된 은화의 대부분이 일찍부터 마리아 테레지아 은화를 선호했던 지역으로 반입되고 있었다. 표1과 같이 주조 액수가 많았다는 것은 그만큼 수요도가 높았다는 사실을 말해주는 것이다.

이탈리아 정부가 에티오피아 정권을 무너트리기 위해 사용한 유력한 전략 가운데 하나가 바로 준법정화폐인 마리아 테레지아 은화를 손에 넣지 못하

〈표1〉 마리아 테레지아 은화에 대한 주조소별 주조액(1935–1945년, 단위 달러)

로마	1935~37년	18,000,000*
	1938	500,000
	1939	945,000
런던	1936~41년	14,400,000*
	(36~38)	(4,700,000)
파리	1935~45	4,512,750
브뤼셀	1937년	3,145,000
	1938	6,700,000
봄베이	1940~41년	18,864,537

*과대평가의 가능성이 있음.
출전 ; Hans, 1961, S.19

〈표2〉 1938년 1/4분기 지부티로 들어온 마리아 테레지아 은화

지부티 도착일	액수(달러)	출하지
1월 14일	18,000	아덴
3월 4일	2,000	영국
11일	2,000	영국
동	2,000	인도
3월 24일	26,000	영국
동	6,000	영국
동	6,000	인도
계	62,000	

출전 ; MINT,J2187/326/1 16/04/1938

게 하는 것이었다. 따라서 로마에서 주조권을 획득한 것은 이탈리아에서 은화를 공급하겠다는 의도라기보다 유럽의 다른 국가가 반출하지 못하게 하겠다는 쪽에 무게를 둔 것이었다. 반입이 제한된 아디스아바바에서 마리아 테레지아 은화(단위 달러)의 시세는 1파운드에 12.8달러(1달러는 1실링7펜스정도)였다. 이때 유럽에서 현물을 운반하면 은 원가에 운송비 등의 제 경비를 포함하여 1파운드에 14달러(1달러=1실링5펜스 정도)로 공급되었으니, 국제 시세가 조금 높게 평가되었다고 할 수 있다. 그러나 에티오피아 영내에만 이러한 영향이 미쳤던 것은 아니었다. 홍해를 둘러싼 아라비아반도의

남단인 아덴에서는 1파운드에 9.5달러(1달러=2실링1펜스정도)까지 시세가 상승하고 있었다(FDC, J1836/8/1, 28/2/36). 현지에서 상품을 사려고하는 업자들은 마리아 테레지아 은화가 부족하였기 때문에 일을 제대로 볼 수가 없었고 은화 공급이 힘들어짐에 따라 은화가 지나치게 높이 평가되는 경향도 나타났다. 1파운드에 14달러라는 주조비 및 반입비용과 현지시세와의 사이에서 큰 차익이 계속되는 한 런던 등의 주조소는 주조하면 할수록 큰 차익을 얻게 되는 것이었다. 그것이 표1의 주조액으로 나타난 것이다.

또한 영국 등에서 마리아 테레지아 은화가 주조된 데에는 정치적인 의미가 포함되어 있었다. 영국과 프랑스는 이탈리아가 에티오피아를 침략하는 것을 비난하였지만 결정적인 대립으로까지 치닫지는 않았고, 결국 1938년에 합병을 인정해버렸다. 영국에서는 그러한 외교노선을 반영하며 마리아 테레지아 은화 주조가 어디까지나 자국 식민지에서 은화 수요를 충족시키기 위함이지, 에티오피아로 반입하려는 것은 아니라는 입장을 계속 강조하였다. 그러나 사실상 이는 변명에 불과하였다. 이탈리아 정부는 에티오피아 영내의 통화를 이탈리아의 통화로 대체하고자 하였으나 그들의 뜻은 좀처럼 이뤄지지 않았다. 결국 이탈리아 점령지역에서조차 마리아 테레지아 은화가 필요하게 되었다.

에티오피아 영내에서 은화의 수요가 계속되었기 때문에, 은화의 영내 유입을 막을 수 없었다. 단기간에 지나치게 많은 양이 유입된 결과 현지수요는 포화상태에 이르렀다. 1938년 가을에는 아덴의 현지시세가 1실링 5펜스로 유럽지역에서 운반해 봤자 이익도 남지 않는 수준까지 하락하였으며(MINT, F817/1937, 18/10/37), 어느덧 병합전쟁도 끝나 런던 등에서는 주조도 대부분 정지되었다. 여기까지의 과정이 소위 빈 이외의 지역에서 마리아 테레지아 은화가 주조된 제1기였다.

　얼마 지나지 않아 제2기가 이어졌다. 1939년 제2차 세계대전이 시작되었다. 아프리카 동부와 북부전선에서는 영국 · 이탈리아 · 독일 등이 전쟁하게 되자 마리아 테레지아 은화가 또다시 아주 비밀스러운 군사기밀로 등장하게 되었다.

　전쟁은 단기간에 방대한 물자조달을 필요로 한다. 특히 군대가 파견되어 있는 현지의 식량 확보에 전쟁의 사활이 달려있다고 해도 과언이 아니다. 앞서 말한 대로 이탈리아의 군사점령지에서조차 마리아 테레지아 은화가 필요하였기 때문에, 그곳에서 이탈리아와 전쟁을 벌이던 영국군도 식량 등의 조달을 결국 마리아 테레지아 은화에 의존할 수밖에 없었다. 마리아 테레지아 은화는 홍해 주변지역을 장악한 아랍계를 비롯한 상인들이 가장 널리 받아들이고 있기 때문이었다.

　제2기가 제1기와 다른 점은 주조소가 유럽에서 인도 봄베이로 옮겨졌다는 점이다. 사실 1936년에 영국에서 주조를 시작할 무렵에도 봄베이에서 주조하자는 제안이 있었다. 이는 식민지 인도에 지폐를 보급시키고 루피 은화를 폐화(廢貨)시키는 방침이 정책적으로 진행되는 상황에서, 봄베이에 지나치게 많은 은의 재고가 쌓였고 또 지리적으로도 홍해와 가깝다는 점이 고려된 것이었다. 당시엔 왕립주조소의 반대로 주조가 유보되었으나, 1940년에는 사정이 전혀 달라졌다. 유럽에서 은화를 운송하면 독일 잠수함의 공격을 받기 쉽고, 더욱이 긴급을 요하는 군사용 은화이므로 보다 주조소를 가까운 곳에 설립하는 것이 불가피하였다.

　봄베이에서 실제로 주조된 마리아 테레지아 은화는 1940년 12월부터 1941년 7월까지로, 겨우 8개월에 불과하였지만 1800만개가 넘었다. 이탈리아에서 에티오피아 병합전쟁을 일으킨 이후 런던에서 주조된 은화의 개수는 470만개에 불과하므로 봄베이에서 주조된 것이 얼마나 많은 양이었는지 충분히 짐작할 수 있다. 표3에서 왼쪽은 제2기의 8개월 동안 봄베이에서 각 지역으로 보낸 출하액을 지역별로 표시한 것인데, 최종적으로 봄베이에는 400만개 정도의 재고가 남았음을 알 수 있다. 동아프리카지역에서 진행된 전투는 1941년 11월에 영국의 승리로 끝나, 홍해를 통한 보급선을 확보하는 데 성공하였다. 그러나 표3의 오른쪽에서 보는 바와 같이 북아프리카에서 전투가 끝나가는 1943년 2월에도 홍해주변과 동아프리카에서 하레르(Harer)에 320만, 아덴에 470만을 포함하여 1200만 달러가량의 재고를 보유하였다. (그 외 봄베이에 380만) 표 3의 좌우를 비교하여 보면 하르툼(Khartoum), 나이로비(Nairobi), 베르베라(Berbera)로 들어온 은화가 최종적으로는 하레르, 아스마라(Asmara) 등 에티오피아 내부와 아덴에 남겨져 있음을 알 수 있다.

〈표3〉 봄베이에서 주조된 은화의 목적지와 재고분포

	봄베이 주조 마리아 테레지아 은화의 송금지별 송부액(백만달러) 1940.12~1941.7.	마리아 테레지아 은화 재고 (백만달러) 1943.2
하르툼	9.3	0.7
나이로비	3	0.9
베르베라	0.5	4.7
하레르	2	
아스마라		3.2
		2.5
계	15	12
봄베이	3.8	3.8

출전 ; FDC, 86426,26/02/1930 등

3. 은화 유통의 실태

그런데 위에서 논의한 것처럼 마리아 테레지아 은화의 유통지역은 오스만 제국에서 유통 금지 등의 조처가 원인이 되어 19세기에는 점점 좁혀졌다. 그러나 그림 2에서 보듯이 빈에서의 주조액은 오히려 증가해갔다. 마리아 테레지아 은화는 이집트 목면과 모카커피의 구매에 사용되면서 유통지역이 확대되는 등(William,1951), 시간이 지나면서 중동과 동아프리카 상품 수출이 증대하면서 그 수요가 더욱 자극되었다고 생각된다.

제1차 세계대전 후에도 빈의 주조소는 여전히 은화를 주조하였다. 이때부터 주조가 정지될 때까지 은화는 무려 총 5,686만 개나 주조되었다. 1925년 한 해만도 무려 1,556만개를 주조하였으므로 봄베이에서 영국이 발행한 액수는 결코 적은 양이었다고 할 수 없다. 해마다 약간의 차이가 있기는 하지만 1920년대 평균을 내보면 554만 개에 달한다. 그러한 규모로 매년 은화가 공급되었는데, 돌연 그 공급이 정지되면 에티오피아와 홍해연안에서의 교역에 큰 영향을 미칠 것은 불 보듯 뻔한 일이었다.

그러면 홍해주변에는 마리아 테레지아 은화가 도대체 얼마나 있었던 것일까? 이탈리아와 에티오피아의 전쟁 초기에 관한 한 통계는 마리아 테레지아 은화가 18세기 이래 2억4,700만 달러가 발행되었는데, 당시에도 1억이 유통되거나 사장(死藏)되었고, 그 중 5000만은 에디오피아의 아비시니아(Abyssinia)에 있었다고 한다(Hans, 1946. p41). 여기서 1억이라는 총유통량이 어느 정도 타당한 수치라면, 연평균 주조량인 554만 개는 총유통량의 5.5%에 지나지 않는다. 그렇다면 추가 공급이 조금만 중단되어도 심각한 영향을 줄 것이다. 물론, 커피와 피혁 등 상품의 수출 증가가 은화의 수요를 높여갔음을 상정할 수 있지만, 여하튼 1920년대는 차치하고 대공황의 여파에 휘둘렸던 30년대 중반에 대해서는 거의 무시해도 좋을 것이다.

마리아 테레지아 은화의 공급 두절이 왜 그렇게 문제가 되는지를 생각하려면, 먼저 은화가 어떻게 유통되고 있는가에 관한 구체적 정보가 있어야 한다. 다음 문장은 1937년 전 에티오피아 국민은행 전무이사였던 크리에가 아덴 현지에서 조사한 것을 보고한 내용이다.

신중한 조사를 통해 아덴으로 선적된 마리아 테레지아 은화의 최종 목적지가 아라비아(호디다, 마카라, 세르, 젯다)라는 것을 알았다. 아덴에서 슈로프(환전상인)라 불리는 상인들에게 지금까지 팔려진 은화는 그들에 의해 직접 사용되지 않고, 대부분이 아랍계의 대기업과 벳세, 리베라트, 차바리와 같은 기업이나 현지의 무역업자에게 팔리고 있다. 아랍계 기업과 위의 기업들은 은화를 구입하여 호디다, 마카라, 세르, 젯다 등의 지역으로 보내 피혁·커피·향·꿀 등 수출 상품을 사들일 목적을 가지고 있었다. 일반적으로 은화를 사는 현지 업자는 바니안(인도상인)과 유태인으로, 그들은 공개시장에 앉아서 내지에서 오는 아랍계 사람이나 소말리아인에게 팔고 있다. 현지 업자가 이런 식으로 매일매일 거래하는 양은 10월부터 4월까지는 하루 동안 4000-8000개, 그리고 5월부터 9월까지는 하루 2000-4000개 정도였다. 시장에서 슈로프로 부터 은화를 사서 은화 시세가 조금 유리한 때에 현지 아랍인과 기타 기업 혹은 현지소매업자에게 다시 팔아 치우는 바니안과 유태인 투기꾼도 있었다(FDC, 3573/37, 13/7/37).

위의 보고는 아덴에서 이탈리아·에티오피아의 전쟁으로 발생한 단기적인 상황을 반영하고 있는 것이 아니라, 보다 장기간에 걸친 구조를 보여주는 정보라고 해도 좋다. 1937년 8월 당시 아덴에서 마리아 테레지아 은화는 1달러에 2실링으로 강세를 보이고 있었는데, 10월에 들어서는 유럽 여러 주조국이 대량으로 주조하여 은화가 남아돌자 그 세가 꺾이기 시작하여, 1실링 5펜스까지 하락하였다. 당시는 은화 시세가 조달 비용에 상당히 근접해 갔으나, 이 시기를 지나자 은화 시세는 계속 주조비+운송비용을 훨씬 웃돌았다. 전쟁이 화폐수요에도 이상한 편차를 제공한 것은 틀림없었는데, 사실상 아프리카 전선이 일단락되고 더군다나 아덴지방에서 마리아 테레지아 은화의 재고가 400만을 넘고 있는 상황임에도 불구하고, 은화에 대한 강한 수요가 계속 이어져 1943년에도 은화에는 비교적 높은 프리미엄이 붙어 있었다. 이 자료는 은의 수요에 대한 구체적인 내용을 보여주고 있다.

　그런데 우리들은 이 보고서에서 마리아 테레지아 은화에 관한 중요한 특징 3가지를 읽을 수 있다. 첫째, 아덴 혹은 더 나아가 아라비아 등의 각지로 마리아 테레지아 은화가 보내지고 있었다는 점이다. 앞의 표2에서 보면 지부티는 마리아 테레지아가 보내지는 지역 중 하나였다. 둘째, 역시 은화는 피혁 등 수출품 구매에 쓰였다는 점이다. 셋째, 은화 수요에 있어서 거의 2배에 달하는 계절교차(季節較差)가 존재하였다는 점이다. 이상을 기본 정보로 삼아 영국 측이 남겨둔 관련된 정보를 정리하여 보자.

　먼저, 지적해 두어야만 하는 것은 은화 1개가 현지인에게는 소중한, 비교적 고액면의 통화로 일상적인 소매시장에서 사용될 수 있는 것이 아니었다는 점이다. 현지의 사정에 밝은 크리에 등이 보낸 편지에 의하면, 은화가 상대적으로 고액이라는 점을 감안하여 1/2달러, 1/4 달러의 마리아 테레지아 은화 도입조차 모색하였다고 한다(MINT, F1032/1941, 2/6/40).

어느 정도의 액면가가 일상생활에서 사용하기에 적당한지는 좀처럼 판단하기 어렵지만 다음과 같은 소재를 통한 추측은 가능하다. 하나는 이탈리아 식민지 정부가 에티오피아에서 발행한 10리라짜리 지폐이다. 이탈리아 정부는 합병전쟁을 시작한 후에 마리아 테레지아 은화를 없애버리고, 리라를 기준으로 한 통화로 대체시킬 방침이었으나, 마리아 테레지아 은화가 합병 후에도 너무 강하게 유통되고있어, 본래 계획은 완전히 실패로 끝나고 말았다. 그러나 10리라와 같은 소액면가 통화가 수령되어, 이탈리아 군과 교전 중이었던 영국에서조차, 이탈리아군을 구축한 후에도 10리라짜리 지폐의 유통을 인정할 수밖에 없을 정도였다. 10리라의 시세는 마리아 테레지아 은화의 약 1/4-1/6 정도에 해당되었다(Manchester Guardian, 6/9/1941, "Currency and Banking in Ex-Italian Colonies"). 10리라짜리 지폐의 유통은 사람들이 그 정도 액면에 해당하는 통화를 필요로 했다는 점을 말해준다고 볼 수 있는데, 그러면 앞에서 말한 1/4 달러 도입의 구상은 현실과 그다지 동떨어진 발상은 아니었다는 것을 알 수 있다. 다만 공정시세와는 별도로 현실적으로 10리라짜리 지폐와 마리아 테레지아 은화의 시세는 끊임없이 변동하였고, 또 지역적 차이도 상당히 심하였다. 1942년 2월 에리트레아(에티오피아의 북동)의 홍해연안 항구인 마사와(Massawa)에서는 60리라가 마리아 테레지아 은화 1달러였지만 내륙의 아스마라(Asmara)에서는 46-48리라가 마리아 테레지아 은화 1달러였다. 하지만 두 지역간의 거리는 불과 50킬로미터에 지나지 않았다(FDC, F4895/1942, 28/2/42).

그런데 10리라조차 일상생활의 소매와는 상당히 거리가 있었던 것은 아닌가 하는 생각이 든다. 마스커트(Masqat)에서는 1942년 7월에 마리아 테레지아 은화 1달러가 인도 은화 1.77루피의 시세로 유통되고 있었고, 또 동시에 1루피에 대해 100 혹은 85-88이라는 시세로 유통되고 있는 바짜라는 동화(銅貨)도 있었다고 한다(FDC, F6755/1942, 1-15/7/42). 바로 이 동화가 일상적인 소매에 적절한 것이었다면, 그 100배 이상에 해당하는 마리아 테레지아 은화가 얼마나 고액이었는지 쉽게 알 수 있다.

둘째로 지적해둘 것은, 마리아 테레지아 은화가 고액이었다는 점과 연관된 것인데, 각 지역 내부에서보다 오히려 외부와 연결되는 통화로써 마리아 테레지아 은화가 나타났다는 점이다. 앞서 말한 아덴의 정보는 바로 은화가 아덴을 경유해 다른 지역으로 이동하는 모습을 명시해주고 있다. 방금 지적한 아스마라와 마사와에서도 10리라짜리 지폐에 대한 마리아 테레지아 은화의 시세차도 마사와의 은화 유출에 의해 단기적으로 발생한 것이었다. 당지의 연해교역을 담당하고 있던 배의 선주(船主)들이 예멘에서 들여온 수입품의 대금을 지불하였기 때문이었다. 이렇듯 마리아 테레지아 은화는 지역 내 일상적인 거래에 사용되었다기보다는 더 넓은 지역에 걸친 결제통화로서 기능했었다고 볼 수 있다.

이탈리아는 1933년부터 이전에 프랑스가 강한 영향력을 행사하던 에리트레아를 위해 5프랑의 경화를 주조하였으나 외부와의 거래에 결재하기 위해서는 마리아 테레지아 은화를 구입해야 했고, 따라서 이탈리아가 발행한 경화의 2/3는 회수되어야 했다(FDC, F360/1933, 29/12/32). 필요한 통화는 에리트레아라는 한정된 공간에서만 통용되는 것이 아니라, 그 공간을 넘어 유통될 수 있는 것이어야 했다. 결국, 마리아 테레지아 은화는 일상적 구매보다도 고액구매에 또 지역간의 결제에 선호되는 통화였다. 그런데 지역 간 결제 통화가 부족해지자 영국정부는 군사기밀로 취급하면서까지 다른 나라의 통화 주조에 적극 개입하게 되었던 것이다.

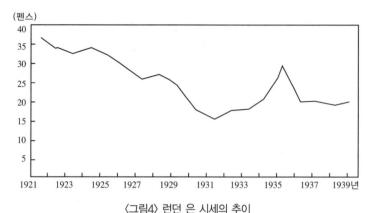

〈그림4〉 런던 은 시세의 추이

출전 ; Treasury Department, Bureau of the Mint, 1940

그러면 마리아 테레지아 은화의 부족은 실제 경제에 어떠한 영향을 미쳤는가?

1936년 이탈리아 정부가 에티오피아에서 은화 반출을 금지시키자 아덴에서 마리아 테레지아 은화시세가 상승하였다. 앞에서도 설명한 아덴보고서에도 등장하는 벳세 상회에 따르면 수출상품인 피혁의 시세도 등귀하였다고 한다. 이때 피혁 시세는 파운드를 기준으로 한 것이지만 산지에서 마리아 테레지아 은화로 구입한 피혁이 상대적으로 비가(比價)가 낮은 파운드를 기준으로 하면 시세가 상승하는 것은 당연한 것이었다. 그러나 문제는 그것이 통상적으로 이루어지는 환시세의 범위를 넘는 것이었다는 데에 있었다. 다음은 마리아 테레지아 은화를 입수하지 못하여 영업을 하지 못하게 된 벳세 상회외 G. E. 심슨이 영국재무성의 H. 브리텐을 방문하여 주고받은 말이다. 〈나는 심슨씨에게 미국에 의해 은화 가격이 오르고, 마리아 테레지아 은화가 2실링 이상이었던 때의 상황은 어떠하였냐고 물었다. 그는 당시 피혁 가격은 비교적 쌌지만 최근 일 년 사이에는 알 수 없는 이유때문에 100%나 상승하였다고 말했다(FDC, F817/2/1936, 22/12/36)〉. 그림 4에서 보듯 런던의 은 시세는 미국의 은사재기 정책의 영향으로 35년에 급상승하고 있다. 브리튼은 언급하고 있는것은 그때의 일이다. 단순히 마리아 테레지아 은화의 비가가 높았다고만 한다면, 그 때도 같은 정도로만 상승하였을 것이다. 그러나 1936년의 사태는 마리아 테레지아 은화의 시세가 올라간 것 이상으로 실물 시세가 올라갔다는 점이 특이하다. 심슨은 이해하지 못하였을지도 모르나, 1935년과 1936년의 차이는 명백하였다. 마리아 테레지아 은화의 시세수치자체가 아니라 현지에 조달되고 있는 마리아 테레지아 은화의 양이 문제였던 것이다.

그러나 수출상품인 피혁만이 마리아 테레지아 은화 부족의 영향을 받았던 것은 아니었다. 1939년 아덴에서의 보고에는 내륙에서 구할 수 있는 야채, 달걀, 육류는 마리아 테레지아 은화로 지불하는데, 만약 은화가 부족하면 비가 상승했고, 식료 가격도 그에 비례하여 상승하였다고 한다(FDC, F863/1939, 5/5/39). 앞서 설명한 1937년 아덴 보고서처럼 시장에서 매일 수천 개 정도의 수요를 따라가지 못하고 마리아 테레지아 수요가 적어지면 적어질수록 그에 따라 기준이 세워지는 상품 전체(파운드와 루피를 기준으로도)가 등귀하는 것이었다. 단순하게 국제은 시세가 올라갔다면 마리아 테레지아 은화 자체의 공급도 곧 줄어드는 데에 그칠 뿐이어서, 그 정도까지 은화가 등귀하지는 않았을 것이다. 은화 소재인 은의 등귀가 아니라, 바로 은화 자체의 전송이 줄어들고, 매일 스팟(Spot)거래로 주고받았던 마리아 테레지아 은화가 부족할 때 산품(産品) 자체가 순환할 수 있는 양과는 관계없이 물품이 부족한 상황이 생기게 되었던 것이다.

출하지로부터 나오는 재화의 대가로 사용되는 통화가 집하지에서 부족할 때, 재화의 가격은 내려가는 것이 아니라, 통화 부족과 함께 물품부족 현상이 일어나 가격을 상승시켰던 것이다. 출입하는 재화의 대가로 사용되는 통화가 부족해서 출하지에서 물가가 떨어지지는 않는다. 이 경우 출하지 시장과 집하지 시장을 묶는 통화의 수급(需給)과 출하 시장 내에서 상품 거래를 매개하는 통화의 수급은 서로 독립해있는 것처럼 보인다. 출하지 시장 위에 집하지 시장이 중층적으로 겹쳐져 있으나, 상하간의 통합은 약한 관계라고 간주된다. 하층시장은 동화(銅貨) 등 각종 영세 액면통화와 상품화폐가 일단 자율적으로 유통되고 있고, 마리아 테레지아 은화는 상층시장을 묶는 결제통화의 기능만을 하였던 것이다. 아덴에서처럼 초상층(超上層) 시장에서 통용되는 파운드와 루피, 그리고 상층 간을 묶는 마리아 테레지아 은화, 하층의 영세 현지통화 등 각각의 자율적인 중층적 화폐 유통구조에 대해 이탈리아, 그리고 영국정부는 리라와 파운드에 고정적인 비율로 맞춘 통화체계를 심으려 하였지만 모두 실패를 맛 볼 뿐이었다.

4. 회로로서의 화폐

다른 지역에서도 마리아 테레지아 은화의 폐화(廢貨)가 진행되고 있는 가운데 중동·아프리카 동부지역에서도 현지권력(식민지 본국을 포함하여)이 발행한 통화로 대체되려는 움직임이 일고 있었다. 특히 전쟁이야말로 당국 스스로 화폐에 대한 권위를 구축해가기에 상당히 좋은 계기였다. 영국은 제1차 대전 중에 인도의 루피 은화를 아라비아 지역에 보급시키고자 하였으나 받아들여지지 않아 실패하였다(FDC, F4681/1938, 26/9/38). 영국정부가 인도양 연해 일대에 널리 유통되고 있으며 무엇보다도 은의 순도가 높았던 루피 은화에 기대가 높았던 것은 결코 무리가 아니었다. 그러나 결과는 20년 후 똑같은 실패를 반복하지 않을 정도의 교훈을 남기는 것으로 끝났다. 루피 은화를 가장 선호할 것 같은 인도 상인도 마리아 테레지아 은화를 취급하여 보다 큰 이득을 얻었다. 이탈리아와 에티오피아 사이에 전쟁이 일어난 1933년 5월, 에티오피아 정부가 마리아 테레지아 은화의 수입을 금지시키는 법령을 발포하였을 때, 아디스아바바의 영국 영사에게 그 불공평함을 제기 하였던 것은 인도상인이었다. 그들은 마리아 테레지아의 시세가 높았던 아덴에 은화를 운반하여 차액을 챙기고 있었기 때문이었다(FDC, F6013/1933, 27/9/33).

시기는 일정치 않지만 예멘에서도 예멘달러를 도입하려는 시도와 또 1936년 이탈리아는 에티오피아와의 전쟁 중에 마리아 테레지아 은화가 아니라 당시 에티오피아 황제가 새겨진 하레일 세라시(Haile Sellassie) 달러라는 은화 주조의 계획등은 모두 좌절되고 말았다(MINT, 2253/19. 26/3/36). 이탈리아 정부는 에티오피아에서 마리아 테레지아 은화를 대체하는데 실패하였고, 그 뒤를 이은 영국도 동아프리카 실링 등의 확립을 목표로 삼았지만, 결국 제2차 대전 종결 때까지 주둔군을 위한 식료조달 등에는 마리아 테레지아에 의지할 수밖에 없었다. 영국은 마리아 테레지아 은화, 루피 은화, 리라지폐 사이에 공정(公定)시세를 설정하여 관리하고자 하였으나 이것도 잘 되지 않아 시장의 실 시세에 맞추어 마리아 테레지아 은화의 공정시세를 몇 번이나 올릴 수밖에 없었다.

공정시세의 설정은 여러 화폐를 합산할 수 있는 관계를 만들어 놓은 것이다. 예를 들면, 영국은 1941년 초가을 에티오피아 점령지에서 이탈리아 식민지 정부가 남긴 10리라 이하의 은행권과 경화(硬貨)의 교환비율을 다음과 같이 고정시켰다.

492 리라=1 이집트 파운드

480 리라=20 동아프리카 실링

36 리라=1 루피

45 리라=1 마리아 테레지아 은화(달러)

(Manchester Gurdian, 6/9/41)

이렇게 함으로써 영국은 당시 직면하고 있던 소액 통화의 부족 현상의 해결을 리라지폐에만 맡겨두지 않고 화폐유통 전체를 관리하고자 한 것이었다.

그러나 공정시세를 설정한다고 해서 실질적인 고정시세가 기능한 것은 아니었다. 적어도 마리아 테레지아 은화의 경우는 공정시세와는 전혀 상관이 없었다. 1942년 5월 아덴의 아덴은행은 마리아 테레지아 은화 100달러를 140루피로 교환하고 있었는데 암시장에서는 175루피로 거래되었다. 해군에게 공급할 야채 등을 예멘에서 구입할 경우, 마리아 테레지아 은화나 루피 은화로 지불하면 암시장 시세로 환산하여 지불하였다(FDC, 22318, 7/5/42). 마리아 테레지아 은화의 교환비율에 관해 영국정부는 금속 가치에서 그다지 괴리되지 않은 1달러에 1실링 10.5펜스의 공정시세를 고집하였다. 그러나 1942년 후반 각지 시장에서의 시세는 3실링을 넘었다. 따라서, 43년에는 현지에서 식료를 구매할 때 공정시세를 3실링으로 하여 차액 손실을 피하여야만 하였다(FDC,09646, 20/6/43).

다음은 1942년 7월 마스커트로부터 보고된 것이다.

전쟁이 일어난 이후 (물가통제) 위원회가 필수품 가격을 통제해왔으나 효과를 거둔것은 보리 · 밀가루 · 쌀 · 설탕 등 뿐 이었고, 다른 식료품 가격은 마리아 테레지아 은화와 바짜 상승과 함께 앙등하였다(FDC, F6755/1942, 1-15/7142).

　계속 시세가 앙등하였던 것은 마리아 테레지아 은화와 마리아 테레지아 은화를 매개로 하여 거래되는 식료품, 그리고 현지의 일상적 거래에 사용되는 소액면 동화인 바짜였고, 반대로 가격이 하락하고 있었던 것은 루피 은화, 그리고 루피와 고정비가로 묶여있던 영국 파운드였다. 현지 통화의 자율적인 시세 형성은 아무리 강력한 군정으로도 어쩔 수 없었던 것이다.

　즉, 에티오피아와 아라비아 반도 연안지역에서 마리아 테레지아 은화는 은화의 소재인 은의 국제시세에서도 또, 발행주 영국정부가 설정한 시세로부터도 독립적으로 계속 평가되고 있었다. 이 때문에 여러 화폐들이 합산되는 관계를 수립하려는 정책은 전쟁 종결 때까지 계속 실패 하였다. 다만 여기서 우리는 일찍이 마리아 테레지아 은화가 유통되었던 지역인 이집트 등이 이 무렵 자취를 감추고 있었다는 점을 꼭 생각해 둘 필요가 있다. 제2차 대전 중에 실제 상당수의 은화가 이집트 등에도 유입되었던 것으로 보이나, 그것은 대부분 용해되어 은 자체로써 사용되었다(FDC, 08201, 5/6/42). 그러면 이집트, 에티오피아, 홍해연안 등지에서의 이러한 차이가 무엇에서 기인하는지 알아보기로 하자.

　여러 정보로부터 알 수 있는 마리아 테레지아 은화유통 실태는 각 지역을 면이 아닌 선으로 묶는 커다란 회로로서의 유통이었다. 각 지역으로부터의 단편적인 보고를 정리해 보면 그 회로는 쌍방향이었다기 보다는, 오히려 단선 지향적이었다고 정리하는 것이 특징을 보다 쉽게 이해하는 것일 것이다.

　서에티오피아의 무역은 본질적으로 일방통행으로, 수출은 지부티를 경유하여 아디스아바바로 들어온 면제품 등 외국제품 수입과 상쇄될 것을 생각해 서쪽의 수입무역과 동쪽의 수출무역은 아디스아바바와 고레 은행사이에서 필요한 조정을 하였다 … 고레 시장에서 은이 부족하기 때문에 서에티오피아와 수단(Sudan)간의 무역이 방해받지 않게 하는것이 고레 영국 영사의 역할이었다(FDC, F1542/1936,28/2/36).

간베라에서 은화가 부족할 때 지방정부용 은화를 고레의 에티오피아 은행 지점에서 얻을 수 있었다(MINT, telegram267, 15/6/37).

수단에서 마리아 테레지아 은화는 법화는 아니었지만 에티오피아와 교역하는 상인들이 사용하고 있었다. 간베라 우체국에서는 마리아 테레지아 은화도 받고 있었다. 그러나 포트수단(Port Sudan) 자체에서는 유통되지 않았다(MINT, telegram240, 18/5/37).

이 정보를 묶어 가면 그림 5와 같이 마리아 테레지아 은화의 순환모습이 보인다. 아덴을 통해 들어온 마리아 테레지아 은화는 아랍상인과 인도상인

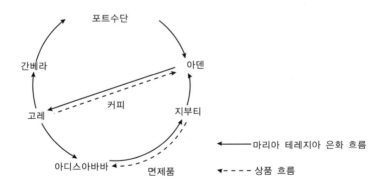

〈그림5〉 마리아 테레지아 은화의 환상회로(環狀回路)

의 손을 거쳐 수출상품의 생산지로 옮겨진다. 커피구입을 위해 서쪽으로 흘러 에티오피아 서부에 들어온 것은 일부가 고레 등에 세수로서 모이게 되고, 또 다른 일부는 아디스아바바를 매개로 군대 · 관리 등의 봉급으로 흩어지는 순환과정을 거친다. 그 중 일부는 지브티에서 아디스아바바로 유입된 면제품의 대가로 쓰이거나 혹은 단지 은화의 시세차익을 꾀하는 상인들에 의해 아덴으로 다시 돌아가게 된다. 또 일부는 에티오피아 서부에서 수단상인과의 무역을 통해 북쪽으로 흘러 하르툼을 거쳐 홍해에 접한 포트수단으로 운반되어 다시 아덴으로 환류한다.

즉, 마리아 테레지아 은화는 지역간을 묶고 한쪽방향으로 큰 회로를 만들며 계속 유통되고 있었던 것이다. 그 회로는 쉽게 다른 통화의 회로에 링크될 수 없는 것이었다. 만약 마리아 테레지아 은화를 다른 통화로 대체시키고자 한다면 대체되는 통화는 마리아 테레지아 처럼 국경을 넘어 회로전체를 포괄할 수 있는 것이어야만 했다. 카이로를 중심으로 한 시장이 어느 정도 정돈된 이집트와는 달리 홍해주변을 뒤덮는 정책을 시행하기에는 커다란 곤란이 뒤따른다는 것을 쉽게 상상할 수 있을 것이다.

단, 이 회로는 결코 자연스럽게 환류하는 시스템은 아니었다. 그저 돌고 있는 것일 뿐이라면 매년 새로운 은화를 추가로 공급할 필요가 없었다.

1940년 말 영국 전시국(戰時局)은 중동에서 필요한 마리아 테레지아 은화 4개월분이 200만 달러라고 보았다(FDC, Thompson to Cook, 11/12/40). 1년이라고 가정하면 그 3배로 연간 약 600만 달러가 필요하게 된다는 것이다. 실제 영국정부는 봄베이에 남겨진 부분을 제외하고 1400만 이상을 중동 · 동아프리카 쪽에 출하하고 있었는데 이는 28개월분에 해당하는 것이다. 만약에 연간 약 600만 달러가 실제로 필요하다고 한다면, 이는 20년대의 평균 주조수인 554만 개에 가깝고, 앞서 언급한 재고추계인 1억 달러의 6%에 해당되는 셈이다.

표 3처럼 1943년 2월에 영국이 보유하고 있던 마리아 테레지아 은화는 하레르 320만, 아덴 470만 등 총계 1200만 달러였다. 1년 반 사이에 200만 달러가 영국 측 각 기관의 손을 떠나 환류하고 있지 않는 것이 된다. 그렇다고는 하더라도 총 1200만 개의 재고를 보유했다는 점에서 영국이 은화의 수요를 과대평가하여 지나치게 많은 양을 주조하였다고 할 수 있다. 그러나 총계가 과잉이라는 것과 현지의 수요를 충분이 채워주고 있다는 것은 별개의 것이었다. 1943년 2월 하레르에 식료 부족이 일어나자 이곳에 300만 달러를 공급하여 식료 구입에 충당하려 하였지만, 아덴에서 하레르로 이송하는 데만 1달 이상이 걸린다고 하였다(FDC, 86426,26/2/43). 즉, 각 지역에서의 거래수요에 응하기 위해서는 각 지역별로 충분한 재고 은화를 보유하고 있거나, 마리아 테레지아 은화가 이동하는 각 지역간의 회로에 상당히 많은 양이 유지되고 있어야 했다.

왜 마리아 테레지아 은화는 매년 공급되어야만 하였을까를 다시 한번 생각하여 보자. 만약에 유통될 수 없을 정도로 파손된 것이 매년 1억 개 중 1/50인 200만 개라고 하자. 이 경우 파손분의 보충이 매년 유입량의 40%를 차지하게 된다. 그렇다면 나머지 60%는 무엇인가? 화폐유통량이 경제활동의 규모를 반영한다는 입장에서는 평균적으로 354만 개 정도에 해당하는 경제규모가 성장하였다고 생각할 수도 있다. 캠브리지 학파의 현금잔고 방정식 M(화폐량) = k · P(물가) · Y(실질소득)에서 소득 중 현금으로 가지고 있으려는 비율, 즉 마샬 k가 일정하다는 사고방식을 따르면 그렇게 된다. 여하튼 연간 2–3%의 성장은 있음직한 일이기 때문이다.

그러면 연간 1억의 재고란 항상 유통되고 있는 총량을 표시하는 것인가? 그렇지 않다. 이 해의 유입량 554만 달러는 기존 유통량에 단지 1/20을 추가로 공급한 것이 결코 아니다. 만약 그 정도의 비율에 지나지 않았다면 아무리 생각하여도 1936년 이탈리아 정부가 내린 반출 금지조치가 그렇게까지 급격히 홍해연안의 마리아 테레지아 은화의 시세를 급등시켰을 리가 없다. 출하된 생산물이 경쟁 장소에 실제로 공급되는 통화량을 순유통량이라고 한다면 순유통량에 해당하는 것은 1억 중의 극히 일부에 지나지 않는다고 할 수 있다. 즉, 마리아 테레지아 은화의 홍해 연안 재고 중 커피 등을 사들이는 자금으로 조달되는 부분은 실제로는 한정되어 있으므로, 조달되는 양과 신규 반입 부분과의 비율을 생각해보아야 한다. 오히려 거꾸로 36년의 시세 급등이야말로 각지에서 재고로 분산되어 있던 마리아 테레지아 은화가 순조롭게 환류하고 있지 않다는 것, 각도를 바꾸어 말하면 회로의 외부에서 신규로 추가 공급하는 것이 회로를 거꾸로 돌리는 것보다도 쉽다는 것을 보여주고 있다.

  또 마리아 테레지아 은화가 앞에서 서술한 회로를 넘어서는, 보다 큰 회로를 같은 속도로 순환하고 있었던 것은 아니다. 제3절에서 소개한 아덴의 보고에서 밝혀진 것처럼, 마리아 테레지아 은화 시세는 현지 수요가 많고 적음에 따라 명확한 계절별 주기가 있었다. 재고로 남겨진 각각의 지점에 농산물의 집하가 많거나 한산한 주기에 따라 마리아 테레지아 은화는 분산과 환류의 소순환을 반복하고 있다. 이러한 번한의 주기를 때문에 각지에 대기해야만 했던 마리아 테레지아 은화가 상당수 있었다고 볼 수 있다. 연간 500만 개를 추가 공급하였다는 것은 파손 은화의 보충과 경제성장으로 인해 거래가 증가하였기 때문이라기보다, 많은 소순환을 동반하는 회로가 지니고있는 환류효율 자체가 매우 낮은 데에 원인이 있었다고 보아야 할 것이다. 총 재고 1억 개 중 단기적거래 수요에 따라 탄력적으로 각 시장에서 환류하는 양은 극히 제한되어 있었으므로 아덴을 통해 추가 공급하는 쪽이 결과적으로 더 효율적이었던 것이다. 그렇기 때문에 공급이 갑자기 중단이 되면 커다란 영향을 받게 되었던 것이다.

5. 마리아 테레지아 은화가 말하는 화폐론

그러면 왜 마리아 테레지아 은화를 선호하였을까라는 처음의 물음으로 돌아가 보자. 오해의 소지를 없애기 위해 확실하게 해두자면, 1장에서 문제로 삼고 있는 것은, 계기로서의 원인을 묻는 왜가 아니라 구조적인 이유로서의 왜이다. 18세기의 마리아 테레지아 은화가 왜 20세기에 유통이 되었나 하는 역사적 계기를 본서에서 취급한 것은 아니다. 의문에 대한 결론은 마리아 테레지아 은화 자체에서는 그 이유를 찾을 수 없다는 것이다. 사람들이 마리아 테레지아 은화에 함유된 은 자체만을 선호하였던 것은 아니다. 은 자체를 선호하였다면 마리아 테레지아 은화보다 순도도 높고 훨씬 더 넓은 지역에서 유통되었던 루피를 더 높게 평가하였을 것이다. 또 디자인을 선호하였기 때문이었다는 해석은, 사물의 계기와 구조적 이론을 완전히 혼동하고 있는 것이다. 모양이 미려(美麗)하였다는 것은 18세기 말의 어느 시점, 어떤 지역에서 마리아 테레지아 은화를 다른 은화와 구별시킨 요인은 되었을 것이다. 그렇지만 그 후 150년 동안이나 마리아 테레지아 은화를 사용하였던 사람들이 그 때마다 디자인에 매혹되어 선호하였다고 생각할 수만도 없는 것이다. 당시의 영국 파운드나 지금의 미국 달러라면 국제적인 기준통화이기 때문에 선호하는 것이라고 말할 수도 있지만, 오스트리아 정부가 발행한 마리아 테레지아 은화가 홍해주변지역에서 유통되었기 때문에, 발행 주체와 관련시킨 논리도 설득력이 없다.

마리아 테레지아 은화가 선호되었던 요인이 수령하는 개개인의 판단에 있었던 것도 아니고, 또 발행한 주체가 가지고 있는 권위에 있었던 것도 아니었다. 단지 이 은화가 따르던 회로 자체에 원인이 있었다. 회로는 아덴을 교차점으로 하여 몇 개가 병존하고 있었는데, 그 양이 가장 많았던 것은 아덴에서 시작하여 하레르와 에티오피아의 서쪽을 흘러 다시 북쪽 수단으로 흐른 후, 홍해연안의 포트수단에서 아덴으로 돌아오는 것이었다. 이 흐름을 이용하여 언어 · 종교 · 행정구역의 차이를 넘어 커피와 의료(衣料) 등이 반대방향으로 운반되어 갔다.

마리아 테레지아 화폐의 유통 실태가 화폐를 주고받는 습관에 기초한다는 해석에 근거를 제공하는 해석이다. 그러나 이 설명 또한 화폐 수령성을 지탱하는 구조의 외견을 해석한 것에 지나지 않아, 오히려 화폐유통이 화폐를 주고받는 사람들의 민족성과 문화에 의존한다는 오해를 조장할 수도 있다. 그러나 실제로 마리아 테레지아 은화의 유통 자체는 개개의 민족성과 문화의 경계를 넘어 이루어진 현상이었다.

다시 말하지만, 마리아 테레지아 은화가 계속해서 유통되었던 이유를 은화 자체만을 들어 고찰하는 것은 무의미하다. 왜냐하면, 이 은화는 다양한 화폐가 교차하여 병존하는 구조의 일부였기 때문이다. 일상적인 구매에서는 지역적인 소액통화가 순환하고 있었고, 그것을 넘어서 또 다양한 화폐가 각각 독립하여 회로를 형성하고 유통되고 있던 구조였던 것이다. 서장에서 언급한 것처럼 마리아 테레지아 은화의 유통에는 화폐의 수령을 떠받쳐주는 회로와, 이들 회로 두 개가 희생하는 가운데 지역공간을 넘어 환상(環狀)으로 전개되는 회로 구조가 전형적으로 나타났다. 이 회로는 20세기 전반에도 여전히 효력을 가지고 있어서, 대영제국도 그 효력에 의존해야만 하였던 것이다. 〈종족(種族) 보수주의〉로 인해 마리아 테레지아 은화가 고집되었고, 다른 통화는 거부당했다는 해석은 그러한 구조의 극히 일면만을 보고 해석한 편견에 지나지 않음이 명확하다.

마리아 테레지아 은화의 회로는 행재정(行財政)과 독립하여 형성되어진 구조였고, 시장이 만든, 자기 조직적인 결과였다. 다만, 에티오피아 정부에서는 행재정에 마리아 테레지아 은화를 포함시켰기 때문에 이곳에 은화가 마지막까지 잔존하였다고 볼 수 있다. 에티오피아 정부는 병사 및 관리의 봉급을 마리아 테레지아 은화로 지불하였고, 그러한 준법정화폐적인 위치가 은화에 대한 평가를 더욱 높여갔다. 그러나 이러한 현상도 에티오피아 정부가 마리아 테레지아 은화의 수령성이 높다는 것에 착안하여 의존한 결과로 보아야 한다. 왜냐하면 에티오피아 정부와 마리아 테레지아 은화의 긴밀한 관계는 비교적 새로운 것이기 때문이다. 수도 아디스아바바를 건설한 황제 메넬리크 2세의 치세(1889-1913) 이전의 거래는 거의 현물거래였으나, 그가 다스리는 동안에 마리아 테레지아 은화의 도입이 추진되었다. 이미 100년간이나 유통되어 왔던 마리아 테레지아 은화의 회로를 이용하고자 한 결과로 보아야 할 것이다(Garretson, 2000, p.102).

그러면 서장의 처음에서 언급한 양자강 유역 농민의 사례로 돌아가 보자. 그는 1300문 상당의 은화보다는 1000문의 동화를 선호하였다. 마리아 테레지아 은화를 선호하는 아랍상인을 보수적이라고 한다면 동화를 선호하는 농민의 행동도 〈보수〉적이라고 볼 수 있다. 그러나 가령 정보 부족 때문에 농민이 1300문에 해당하는 은화를 기피하였다고도 설명할 수 있다. 그렇다고 한다면, 공정시세가 높은 루피보다 마리아 테레지아 은화를 선택하였던 홍해주변의 상인들이 집단적으로 모두 정보에서 소외되었던 것인가? 어떤 경우건 환시세와 공정시세를 인정하고 그 시세와는 다른 평가를 따라 행동한 것이다. 환시세와 공정시세로는 대표되지 않는 별도의 수요와 공급에 대한 조정이 있었다. 그 때문에 이상과 같은 중층적 통화유통이 나타났는데, 그 가운데 마리아 테레지아 은화는 여러 지역간을 묶어 조금 높은 중상층부를 대표하였던 것이다. 이처럼 마리아 테레지아의 예를 통해 지역공간을 넘어 환상(環狀)으로 전개되는 회로의 실태를 살펴볼 수 있었는데, 다음 장에서는 공간 내로 통합되는 회로 쪽으로 눈길을 돌려보자.

2장
화폐시스템의 세계사

1. 보이지 않는 합의

어느 날 여느 때처럼 은행에 출금하러 갔는데 은행원이 그동안 익숙하게 써왔던 화폐나 동전이 아니라, 사각형의 나무 조각을 건네주며 오늘부터 우리 마을에서는 이 나무 조각으로 물건을 사고 팔 수 있게 되었다고 한다면 얼마나 놀라겠는가? 그러나 이것은 상상으로 꾸며낸 이야기가 아니라, 1931년 말 미국 워싱턴주 텐니네오라는 마을에서 실제로 벌어졌던 일이다. 대공황이 한창 진행 중이던 미국에서 1931년의 제4분기에만 무려 1,055곳의 은행에서 지불 중지 사태가 일어났다. 12월7일에 마을의 유일한 은행인 텐니네오 시민은행에서의 창구업무조차 마비되자 마을의 모든 거래가 중단되었다. 그러자 텐니네오 상공회의소에서는 예금자 예금금액의 25%에 달하는 증서 발행으로 사태를 수습하고자 했다. 다행히 상인들은 이 조치를 액면대로 받기로 합의하였다. 이 증서의 일부는 25센트 등의 액면을 인쇄한 엽서

만한 크기의 나무 조각으로 발행하여 실제로 유통되었다(Preston, 1933).

예금 자체가 보장 받지 못하는 상황이었기 때문에 이 나무 조각을 포함한 증서가 보장해 주는것도 매우 약했다고 할 수 있다. 그럼에도 불구하고 마을 사람들은 액면대로 주고받으며 거래해갔다. 사람들이 나무 조각의 수령을 거부할 수도 있었겠지만 거부하고 나면 결국, 거래는 현물을 가지고 교환하는 물물거래가 되었을 것이다. 확실한 채권에 근거한 것이 아니고, 정부로부터 보증을 받은 것도 아니었으므로, 증서 자체는 한갓 나무 조각 혹은 종잇조각에 지나지 않았다. 그러나 나무 조각이 통화로 통용된 것은 단지 마을 사람들끼리 공유한 느슨한 합의가 있었기 때문이었다. 실제 통화에 대한 불안 때문에 사람들이 물물교환을 하였던 현상은 20세기에조차 반복되곤 하였다.

제2차 세계대전 직후, 연합국의 점령 하의 독일에서는 1946년 9월부터 48년까지 18개월 동안 궐련담배를 매개로 거래가 이루어졌다. 당시 독일 경제는 점령군이 가격을 통제하고 있었지만, 독일에서 라이히스마르크(Reichsmark,1924-1948년 까지 통용된 독일의 마르크)와 점령군이 시용하던 달러 · 파운드와의 태환이 중지된 결과, 라이히스마르크 사용이 기피되고 독일인들 사이에서는 1/3 혹은 2/3에 해당하는 거래가 물물교환으로 이루어졌다. 그러한 가운데 주로 점령군 측과 독일인 측과의 거래 중 소액결제를 위한 수단으로 주로 사용된 것이 종이로 말았던 궐련담배를 통한 거래였다. 이것은 미국의 텐니네오의 경우처럼 상공회의소를 통한 것도 아니었고, 제도적인 지지는 전혀 없었으며 누군가가 정한 것도 아니었는데 종이로 말은 담배가 통화처럼 사람의 손을 돌고 돌기 시작하다, 결국 공식적인 통화제도가 안정을 되찾아가자 담배는 다시 담배 자체의 기능을 하게 되었

다(Senn, 1951).[1]

미국 텐니네오의 나무 조각과 독일의 궐련담배는 모두 다 20세기에 있었던 매우 현대적인 현상이었다. 하지만 두 사태는 대공황과 제2차 세계대전이라는, 세계를 뒤흔든 큰 파도에서 파생한 작은 거품 정도에 불과할 뿐이다. 얼핏 보기에 보잘것없고 잘 드러나지 않던 현상이 일상구조를 지탱하는 근원적 구조를 만드는 경우도 있을 수 있다. 우리는 두 예화를 통해, 거래해야할 재화가 쌓이면 제도적인 통화 공급이 갑자기 마비되어 버려도 사람들은 민첩하게 반응하여 화폐를 창출해 내고 만다는 것을 알 수 있다. 궐련담배나 나무 조각의 사례는 화폐 창조가, 제도적인 조치가 동반되지 않아도 자연스럽게 발생된다는 점과 동시에 공간적인 한계를 가지고 있다는 점을 보여주고 있다. 텐니네오의 나무조각(木片)증서는 기발한 생각이었기 때문에 애호가들의 수집 대상은 되었지만, 다른 마을에서는 물론 통화로 받아들여지지 못했다.

사람들은, 만일 제도가 확립되어 있지 않다면, 어떤 재화(거래를 매개하는 재화)를 통화로 삼고자하는 지역민들 간의 느슨한 합의를 스스로 만들어내게 된다. 이 합의가 역사적으로 다양한 형태를 갖춘 화폐 현상(現象)을 밑에서 떠받치는 보이지 않는 기초적 시스템이었다. 이것이 본서에서 제시하고자 하는 결론을 압축한 것이다. 여기에서 기초적이라는 의미는 크지만 불안정한 구조를 이룬 시스템이 붕괴되었을 때 회귀하는 안정된 평형상태(Prigogine, 1997, p.30)라는 의미이다. 이와 같은 입장에서 세계 역사 속에

---

[1] 역사에서 담배자체가 통화로 사용된 사례는 결코 보기 드문 일이 아니다. 미국동부에서는 식민지 시기에 통화가 부족하여 고민하다가 엽연초(葉煙草)를 유통시켰다. 버지니아에서는 이것이 법화로 되어 2년간이나 유통되었다고 한다(Galbraith, 1995, pp.48-49).

화폐 현상으로 나타난 상위의 불안정한 구조가 대체로 어떤 추이를 겪는가에 대하여 본장에서 서술하고자 한다. 1장에서 말한 마리아 테레지아 은화의 환상회로도 상부 구조물로, 그 기저에는 또한 다양한 수교화폐와 상품화폐를 공유한 공간이 각각 있었다.

2. 지역유동성과 지불공동체

이미 지적한 것처럼 공권력을 거치지 않고 열려진 사회관계 속에서 거래자들 스스로도 통화를 만들었으며, 그 통화는 역사적으로도 빛을 발휘하였다. 베버도 이러한 점을 인정하여 〈화폐 소재의 실질가치에 근거하지 않는〉 또한 〈국가적인 보장과는 무관하게〉 기호와 같으면서도 액면 가치를 가진 화폐를 공인된 화폐(chartales Geld)라고 부르고 있다(Weber, 1972, S.198). 그러나 베버는 그러한 현상이 습속과 계약에 의해 지탱된 것으로 보았기 때문에 더 이상 추구(追究)하지는 않았다. 그러나 앞에서 지적한 담배화폐처럼 자연적으로 발생하였다가 스스로 없어진 현상을 습속과 계약의 범주에서만 설명할 수는 없을 것이다. 그러면 좀 더 구체적인 역사적 사례인, 중국 복건성(福建省)의 무역도시 천주(泉州)의 사례를 살펴보자. 때는 명말 병오년(丙午年) 즉, 1606년이었다.

병오년은 한발이 극심하였다. 쌀값이 폭등하였고, 또 몰래 동전을 만드는 일(私鑄錢)이 성행하여 공식적인 관전(官錢)을 사용할 수 없게 되었다. 관에서는 가격을 낮추어 쌀을 구입해 들이며, 사주전(私鑄錢)을 금지하자고 논의하였다. 그러자 사람들이 심한 소동을 일으켜 모두가 시장영업을 그만두고 말았다. 이에 나는 부지사(府知事)

에게 다음과 같이 건의하였다. 〈천주(泉州)는 쌀이 적은데, 쌀이 많은 지역에서 하는 것처럼 가격을 관(官)에서 통제하면 안 됩니다. 지금 우리지방에서 쌀을 팔려고 하는 자들은 모두 해상(海商)들입니다. 만약 갑자기 쌀값을 내려버리면, 아마 해상들은 다른 곳으로 가서 좀 더 나은 이익을 취하고자 할 것입니다. 천주에 재부(財富)가 많다고 한들 쌀이 들어오지 않으면 모두 허사입니다. 그러므로 쌀 가격은 시장 시세를 그대로 유지시켜 놓되, 이 사실을 해상에게 알려 모두 우리 지역으로 오게 하는 것입니다. 이쪽으로 쌀이 모이는데 가격이 떨어지지 않을 수 있겠습니까? 새롭게 주조되는 사주전은 (銅이 적어) 색깔이 좋지 못하니 관전(官錢)과는 뚜렷하게 구별됩니다. 그러니 몰래 동전을 주조하는 자들을 죄인으로 엄하게 다스리면 그냥 내버려 두어도 자연스럽게 관전 유통이 부활될 것 입니다.' 이에 부지사(府知事)는 나의 건의가 최선이라며 받아들였다. 열흘도 안 되어 바다를 통해 쌀이 모여들어 쌀값이 안정이 되었고, 동전 유통도 또한 이전처럼 되었다. (陳懋仁, 《東南雜志》下, 丙午)[2]

쌀은 당시 최고의 대중 상품이라고 할 수 있는데 위의 사료는 쌀 부족에 대한 관전(官錢)으로는 시세에 대응하지 못하자, 사주전이 도입되어 작동되고 있는것을 말해주고 있다. 기근 때에 식료 자체가 절대적으로 부족한것은 당연한 것이었지만, 그보다 더 심각한 것이 통화가 부족하여 유통이 정체되는 문제였다. 기근 때에 진휼(賑恤)정책으로 종종 동전 주조와 반포가 이루어지는 것은 이러한 사정에 따른 것이다.[3]

이때 관전은 다른 지역에서 유입되는 것이 아니라, 지역시장에서 스스로 단기간 대응을 위한 현지통화로 만들어져 계속 유통되었던 것이다. 게다가 당국이 사주전을 금지하자 사람들은 파업으로 항의하고 있었다. 필요한 재

---

[2]足立啓二씨가 이와같은 귀중한 사료를 처음 소개했다. 그는 국가적인 차원에서 지불되는 통일성이 파괴된 후, 전(錢) 부족이 진행되어 간다는 문맥에서 인용하고 있다.

[3]중국역사에 종종 보이는 이와같은 현상은 비교적 가까운 시기인 1870년에도 하북성(河北省) 남부 기아지역에서도 실시되었다. 이와같은 사실은 담당관의 일기를 통해 자세히 알 수 있다.(《李興銳日記》, 同治9년).

화를 유통시키기 위해 필요한 통화는 천주(泉州)지역 내에서만 보지(保持)되어야 했다. 관측이 염가판매라는 전통적인 진휼 방식을 취하지 않고, 방임에 맡긴 사례는, 천주 시장이 자율적으로 지역유동성을 조절했던 양상을 여실히 보여주고 있다.

이러한 사례가 중국에서만 나타났던 현상은 아니다. 1660년대 인도 서북쪽의 구자라트(Gujart) 지방에서 통용되는 통화는 일본동(銅)을 원료로 한 동화였다. 관문(寬文)년간에 관영통보(寬永通寶)가 본격적으로 주조되면서 일본동의 수입이 급격히 늘자, 상업도시인 아메다바드(Ahmedabad) 환전상들은 철화(鐵貨)를 만들어 보충하여 쓰고 있었다(Singh, 1985, p.191). 이곳의 시장도 이미 널리 쓰이고 있던 동화만으로 유지되지 않자 다른 방법으로 통화의 추가공급이 모색되었다. 두 사례에서 나타나는 유사점은 쉽게 발견할 수 있을 것이다.

그런데 사람들은 철화나 사주전처럼 소재가치가 떨어지는 열악한 통화를 왜 받아들여 쓰고 있었던 것인가? 두 경우 모두 명백히 화폐 유통을 떠받치고 있는 것이 행정당국의 신용은 아니었다. 또 사주전의 신용이 상인길드와 같은 조직처럼 제도적인 단체에 의해 보장된 것도 아니었다. 게다가 자기 자산을 훨씬 초과하여 발행하였을 것이므로 업자들 개개인의 신용으로 지탱되었다고 볼 수도 없다. 사주전이 받아들여져 현지통화로 성립될 수 있었던 것은, 현지에 한해서만 사용되는 기호같은 계수(計數)기능 때문이었다. 그것은 관민 그 어느 쪽에 의한 제도도 아니고, 상인 개개인의 채무보증 능력도 아닌, 지역시장에 재고로 남겨진 상품 전체가 가지고 있는 판매 가능성에 있었다.[4] 천주(泉州)에서는 기근 때문에 쌀의 판매 가능성이 매우 높아졌고, 이에 따라 사주전도 수령되었다. 그렇기 때문에 해로를 통해서 천

주로 쌀이 유입되자 쌀값 등귀가 진정되었고, 또 동시에 천주 지역에서 사주전의 존재 이유도 사라지게 되었다.

한 개에 1문의 액면가인 사주전이 화폐로 기능할 수 있었던 것은 〈화폐소재의 실질가치〉도 〈국가적 보장〉도 아니었기 때문에 그야말로 공인된 화폐(chartales Geld)였다고 할 수 있다. 카르타적 화폐는 한정된 공간(이 경우는 천주)에 쌓인 재고의 판매가능성을 실현시키기 위해 임기응변적으로 설정된 것을 지칭한다. 이러한 공인된 화폐가 존재하였다는 것은 통화가 화폐로 받아들여지는 이유가 통화자체에 있는 속성에 있는 것이 아니라, 화폐로 매개되는 재화쪽에 있다는 것을 보여주고 있다. 다만 주의해야 하는 것은 재화가 다른 지역, 예를 들면 씨에틀이나 광주(廣州)에 있는 것이 아니고 어디까지나 텐니네오와 천주(泉州)에 집적된 것으로 제한된다는 점이다. 즉, 천주라는 지역에 이제 처분될 재고가 모이자 사람들에게 사주전이라는 새로운 수교화폐가 받아들여졌던 것이다.

이 책에서는 일정한 테두리를 지닌 공간에서 재고가 판매될 수 있도록 총괄하여 〈지역유동성〉이라고 부르기로 한다. 또 지역유동성은 역사적으로 나타난 모든 화폐제도의 기저에 있는 것으로 간주한다. 그 구성내용은 당연히 상품화폐에도, 집단내의 인적신용에도, 또 수교화폐에도 있을 듯한데, 위의 사례에서처럼 수교화폐를 독자적으로 창조한 것을 〈지불협동체〉라고 부르자.

---

4) 어떤 재화의 높은 판매가능성으로 화폐 생성을 설명하는 멘가의 이론과는 달리 이 책에서는 불안정한 재화의 판매 가능성을 중립적으로 실현하는 수단으로 화폐를 취급하고 있다. 멘가의 이론과 비교하자면 재화의 판매 가능성과 화폐와의 관계는 주객이 역전되어 있다. 판매가능성에 대해서는 서장 주4 참조.

3. 은화의 세계와 금은화의 세계 – 수교화폐의 극단적 두 측면

12세기 발트해 규겐섬 주민들은 화폐를 사용하는 습관이 없어서 시장에서 물건을 구매할 때에는 아마포(亞麻布)를 지불하였다. 16세기 이전 유럽과 아시아 대륙의 전체 농업사회를 보면, 소농들은 일상의 상품화폐로 지역유동성을 만들어간 경우가 훨씬 많았다고 할 수 있다. 부분적으로는 18세기까지도 상당히 남아있었다. 예를 들면, 피레네 산맥의 카탈로니아(Catalonia) 지역에서는 적어도 1760년 무렵까지 시골 사람들이 곡물을 넣은 포대를 가지고 물건을 사러 나갔다고 한다(Vilar, 1991, p.25). 대체로 그러한 지역 경제는 상인들이나 권력자에 의한 재화의 흐름으로부터 자율적인 존재였다고 할 수 있다. 그래서 각 사회의 모습을 비교해 보면 다른 개성이 드러난다.

우선 동쪽의 모습을 보여주는 다음과 같은 문장을 살펴보자.

> 농촌의 들판에 사는 하층서민들은 연말을 보낼 무렵에는 늙으나 젊으나 모두 마른 장작과 건초를 한 짐 등에 지고 성내 시장으로 들어오는데 수십리를 왕래하여 50-60 문을 얻고서는 야채, 소금, 술 등을 사서 서둘러 갔다. 평소에는 1문짜리 동전은 구경조차 힘들다(張万平, 《樂全先生文集》卷25, 論免役錢箚子).

농민들은 신년 맞이 준비 정도에 동전을 사용할 뿐이라는 것을 알려주는 이 문장은 11세기 중국에서 동전을 납세수단으로 하는 정책에 반대하기 위해 농촌에서 동전 유통이 매우 적게 했었다는 것을 증명하려는 예로 쓰이고 있다. 그러나 13세기 강남 한 진(鎭, 시장촌)에서 농민들이 쌀을 승(升) 단위로 점포에 가지고 와서 소금과 기름을 구입해갔다고 하는 기사가 남겨져 있다(宮澤, 1998, p.58). 이 기사를 통해 가격도 쌀을 기준으로 하여 계산되고 있었고, 쌀이 상품화폐로서 지역의 매개재(媒介財) 역할을 하고 있었다고 보아도 좋겠다. 그렇다고는 해도 민간에서의 동전유통을 과소평가하려고 하는 장만평(張万平)의 사료도 반대로 생각하면, 같은 사료지만 농민들이 도시에 와서 수십 개의 동전을 사용하고 일상적인 재화를 매매하는 상황이 나타나 있다고 해석할 수 있을 것이다.

동전은 중국에서뿐만 아니라 주변국가에서도 주요 화폐로 사용되었으나 존재형태는 차이를 보이고 있다. 1429년에 일본을 방문한 조선 통신사 박서생(朴瑞生)은 일본에 대한 보고 가운데 〈전(錢)이 매우 많이 사용되고 있어 포(布)나 쌀(米)로 지불하는 것을 능가하고 있습니다. 때문에 만일 천 리길을 여행하고자 하는 사람도 다만 동전꾸러미만 가지고 가면 되지, 곡물은 휴대하지 않아도 좋습니다〉라는 말을 남기고 있다(《朝鮮王朝實錄》卷46, 世宗 11年 12月 乙亥). 당시 조선은 세종의 치세로 본격적인 동전 주조와 유통을 도모했지만, 동전 유통 정책이 성공을 거두지 못하고 시장에서는 여전히 쌀과 포(布)가 매개재(媒介財) 기능을 하고 있었다. 13세기 이후 일본에서는 장원의 공조(貢租)에 대해 대전납(代錢納)이 널리 퍼져있었기 때문에(佐々木, 1972, p.283) 당시의 조선인의 눈으로 볼 때, 14세기 일본은 확실히 동전 사용 빈도가 높은 편이었다고 할 수 있다.

16세기까지 조선, 중국 그리고 일본에서 지역유동성을 담당한 가장 주요한 것은 곡물(穀物)과 포(布) 등과 같은 상품화폐였다고 해도 틀린 말은 아니다. 그러나 동전 유통의 형태는 각 사회구조와 밀접한 관련을 가지며 동아시아 3국이 조금씩 차이를 보이고 있다. 이 점에 관하여는 다음 기회에 논의하고, 여기서는 동아시아의 화폐가 금·은으로 된 금속화폐가 아닌 고작 동전이었다는 점에 주목하고자 한다. 이 점은 단순히 소재가 다르다는 것에 그치지 않고 매우 중요한 의미를 가지고 있다.

다음 문장은 16세기 중반 무렵에 동전 유통정책을 주장하는 상주문이다.

이렇게 하여 천하 각 성내에는 옛 동전을 가지고 있는 자는 그 동전을 그대로 사용하였으나, 가지고 있지 못한 자는 단지 은만을 사용하게 되었습니다. 그러나 은을 사용하는 것은 서민의 입장에 볼 때 매우 불편한 일입니다. 예를 들어, 산서(山西)와 섬서(陝西)에서 은을 사용하고자 하면, 하급관리들은 식사를 할 수 없게 되어버릴 것입니다. 사통팔달된 큰 도시에서도 떡(餅)을 파는 가게조차 없게 되어, 길을 가는 행인은 반드시 스스로 밥을 지어 먹지 않을 수 없습니다. 이처럼 된 것도 모두 다 동전이 유통되지 않기 때문입니다(葛守禮,〈疎通錢法疏〉,《葛端肅公集》卷2).

마지막 부분은 위의 박서생(朴瑞生)의 글과 좋은 대조를 이룬다. 실제 현실이 상주문대로였는지의 여부는 차치해두고, 전화(錢貨)가 통용되고 있었기 때문에 먼 길을 가야하는 사람들이 적은 액수 화폐 사용의 편리함을 맛볼 수 있다고 하는 말은 박생원의 예와 같다. 그런데 갈수례(葛守禮)는 당시 통용이 확대되어가고 있던 은으로 동전의 위치가 대체될 수 없다고 언급하였다. 은은 척도가 지나치게 높아〈식사조차도 할 수 없게 되어버렸다〉고 한다(1장의 마리아 테레지아 은화의 사례는 20세기에조차 그런 상황이 남아있었다는 것을 보여준다). 그러면 도대체 화폐가 은화뿐인 사회에서는 어떻게 되는 것일까?

중국에서는 인색한 사람을 동전냄새가 풀풀난다(銅臭芬芬)고 하듯이 화폐라고 하면 동전을 말하지만, 지중해에서 서구에 걸쳐있는 세계에서는 통화라면 금은동이므로 두 세계의 대조성은 이미 주목받았다. 그렇기는 해도 로마제국에서 동화(銅貨)도 도시민의 일상거래와 주둔군인에게 대량으로 발행되었고, 이슬람 왕조 중에서도 역시 동화를 발행한 사례가 있다. 그리고 이른바 중세 서구세계에서 동(銅) 등을 혼합한 블랙머니(부정이득)가 증가하고 있긴 하였으나 기본적으로 통화로는 은화를 사용하였음이 틀림없다. 좀 더 구체적으로 살펴보자.

1280년대에 영국 남부에서 건설노동자의 임금이 주당 9펜스였던 적이 있었다. 주6일 노동이라면 하루당 1.5펜스인 셈이다(Spufford, 1988, pp.204-205). 당시 영국왕 에드워드 1세는 종래 방법으로 발행되는 최저 액면가격인 1펜스가 일상거래의 기준에 맞지 않자 결국, 1/2펜스와 1/4펜스를 발행하기 시작하였다. 당시에 1/2 펜스로는 상등급의 빵인 로프 1kg 정도에 해당했고, 보통 빵은 로프의 두 배인 2kg이 되었다. 이러한 조건에서 빵 가격의 변동은 1로프에 해당하는 은을 기준으로 한 가격이 오르나 내리나로 나타나는 것이 아니라, 1/2 펜스로 살 수 있는 1로프의 크기의 증감으로 나타날 수밖에 없었다. 그런데 이 현상은 은화가 풍부한 시기라는 예외적인 상황에 해당한다는 점에 주의해야 한다. 13세기의 영국 주조소는 이전 세기의 5배에 달하는 1억 페니의 은화를 발행했다고 생각되는데, 14세기 이후 그 규모가 축소되었고 다시 나폴레옹 전쟁의 시기에 비로소 같은 규모에 달하게 되었다. 상대적으로 은화가 풍부하였을 것임에도 불구하고 가격이 등귀하자 로프가 작아지게 되었다. 〈은의 사용은 서민들을 매우 불편하게 하는 것이다〉라는 갈(葛)의 말은 중세유럽에도 상당부분 적용되는 말이었다. 일상적 매매에서의 수요와 공급의 변화를, 통화를 사용한 가격으로 표현할 수 없는 이 상황에서 지역유통성은 수교화폐 이외의 것이 담당하여야 하였다.

도시와 상공업자들도 위와 같은 상황이었기 때문에 중세 서구의 농민교역이 기본적으로 상품화폐를 따랐다고 말해도 좋을 것이다. 시대를 거슬러 내려가 보면, 16-7세기 프랑스에서도 신대륙으로부터 은이 유입되고 있었음에도 불구하고, 농촌에서 화폐의 사용은 매우 드물었다고 한다. 거래는 화폐를 단위로 이루어졌으나 가치척도를 위해 사용될 뿐이었고, 실제 신용거래의 상당액이 일반적으로 현물로 결제되는 상황이었다. 상인 자신도 원래 거액의 현금을 자산으로 가지고 있지 않았고, 장부상의 결재나 소금과 같은 상품 결제로 끝냈다고 한다.(Meuvret, 1971)

그렇다면 앞서 소개한 장방평(張方平)의 〈농촌에 사는 하층 시민들〉도 〈5-60문을 받고 야채와 소금, 술을 산다〉는 문장은 그의 의도와는 달리, 일상적 재화 수급에 통화가 나타내는 가격이 표시될 수 있을 정도로 중국에 수교화폐가 침투되어 있는 상황을 보여주는 것으로 해석할 수 있다. 13세기 잉글랜드 일당과 비교하기에 적절한 중국 사례를 보여줄 수는 없으나, 1479년에 나온 법령문서 중에 빈민의 일당이 20문이라는 문구가 있다(《皇明條法事類纂》, 〈申明禁約仮錢疎通鈔法例〉), 16세기 말에 치수공사를 하던 노동자들의 하루 수당이 동전 20-30개였다고 기록하고 있다(黃, 1985). 또, 일당은 아니지만 1480년 경 북경 서민 가족소비도 역시 같은 정도였다고 볼 수 있다(《皇明條法事類纂》, 〈挑揀幷僞造銅錢枷號例〉). 그러나 20-30개라는 동전 개수가 시대를 내려옴에 따라 증가한 결과라고 볼 수는 없다. 오히려 반대의 경우도 있을 것이다. 장(張)의 문서에 쓰인 것과 같은, 11세기 후반을 중심으로 하는 북송대 전화(錢貨)주조는 동전만으로 한정해도 수백억 개에 달하였다. 하지만 그 후 그렇게까지 적극적으로 동전이 주조되는것은 18세기에나 나타나게 되므로, 사실상 17세기까지 제조된 송전(宋錢)의 재고를 동화로 계속해서 사용했다고 생각하여도 좋을 것이다. 알프스 이북과 비교해 볼 때, 중국에서는 일상적인 거래에서 상당히 구체적인 한자리의 화폐가격 표시를 갖추고 있었다고 보아도 크게 잘못된 것은 아니라고 생각된다.

영주와 상인들 간의 은화에 의한 거래가 농촌에서 상품화폐 내지 은으로 표시된 현물 거래와 괴리되는 경향이 있었던 서구와 대조적으로, 중국은 금은화를 가지지 않고 전화(錢貨)만으로 한정하고 있었기 때문에, 중국의 농민들은 통화를 보다 많이 사용하는 경향이 있었다. 지역 유동성을 대표하는 현지통화와 지역간의 태환성을 담당한 지역간 결제통화와의 구분한 바에 따르면 지중해 서구 유럽세계는 지역간 결재통화로, 그리고 중국은 현지통화로 치우치기 쉬운 통화가 존재하였던 것이다. 은화의 특질에 대해서는 4장에 다시 언급할 것이다. 여기에서는 아래의 설명을 덧붙이고자 한다.

막스베버는 중국 전화(錢貨)가 상거래에서 형성된 것이 아니라, 황제권이 인정하는 지불수단으로 생긴 것이라고 보고 있는데, 픽스도 이러한 견해를 계승하고 있다. 그들은 고대 바빌로니아 등지에서 비귀금속의 화폐가 사람들에게 받아들여진 것을 왕조에 대한 대내적 지불 의무에서 생겨난 지불수단 즉, 지배를 체현시킨 것으로 파악하고 있었다. 베버는 이를 〈내부화폐(binnengeld)〉라 명명했는데, 경제인류학자 폴라니도 고대 그리스 도시국가의 통화를 이해하는 데 이 개념을 적용하고 있다.

지령과 계약을 동반하지 않고 지역유동성이 형성되었다고 하는 이 장의 시각에서 본다면, 흠정지불수단이라는 관점은 일면적인 것이라고 할 수 있다. 사실 인식에서 과연 바빌로니아와 그리스의 실태는 어떤 것이었나 하는 문제는 제쳐두고 중국 동전만을 본다면, 동전에 관한 중대한 함정에 빠진다. 베버는 가치가 없는 것을 지배 권력이 수령시키는 사례로 상정하고 있는 것이 틀림없다. 그렇지만 중국 동전은 소재의 시장 가치가 종종 액면을 상회하였다.

11세기 동전주조 최전성기였던 1075년에 〈10전을 녹여 정제된 동 1량을 얻을 수 있는데 기물(器物)을 만들면 얻을 수 있는 이익은 5배〉(《續資治通鑑長編》, 卷29, 熙寧8年 10月 壬辰) 라는 기사가 있다. 더욱이 13세기 남송에서는 〈20문 정도의 자금을 써서 겨우 1문의 이익을 얻을 수 있다〉 (包恢《敝帚藁略》, 卷1, 禁銅錢申省狀)라고까지 이야기하고 있다. 11세기처럼 동전주조의 전성기였던 청조 치하의 18세기에도 양화(良貨)를 사사로이 녹이는 문제가 생겨났다. 결국, 베버의 상정과는 반대의 사태가 실제로 발생하였던 것이다. 베버와 픽스는 동전 등으로 태환시키는 초〔鈔, 지제통화(紙製通貨)〕를 의식하고 있던 것이겠지만, 지제통화가 어찌되었건 간에, 동전이 사람들에게 수령되었던 것이 국가의 지불수단이었기 때문이었다는 식이 상정은 의미가 없다.

그러면 주조권을 가진 사람이 액면가도 안 되는 소재가치의 통화를 발행하여 차익을 얻는다는 비상식적인 현상을 어떻게 받아들여야 좋을까? 문제를 푸는 하나의 열쇠는 왕조가 대량으로 관전을 주조하였던 11세기·18세기(黑田, 1994-a, 2장) 두 시기가 모두 다른 시기와 비교해도 사주전의 영향이 적었던 시기였다는 점에 있다. 즉, 지금까지의 상식과는 달리 양화(良貨)인 관전이 악화(惡貨)인 사주전을 구축하여간 것이다. 동화의 사주는 금은화의 사주와 비교하였을 때, 경비가 들지만 이익은 없다. 동화가 부족한 상황이라면 그래도 이익을 바라볼 수 있지만 대량으로 양화가 공급되면 아예 설 자리조차 없어져 버리기 때문이다.

앞에서 설명하였듯이 생산된 농산물의 집산을 함께하는 공간으로의 지역경제는 제도적인 보증이 없어도 매개제를 자기 조직화 한다.5) 그러나 화폐기능을 가진 지역내 유동성과 지역간 태환성의 모순이 지역내 유동성을 담당한 매개재 뿐 아니라, 자산으로 보유되어야하는 재화와 지역 밖과의 교류용 재화를 각각 자기 조직화 한다. 전화(錢貨)밖에 없는 경우에도 특정 연호를 가진 전화를 자산용으로, 다른 것을 거래용으로 하는 차별화가 각 지역경제에서 이루어졌던 것이다. 혹은 같은 1문을 액면으로 하는 동화와 철전(鐵錢) 간에도 마찬가지이다. 이와 같은 차별화는 전화 세계에만 한정된 것이 아니다. 소액면이라면 은화 세계에서도 마찬가지이다.

일상적인 거래에 양화이면서 자산용으로 되는 관전을 대량으로 계속 투하하면 결과적으로 지역적인 화폐의 자기 조직화가 더욱 다양화되어 자율화되어가는것에 제동을 걸게되는 것이다. 그렇다고는 해도 결코 지역유동성이 자기조직화하는 경향을 제어하는 것만은 아니다. 예를 들어, 한자의 가(家)라는 표의 문자는 중화세계 전체에서는 그 의미가 이해되므로 자(jia)라고 발음하든 가(ka)라고 발음하든 상관없다. 마찬가지로 어디서건 관전이 통용되기는 해도 그것은 특정지역과 업자가 950개에 1000문으로 환산하거나 혹 700문을 묶어 1000문으로 하는 등 다양한 관행을 용인하는 구조인 것이다. 즉 통일된 범주와 원형을 분포시켜 두고 그 운영은 지역마다 자기조직화에 맡겨둔다. 그것은 통화에만 한정된 것이아닌 바로 중화제국의 구조인 것이다.

그런데 약간의 차이를 지나치게 강조한 감도 없지 않으나 금은화와 같은 지역간 결제 통화를 못 가진 동아시아와 지역유동성을 형성하는 동화(銅貨)

---

[5]자기 조직화라는 표현 자체는 자연과학에서 주장되어 온 관념을 비유적으로 빌려 쓴 것일 뿐이다. 지금 단계에서는 생물학 등에서도 확률론적으로 이 말을 사용하여 온 체계를 가지고, 직접 시장에서 질서형성의 이론을 설명하여 왔다고 생각하지 않는다. 사회학과 경제학에서도 원용되어 있지만 여기에서는 비유로 사용하여 설명의 효과를 높이고자 할 뿐이다. (Mishra/Maass/Zweerlein,1994)

를 도시 거주민용으로 공급하지 못한 지중해 · 서구세계는 12세기까지 유럽과 아시아 대륙의 동과 서에 구분되어 있다.[6] 그러나 13세기는 그러한 구분을 뿌리에서부터 흔드는 격동의 시대가 되었다.

4. 분수령인 13세기

앞에서, 잉글랜드의 은화주조는 13세기, 특히 13세기 후반기에 급격히 증가했다는 사실에 대해 언급하였다. 또 잉글랜드뿐만이 아니라 유럽 전체의 은화주조가 늘어났고, 서아시아에서도 이 무렵 10세기부터 계속되어온 은 부족 경향이 해소되었다. 역시 13세기 후반 일본에서도 공조(貢租)의 대전납(代錢納)이 발달된 사실도 언급하였는데, 비축전(備蓄錢)이 나타난 것도 이때부터였다(鈴木, 1999년, 59쪽). 게다가 동전은 동남아시아의 도서부에서도 사용하게 되었다. 1350년 무렵의 인도네시아 동판 비문에는 이전과는 달리 토지계약이 피시즈 즉, 전화(錢貨)를 기준으로 하게 되었다는 내용이 전해지고 있다. 이것만 보아도 이 지역에서도 전화의 유통과 발전도 다른 지역과 마찬가지였음을 알 수 있다(Reid, 1993, p.96).

인도양 연안과 서아프리카를 중심으로 몰디브(Maldives)산 패화(貝貨)가 20세기 초까지 각 지역에 유통되었는데, 13세기부터 14세기에 걸쳐서 본격적으로 유통되기 시작하였다. 당시의 패화는 벵골만(Bengal)을 중심으로

---

[6]서(西)의 금은화와 동(東)의 동화라는 대비도 있었다. 그러나 이 책에서처럼 화폐자체에 내재하는 기능에 주목했다기 보다는 발행주체가 존재하는 차이에 중점을 두는 관점에서 설명되어 왔다(湯淺, 1988; 足立 1990; 東野, 1997).

유통되었다. 벵골만의 술탄에 의한 은화주조는 퇴장은화의 시기분포로부터 14세기 전반이 가장 절정을 이루었다는 것을 알 수 있다(Deyell, 1983). 벵골만 연안에서 동북쪽으로 나가면 은광산 개발이 이루어진 운남(雲南)으로 이어진다.

13세기 후반에서 14세기 전반에 걸쳐 무언가가 확실히 일어나고 있었다. 귀납적으로 추론하자면 하나의 결과가 상정된다. 즉, 몽골제국의 영향으로 유럽, 아시아 대륙의 동서가 연결되었던 것이다. 동서에 걸친 제국의 출현은 다양한 거래비용을 경감시켰고, 원거리 교역을 비약적으로 발전시켰다. 제노바의 상인은 북경(北京, 당시는 대도(大都)라 부름)에서 비단 1파운드를 은화 8솔리드의 가치로 사 들여와서 3배로 팔았던 것처럼(Vilar, 1991), 은의 사용으로 지역간 결제 통화는 서에서 동으로 연장되었다. 그러나 중요한 것은 단지 유통량을 증가시켰던 것이 은뿐만이 아니었다는 점이다. 전화와 패화, 그리고 순도가 떨어지는 은화를 포함하여 지역 유동성의 형성에 관련된 모든 것들이 동시에 확대되어가면서 지금까지 상품화폐가 담당하였던 부분을 침식하여 들어가기 시작하였던 시대이기도 했다.

몽골제국의 와해 이후 일어났던 현상들을 살펴보면 이러한 추론의 타당성을 알 수 있게 된다. 14세기 후반에서 15세기에 걸쳐 유럽, 아시아 대륙의 많은 지역에서 화폐가 줄어들어 큰 문제가 되었다. 앞에서도 말한 바와 같이 잉글랜드에서 은화주조는 14세기 후반에 급감하였다. 잉글랜드와 플랑드르에서는 은이 사치품 수입과 로마교회로 보내지는 송금으로 이탈리아 쪽으로 흘러갔다. 또 한자동맹 도시가 모피교역으로 얻은 귀금속도 마찬가지 방법으로 이탈리아로 들어갔다. 그런데 이탈리아도 귀금속이 부족한 상황이었다. 레반트(Levant) 무역을 통해 귀금속이 다시 중동으로 유출되었던 것이다. 한편 이집트에서도 은 기근이 일어나(Lopez/Miskimin/Udovitch, 1970) 1400년을 전후하여 동화만을 주조하는 상황이 되었다(Bacharach, 1983). 은은 어떤 지역에도 머물러 있지 않고 어디론가 사라져버린 것이다.

실제의 움직임에서 보자면 후추로 대표되는 사치품이 인도양에서 이집트를 거쳐 이탈리아에서 서구로 판매됨에 따라 그 반대의 방향에서 금은화가 유출되어 버린 것이다. 그런데 문제는 14세기 전반 이와 같은 무역의 일방성이 명확하게 드러나지 않는가 하는 점이다.

이집트 시장에서 은이 급감하는 것은 1359년부터라고 한다. 이때는 이미 원나라가 경제 중심지인 강남을 잃은 상태였다. 그에 뒤이어 1360년대 런던 주조소의 은화 주조량은 1350년대의 10,324kg에서 971kg으로 급감하였다(Munro, 1983). 그것은 몽골제국이 붕괴하여 중앙아시아를 통해 이루어지는 동서교류가 축소되었기 때문이라고 생각하면 납득이 간다. 중국은 12세기까지 은을 화폐로 사용하지 않았지만 실제로 관청에는 은의 재고가 쌓여만 갔다. 금나라가 1126년에 북송(北宋)의 수도 개봉(開封)을 점령하였을 때 개봉에서만 자그마치 은 6000만량(220만kg)을 얻었다고 역사에 기록되어 있다. 물론 수치가 과장되게 표현되었겠으나 은은 확실히 많이 축적되어 있었던 것으로 보인다. 왜냐하면 은광 개발까지는 하지 않더라도, 앞에서도 말했듯이 동전을 주조하기 위한 동생산과 그 공정과정 중에 상당량의 은이 석출될 가능성이 있기 때문이다. 금에서 원으로 이어지는 유목민 왕조에서는 그동안 사용되지 않는 은을 서아시아와 교역하는 결제수단으로 사용하였다. 한편에서는 비단을 비롯한 중국 상품에 대한 수요가 거꾸로 서에서 동으로 움직이는 은의 흐름을 만들었다(杉山, 北川, 1997, pp.168-173쪽).[7]

그러나 유럽, 아시아 각지에 걸친 은의 유출은 몽골제국 붕괴와 함께 중단되어 버렸다. 서방에서는 은이 줄어들자 이에 대응하는 방책을 만들어야 했고, 동방에서는 은을 사용하여 징세를 하는 방법을 찾아내게 되었다. 4장에서 논하는 것처럼 중국 왕조는 언젠가는 은 재정으로 전환하여야 하는 동기도 있었을 것이다. 은의 사용으로 동서가 묶이는 13세기는 그 흔적이 일단 없어져 버렸으나 한편으로는 이후 새로운 변동의 기점이 되기도 하였다.

중국에서도 11세기부터 북송이 전화(錢貨)를 대량으로 주조하였고, 12세기부터는 금과 남송 양쪽에서 지제통화[紙製通貨, 초(鈔)]를 만드는 쪽으로 기울었고, 13세기 후반에는 원통이 계속 중통초(中統鈔, 1860년 원의 세조 쿠빌라이가 즉위하여 발행한 지폐의 일종)등을 통용시키는 정책을 취해 형태상으로는 국가지폐의 전성기를 맞이하게 되었다. 11세기 동안 만들어진 많은 동전 재고가 주로 송왕조 각 기관에 분산되어 있었기 때문에 재고동전을 가지고 있던 무리들끼리 대체계정도 가능하였다. 현금(現錢) 이동은 비용도 많이 들고, 지불지도서(支拂指圖書)같은 것으로 지불을 끝내버리게 되는 것은 필연적인 움직임이기도 하였다. 지제통화가 받아들여졌던 이유는 이렇든 재고동전이 있었다는 것을 빼고는 생각할 수조차 없는 일이다. 그러나 지제통화가 일반적으로 사용되기 시작하자 비용이 드는 동전주조에 구애될 필요성이 사라지고 결국 동전은 대체되어갔다.

지제통화가 어떻게 유통되는가는 4장에서 논하겠다. 다만 먼저, 13세기 북중국의 각지에 할거한 한인 세후(世侯)의 지폐는 은과 사(糸)에 기초한 거래를 대체하였고, 더욱이 이를 통일적인 중통초(中統鈔)가 대체하는 상황(高橋, 2000, 1편4장) 그리고 이후 명초의 보초(寶鈔)가 토지거래의 기준으로

---

7) 은(銀) 동에서 서로 혹은 서에서 동으로 어느 쪽이 일방적으로 흘렀다고 생각하기 보다는 양방향이 병존하였다고 보아야 할 것이다.

실제 사용되고 있었던 상황 등에서 생각하면 (大田, 1993) 중립성을 기대할 정도로 아주 적은 희소를 유지하고 있지만 초(鈔)는 각지의 가격 척도로 쓰이고 있었다고 생각된다. 원나라에서는 앞서 기술한 강남의 사례처럼 가장 낮은 지역유동성은 쌀이 담당했고, 그 상층부에서 지역간 결재를 담당하는 국가지폐가 지역 가치 척도를 이루는 토대에서 지역간 태환성이 높은 은을 유입, 유출시킨다는 중국 역사상 없었던 경험을 성공적으로 이용하였다.

5. 본위 화폐제와 세계경제 시스템

16세기까지 지역유동성은 곡물이든 포(布)든 상품 화폐가 담당하여 왔다. 이점에서 보면 제3절에서 말한 동과 서의 차이가 커다란 의미를 갖는 것은 아니다. 그런데 13세기 지역간의 결제화폐인 은의 유통을 통해서 동서가 융합된 후에 유럽과 아시아 전체 지역유동성에서 일단 상품화폐의 영역이 줄고 14세기 후반부터 은 유통이 정체되고 만다면 다음의 2가지 움직임을 예상할 수 있다. 첫 번째 움직임은 지역태환성이 보장된 귀금속을 어떻게 해서든지 획득하고자 하는 움직임이고, 두 번째 움직임은 지역 태환성을 독자적인 수단으로 유지하고자 하는 다양한 움직임이다. 후자에는 은 외에 유출되기 어려운 영세액면 통화로 전환하는 방향 A, 현물 거래로 회귀하는 방향 B, 그리고 폐쇄적인 지역단체의 효력에 따라 단체 내부 채권채무관계로 거래를 처리하는 방향 C가 있을 수 있다. 제6장에서 소개하는 것처럼 화폐가 줄어 힘들었던 14세기 후반 잉글랜드 한 시장에서는 1실링 이하의 거래까지 구두에 의한 신용거래가 이루어졌고 공민(公民)들의 법공동체가 그것을 지탱하여갔다.

첫번째 움직임은 중국 조세 은납화와 동방에 대한 편무무역의 결제수단이 부족해 고심하던 서구 영주경제를 유럽, 아시아 대륙의 양단에 출현시켜, 어려움을 1570년대부터 남미 은의 세계적 유통 변동의 돌파구로 삼는 것이다. 13세기 유럽, 아시아를 관통했던 은 유통은 양적으로는 16세기 유통량보다 적었음에도 불구하고, 각 지역경제에서 과다하게 지역간 태환성이 나타났고, 결국 제어할 수 없을 정도로 되어 몽고제국과 함께 붕괴되었다. 경계도 없는 광대한 몽고제국 영역에서는 교역의 거래비용을 계속 내리며 은의 출입을 무제한으로 허가했기 때문이다. 이에 반해 16세기에 등장하는 서구 중심 세계경제는 경계를 이용하는 시스템으로 나타났다. 여기에는 지역간 태환성과 지역 유동성의 중간을 제어하는 본위화폐라고 하는 제도가 되었던 것이다.

원래 본위화폐라는 개념은 한 나라 안의 유동성 전체를 균질적으로 파악할 수 있는 상태에서만 의미가 있는 것이다. 일상적인 매매를 매개로 하는 재화와 결제 그리고 자산보유를 위해 사용되는 재화, 다시 말하면 현지통화와 지역간 결제통화사이에 240펜스=1파운드, 1000문=1량이라고 하는 절대적인 비율로서의 태환이 실질적으로 효력을 가지고 기능하는 상태가 아니면 혹은 지금까지 사용된 표현으로 여러 통화가 합산될 수 있는 것이 아니라면, 금본위제나 은본위제를 말하는 것조차 무의미하다. 중국의 명청왕조 혹은 인도의 무굴왕조가 은을 사용하여 재정을 운영한다고 해도 그것은 왕조라는 거대한 경영체가 은을 계산단위로 운영하고 있는 것을 의미하는데 지나지 않는다.

본위제가 내부에서 자생적으로 발생하는 사회는 C 방향의 사회이다. A·

B·C의 차이는 처음엔 그렇게 명확하지 않았으나, 16세기 후반부터 은이 대량 유통되면서 지역간 태환성이 과잉되자 차이가 확대되어 갔다. 은을 최종적으로 집어삼켰던 중국과 인도에서는 18세기에 동화와 조개화폐(貝貨) 등 많은 영세액면 통화가 각 지역에서 쌓여가자 소농들이 지역시장에 많이 참여하면서 자율적인 지역 유동성을 형성하였다(A). 중남미와 동유럽에서는 수출 산업에 관계하는 대토지 경영자들과 무역관계상인들이 태환성이 높은 화폐를 독점하였고, 한편에서 생산자들은 일상적으로 현물거래만을 하게 되었다(B). 어느 쪽이건 지역유동성과 지역간 태환성 사이에서 발생하는 괴리를 화폐수요의 계절차이로 메워갔던 것이 C방향이다. 여기에서는 지역유동성의 자율성을 깎아가며 세금을 거두는 환송금망이 지역간 태환성과 연결되면서 융합을 준비하였다. 여기서 한 나라의 유동성을 하나의 화폐로 추측할 수 있는 본위제라는 시스템이 드디어 모습을 드러내게 된다. 또한, 지역마다 채권·채무에 기초한 내부화폐(inside money, 베버의 binnengeld와는 의미가 다름)가 형성되어 결국에는 영국이나 독일 혹은 일본처럼 유휴자금이 지방마다 쌓이게되어 공업화 초기 투자를 지탱해갔다. 이점에 대해서는 6장에서 다시 논하고자 한다.

이렇게 하여 B를 변경으로 하고 C를 중추로 하는 세계 경제시스템이 형성되어갔다. 다른 한편에서는 A시장도 독자적인 번영을 구가하면서 19세기를 맞이하였다. 그러나 19세기에 여러 통화를 합산한 본위제 시스템은 지배적인 위치를 차지하지 못하였다. 일국일통화제도(一國一通通貨)와 다른 이치도 현재화되었기 때문이다. 그것이 무역은의 성행이었다. 동쪽의 대표적인 예가 멕시코 은이고, 그리고 서쪽의 대표적인 예가 제1장에서 논한 마리아 테레지아 은화였다. 다만 마리아 테레지아 은화의 사례는 이미 본위제 시스템이 승리를 거두고 난 다음이어서 일종의 뒤처리와 같은 것이었다.

무역은의 가장 큰 특징은 발행국가가 아닌 다른 국가에서 유통되었다는 점이다. 마리아 테레지아 은화의 경우, 본국에서는 19세기 후반에는 유통되지 않았음에도 불구하고 20세기까지 계속 주조되어 홍해연안까지 유통되었다. 멕시코에서 주조된 은화의 경우도 중국을 중심으로 동아시아에서 유통

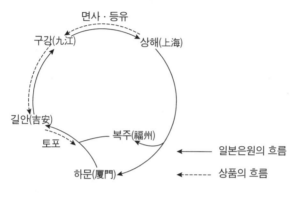

〈그림6〉 일본은원(円銀) 환상회로

되었다. 마리아 테레지아 은화와 마찬가지로 멕시코 은화도 많은 양을 받아들여졌지만 결코 유일한 화폐로 사용되었던 것은 아니었다. 중국 동남 연해안에서 1원(元, 달러)의 멕시코 은화는 상당히 우세하였지만 시세가 고정되어 있지 않은 동화와 소액 은화와 병행되는 것이었다. 결국, 멕시코 은화는 각 지역에서 현지통화와 뒤섞이며 지역간 결재를 담당하였다고 볼 수 있다. 그림 6은 20세기 초에 나타났던 중국 내에서의 일본은원[(日本銀元, 엔은(円銀)]의 순환모습을 보여주는 것이다. 일본은원은 멕시코 은원에 대항하기 위해 일본정부가 발행하였으나, 일본이 금본위제를 확립해나감에 따라 청일전쟁 이전 이미 주조가 정지되어 회수가 결정되었다(山本有造, 1994). 강

서남부에서 복건으로 토포[수직면포(手織綿布)]가 들어오고, 구강에서 강서 남부로 면사·등유가 연쇄적으로 유입되는 반대방향을 따라 상품 대가로 일본 정부에서 쓰이지 않는 은화가 흘러가는 환상회로를 형성하게 되었다 (黑田, 1994a). 이는 홍해에서의 마리아 테레지아 은화의 회로(p.44참조)와 비슷한 점이 있다.[8] 그러한 현지통화의 자율성을 보지한 채 무역은과 같은 지역간 결재통화가 이들을 연결하여 여러 통화가 합산되지 못한 구조가 19세기 중에는 상당한 지위를 차지하고 있었다.

그러나 19세기 말부터 세계적인 규모로 국제금본위체제가 형성되어 남아 있던 지역유동성의 자율성을 빼앗았다. 서아프리카에서는 조개화폐가 파운드에 연결된 니켈화로 점차 대체되었고, 베트남에서의 동전유통은 인도차이나 은행권의 보급과 발행으로 인해 쇠퇴해 갔다. 그렇게 이제 세계적으로 한 정부 체계에서 하나의 화폐만이 유통되는 것이 당연한 것이 되어갔다. 그렇다고 해서 지역 유통성이 얌전히 퇴장한 것은 아니었다. 이에 관해서는 7장에서 다시 논하겠다. 일단 인도에서의 사례를 보기로 하자.

1923년 11월 예년처럼 면화 수확을 위한 통화가 면산지로 흘러들어가자, 인도 시중에서는 금융이 압박되었고 인도 제국은행의 대출이율이 11월 15일에 5%, 11월 29일에는 6%, 12월 10일에는 7%, 다음해 1월 3일에는 8%로 계속 상승하였다. 캘커타(Kolkata), 봄베이(Bombay), 마드라스(Madras)의 3관구은행(管區銀行)을 합병하여 1921년에 막 설립된 제국은행은 이전부터 신축적으로 화폐를 발행하여 대출이율이 6%, 7%, 8%에 달할 때마다 각각

---

8) 일본에 의한 폐화(廢貨)가 거꾸로 잔류하는 은원(銀元)을 이 회로에 모아 생존을 늘였다고도 추측할 수 있다. 엔은(円銀)이 폐화되기까지의 과정에 대해서는 야마모토(山本有造,1994)의 논문을 참조, 동아시아에서의 루블의 유통에도 마찬가지라고 할 수 있다.

400만 루피, 총 1억2천만 루피를 추가발행토록 하였다. 그럼에도 불구하고 때마침 풍작과 면화시세의 상승에 금리는 1924년 말까지 9%아래도 떨어지지 않았다(Royal Commission India Currency and Finance, 1926, pp.20-21). 수확기가 되자 각 지역에서 화폐수요가 높아졌고, 더욱이 풍작이 화폐수요를 더 조장하는데다 화폐의 공급이 탄력적으로 이루어지지 못하였기 때문에 금리가 상승하는 연쇄현상은 제1차 대전 후가 되어서도 또 나타났다. 단순히 화폐가 통일되었다는 것만으로는 지역유동성을 제어할 수 있는 것은 아니었다.

마찬가지 현상이 20세기 초기 미국에서도 발생하였다. 가을수확기에 뉴욕에서 중서부 농업지대로 대량의 은화가 이동되었다. 당연히 봄과 가을에 이율이 상승하는 계절적 순환현상이 나타났다. 때로는 화폐수급의 압박에 대처하지 못하고 신용공황이 일어나기도 하였는데, 그 발생기시는 오직 수확기인 가을 아니면 농작물을 심는 봄뿐이었다. 다만, 미국의 경우 1907년 공황이후 금리의 계절순환 교차가 줄었고, 빈번히 발생하였던 신용공황도 잠잠해졌다. 가장 큰 변화 요인은 은행들의 은행격인 연방 준비은행이 설립되자 따라, 연방은행이 각 은행에 대해 신용공여를 부여했다는 데에 있었다. 일찍이 연방 준비 은행의 미상환채권은 시중 금리가 계절적으로 높았던 가을에 상승하는 것으로 나타났지만, 연방은행의 업무가 결과적으로 계절적으로 찾아왔던 화폐의 수요와 공급에 대한 압박을 푸는 역할을 하였다. 채권의 집적이 지역유동성을 일으키는 파동을 잠재운 것이었다(Miron, 1986).

문제는 미국보다는 인도와 같은 사례가 많았음에도 불구하고[9], 스타링 · 파운드와의 태환성을 높이려고 하는 국제금본위제가 현지통화의 자율성을 깎아내고 말았다는 데에 있었다. 1파운드는 15루피 등의 고정시세 설정이

중추국측에서 자본투자를 하도록 촉진했지만 다른 한편으로는 이전까지 지역순환성이 처리해왔던 화폐수급의 계절적 압박을 지역규모에서 동조하면서 위험성을 극대화시켰다. 국제금본위제라는 지역간의 태환성을 극한으로까지 높여간 체제는 이윽고 세계공황이라는 형태로 높기만 하였던 태환성의 청구를 지불하게 되었다. 겹겹이 쌓였던 목재가 붕괴될 때 사람들은 지역유동성에 의거하는 바를 찾게 된다. 그것이 서두에서 이야기한 덴니텐니네오에서의 나뭇조각으로 나타났던 것이다

세계경제는 나라마다 관리통화체제를 채용하여 태환성을 제어하면서 지금에 이르고 있다.

화폐라는 것은 확실히 〈교환과정에서 본능적으로 형성된 것이지, 반성과 합의(약정)에 의한 산물이 아니다〉(Marx, 1961, S. 35.)라고 볼 수 있지만 화폐란 무한적으로 공간을 넓혀가며 생겨나는 것이 아니다. 화폐는 본원적으로 공간을 함께하는 것이다. 화폐의 역사는 좁은 공간의 내측에서 균형을 맞추려는 동기와 불안정을 함께하면서도 광역의 태환성을 새롭게 건설하고자 하는 동기가 서로 싸우며 만들어 온 과정으로, 그 충돌은 각 사회시스템의 흥망으로 이어졌다.

---

9) 미국의 농업 사이클에 따른 현금의 계절적 이동이 뉴욕을 거쳐 런던의 준비금을 위험하게 한다는 것은 이미 De Cecco가 지적하고 있다. 이 책에서 주장하는 바는 미국 만에 한정된 사례가 아니라는 점이었다(De Cecco,1974,pp.12-121).

3장
경쟁하며 존재하는 화폐들
18세기말의 벵갈과 중국

1. 복잡하게 뒤엉킨 화폐

상업이 거의 붕괴되어 버리고 말았기 때문에 통화의 다양성이 화폐유통에 장애가 된다고 말 할 수 없게 되었다. 모든 거래가 현지의 시장에서만 이루어지는 사회에서는 영역을 분할한 경계 내측에서만 유통되는 화폐로도 사람들은 완전히 만족하게 된다(Pirenne, 1936, p.111).

위의 문장은 서양 중세 경제사의 대가인 피렌느(A. Pirenne)가 중세 서구 화폐유통에 관해 설명한 것이다. 이것은 피렌느도 화폐의 지방적인 성격 및 통일되지 못한 성격이 상업유통의 양적증감에 의존한다는 고전적 신화를 신봉하고 있다는 사실을 전형적으로 보여주고 있는 것이다. 바꾸어 말하면, 교역이 확대되면 화폐도 통일된다고 본 것이다. 이러한 이해에 따르면, 여러 화폐가 함께 존재하는 사회는 각각 고유한 교환수단을 가지고 있는 자족적인 여러 사회가 통합된 모습이라 할 수 있다. 실제 피렌느는 중세유럽이 그렇다고 보고 있다. 여러 화폐가 분열되어 유통되는 상황은 각 사회가 자족적이기 때문에 통합된 화폐를 가지고 있지 못한 상황을 나타낸다는 해석은 것은 매우 설득력을 가지며 피렌느뿐만 아니라 많은 연구자들이 받아들이고 있는 주장이기도 하다.

표 4는 1770년 인도 북부 벵갈의 각 지방에서 실제 유통되고 있는 화폐를 나타낸 것이다. 인도지역을 통치하기 시작한 영국 동인도회사가 각 지역마다 세금을 거두어들이는 관리들의 정보에 기초하여 작성된 것이다. 정말로 다양한 통화가 함께 유통되어, 지방마다 따라 형태가 크게 차이가 났다는 것을 알 수 있다. 피렌느의 이론에 따라 이러한 상황을 사회의 자족성이 표현되었고, 또 시장의 발달이 후진적이기 때문이라고 해석하는 연구자가 있는 것도 무리가 아닐 것이다. 동인도회사의 보고에 기초해 18세기말 벵갈지역 화폐유통 실태를 생생하게 묘사한 미트라(D.B. Mitra)도 피렌느의 말을 인용하여 중세서구와 18세기 벵갈의 상황이 같았다고 당시 화폐에 대해 결론짓고 있다(Mitra, 1991, p.70).

그러나 같은 인도 연구자라도 1945년 이전에 활동하였던 경제학자 신하(J.C. Sinha)는 조금 다른 태도를 보이고 있다. 그도 역시 동인도회사의 자료를 이용하였다는 점에서는 차이가 없다. 하지만 그는 비교 대상을 그가 살았던 시대의 중국에서 찾고 있었다. 다양한 통화가 유통되었고, 지역마다 양상이 다르다는 점에서 18세기 말의 벵갈과 20세기 초기 중국이 같다고 인식하였던 것이다. 신하도 화폐가 복잡하게 뒤섞여 있는 상황은 시장이 후진적이기 때문이라고 본다는 점에서는 미트라와 같다. 다만 화폐수요가 계절적으로 변동하고 또 국내 환송금제도가 정비되지 못했다는 문제는 당시에 역사적으로 계승되어온 것으로 파악하고 있다.[1] 그에게는 150년 전 벵갈의 상황이 결코 과거의 것만은 아니었다(Sinha, 1938,pp.9-11). 비교의 유효성이라는 점에 국한시켜 말하면 신하의 방법이 중요한 핵심을 포착하고 있었다고 할 수 있다.

〈표4〉 벵갈 각 지역에서 경쟁하고 있는 화폐들

지명	루피의 종류	용도
디나제풀	소나트 영국 · 프랑스 아르코트 프랑스 아르코트	쌀과 기타 곡물 유지 · 정제되지 않은 설탕 마
고라가토	시카 프랑스 아르코트 물시다바드 · 소나트	쌀과 기타 곡물 포 · 소금 설탕 · 정제되지 않은 설탕
제솔	시카 물시다바드 · 소나트 프랑스 아르코드	쌀 · 곡물 · 설탕 · 정제되지 않은 설탕 포 · 유지 소금
비쥬누플	소나트 古두스마샤 아르코트	곡물 · 대나무 · 정제되지 않은 설탕 유지 · 금속 포

출전 ; Sinha, 1938, p.4.

표 4를 보면 단지 지역마다 다른 통화를 사용하고 있었을 뿐만 아니라, 같은 지역에서도 취급상품에 따라 통화를 달리하고 있었음을 알 수 있다. 이점에 대해서는 아래의 서술 과정에서 좀더 구체적으로 살펴볼 것이다. 다만 여기서 밝혀두고 싶은 것은 취급 상품에 따라 통화를 달리하는 현상은 20세기 초기 중국에서 그대로 보이는 현상이라는 점이다. 유통되고 있는 여러 통화 중에는 한정된 지역에서만 유통된 것도 많지만, 때로는 지역을 넘고

---

[1] 케인즈도 화폐수요의 계절성은 주요한 요인으로 보고 있다(Keynes,1971a).

여러 국경에 걸쳐 유통된 것도 있었다. 적어도 여러 통화는 자족적으로 유통하는 지역경제의 병렬상태라고 파악한 피렌느의 인식을 훨씬 뛰어넘은 상태였다. 그와 같은 해석의 배경에는 시장이 발달하면 할수록 화폐도 통합되고 그 반대의 경우도 성립된다고 하는 명제가 감추어져 있는 듯하다. 그러나 그러한 명제를 아무 전제조건 없이 인정하여서는 안 된다.

인도 벵갈과 중국 강남의 상황은 피렌느가 서양 중세를 대상으로 상정했던 반폐쇄적인 상태와는 조금 거리가 멀다고 할 수 있다. 지방시장은 개방적이었고, 조건만 갖추어진다면 수출입 교역을 확대시키는 기회에 대응해 갔다고 보아도 좋다. 중국의 지방시장에 몇 개의 통화가 복잡하게 뒤엉겨 섞여있었던 상황은 피렌느의 설명보다는 하이에크 혹은 B. 크라인이 제창한 〈경존통화(競存通貨), concurrent currencites〉쪽에 가깝다. 즉, 정치권력에 의존하지 않고 자유롭게 민간에서 발행된 여러 통화가 경쟁하면서 병존하는 상태였던 것이다.[2]

본래 16세기 후반 이후 18세기에 이르기까지 인도 및 중국은 증산된 중남미 은을 대량으로 흡수했고, 상대적으로 유통되는 통화가 줄어들었던 서양 중세와는 완전히 반대되는 환경이었다. 전체적으로 오히려 통화 유통량이 확대되었다고 생각되는데, 통화들은 통일되기보다 오히려 경쟁적으로 존재하고자 하는 경향이 있었다. 우리는 여기서 시장이 정체적이었기 때문에 통화도 반폐쇄적으로 유통되어 뒤섞인 채 있었다고 하는 피렌느와 같은 선형적(線型的)인 발상을 뛰어넘어 아주 흥미로운 현상만을 문제 삼아 보기로 하자.

---

[2] 하이에크 자신이 〈최근의 동아시아〉를 〈여러 화폐가 경존(競存)하며 유통〉하는 사례로 들고 있다(Hayek,1976,pp.37-38).

중국에서 서로 경쟁하며 존재하는 통화 상황에 대해서는 다음 장에서 체계적이고 구체적으로 논의할 것이므로, 여기서는 18세기에서 19세기의 무굴제국의 통치 시기부터 영국 식민지지배 초기의 인도를, 특히 벵갈 지역을 대상으로 중국 사례와 각각을 비교하며 설명해보기로 하자.

18세기 이후 인도 화폐사는 오직 은화 그리고 은화를 대체해가는 금화 및 지폐를 중심으로 서술되곤 한다. 표 4에 나타난 상황만 보아도 짐작이 간다. 그 외의 다른 통화가 언급되고 있기는 해도 첨가물처럼 뒤에 덧붙여진 것에 지나지 않는다.[3] 실제 상정되고 있는 총 통화량을 액면 그대로 본다면, 그 중 상당 부분이 은화이므로 은화부터 보는 것이 당연한 순서일 것이다. 그러나 여기서는 순서를 거꾸로 하여 영세액면인 조개화폐와 동화를 가지고 설명해보자. 모양이 아름다운 은화와 금화를 나중에 고찰하는 것은 설명 과정 중에 자연히 알게 될 것이다.

2. 초영세 액면 화폐 − 패화(貝貨)의 세계

전통 인도에서도 전통 중국과 서양 중세와 마찬가지로 은화는 사람들이 일상생활에 자유롭게 쓰기에는 지나치게 액수가 컸다. 지금 다루고자 하는 시기인 식민지 전기 및 초기 벵갈도 예외는 아니었다. 라지샤히의 수세관(收稅官)은 지방시장에서 루피 은화가 통용되지 않는 사실에 놀라워하며 동인도회사에 보고하고 있다(Mitra, 1991, p.176). 사람들은 쉽게 구할 수 있는

---

[3] 패화, 동화와 그 외에 먹을 수 없는 아몬드 등을 소액통화 유통의 증가에 주목한 것이 E.페린의 연구이다(Klein, 1974).

영세액면 통화를 선호하였다. 이러한 수요에 따라 벵갈과 서남쪽인 오리사 (Orissa)에서 유통된 것이 바로 동화(銅貨)와 패화(貝貨)였다.

예를 들면, 고라고레의 직포공들은 동인도회사에서 면화와 면사를 확보하기 위해 루피 은화나 무루 금화를 미리 받았다. 그렇지만 금은화 액면가가 지나치게 높아 지방시장에서는 구매를 할 수 없었기 때문에 실제 그들은 지방시장에서 원료를 구입하기 전에 먼저 금화 · 은화를 패화로 바꿔야만 하였다(Mitra,1991.p.189).

패화가 얼마나 적은 단위의 화폐인지는 알기 위해 은화 1루피 = 동화 64 파이스=패화 5120 (혹은 4가란)라는 이들 간의 차이를 비교한다면 쉽게 이해할 수 있을 것이다. 다만, 이들의 비율이 끊임없이 변동하므로 이는 어디까지나 하나의 기준에 불과할 뿐이다. 동화보다 훨씬 낮은 액면가에 해당되는 패화는 무굴통치 말기까지 벵갈과 오리사, 북부 아셈지역에서 소액으로 거래되었던 일반 통화중의 하나로, 19세기 전반인 1920년대까지로써 세금을 내는 지역도 있었다.

그러면 전체 통화 가운데 이러한 소액통화는 어느 정도 비율을 차지하고 있었던 것일까? 쿠타크(Cuttack)의 지방장관이었던 리차드슨은 1814년 쿠타크지방에서 유통되던 자본을 은 200만 루피 정도로 추정하였다. 40을 총합으로 하였을 때 금화 1, 은화 24, 동화 4, 패화 11 (De, 1952b)의 비율이었다. 비율만으로는 은화가 최대치를 보이고 있으나, 패화도 1/4 이상을 차지하고 있는 것이 주목된다. 패화 하나가 은화 하나의 1/5000 정도의 가치뿐인 것을 생각하면, 11/40이라는 것은 상당한 양임을 알 수 있다. 동화까지 합치면 소액통화가 시중통화의 40%를 차지하고 있었던 것이다. 중국에서도 19세기 후반에 동화 통화량은 은화의 절반 정도로 추정하고 있는데(彭,

1965, pp.888-889), 인도에서도 그와 비슷한 비율이었던 것이다. 물론 벵갈과 오리사만하여도 상당한 지역차가 있어, 쿠타크의 사례로 인도동부 전체를 추정하는 것은 지양해야 하지만, 소액통화가 상당히 우세하였다는 것만은 틀림없는 사실로 보인다.

〈그림7〉 인도대륙

그런데 패화는 벵갈이나 오리사에서 채취된 것은 아니었다. 이때 사용된 패화는 인도양의 섬인 몰디브(Moldives)에서 채취된 특수한 조개였다. 적어도 14세기 여행가였던 이븐 바투타가 몰디브에서 벵갈로 흘러들어가는 패화에 대해서도 언급하고 있는 것을 보면 다른 지역과 마찬가지로 벵갈에서 패화가 유통되기 시작한 것도 상당히 오래된 일로 생각된다. 18-19세기가 되면 몰디브에서 수출을 담당하는 주역이 유럽의 배로 대체된다. 그들은 몰디브에서 1루피에 9,000의 비율로 사들인 패화를 1루피 당 2,500내지 3,000의 시세로 오리사와 벵갈 및 마라타에 팔아넘겨 차익을 챙겼다 (De,1952a).

이러한 시세 차이는 인도양의 패화 채취지인 몰디브 혹은 인도대륙 사이에서만 있었던 것은 아니었다. 인도대륙 내에서도 상당한 격차가 있었다. 17세기 후반 인도를 방문했던 프랑스 상인 타메르니에는 그가 남긴 기록에서 북부 아그라에서는 동화 하나가 50-55 패화이지만 해안쪽에서는 80패화라 전하고 있다. 이러한 지역차가 생긴것은 대표액면이 지나치게 낮기 때문에 일정한 금액을 운반할 때에 부피가 지나게 많았던 것도 하나의 원인이 되었다. 벵갈 서부 실루엣은 특히 패화에 대한 선호도가 높았던 지역으로 납세도 패화로 하고 있었는데, 동인도회사의 수세관은 패화가 너무 양이 많아 거두어들인 패화를 송금하려 해도 방법이 없었다고 적고 있다.

그런데 지역차라고 하는 것은 운송비용 때문에 생긴것은 아니라는 점에 주의해야 한다. 1장에서 설명한 마리아 테레지아 은화와 10리라의 지폐사이의 비가의 예는 단기적으로 일어나는 사례이겠지만, 수요에 따라서는 물리적인 조건에도 불구하고 지역차가 발생하는 것을 명시하고 있다. 실제로 운송비용이 비싸지는 데서 오는 지역마다의 패화 시세 차와는 별도로 각 지역

내에도 패화와 은화사이에는 주기적인 변동이 있다(Mahapatra, 1969-1970). 이때의 주기는 대개 두 가지 요인에 의해 나타난다. 하나는 패화에 대한 수요가 많기 때문에 나타나고, 또 하나는 은화 수요가 많기 때문에 나타나는 현상이다. 패화는 사람들이 정상적으로 사용하는 교환 매체였기 때문에, 그 시세는 농산물 집하와 밀접한 관계가 있었다. 수확기에 집하된 농산물의 대가로 농민들이 받았기 때문에 은화에 대한 시세도 상승하는 것이 보통이다. 이에 비해 납세는 주로 루피로 이루어졌기 때문에 납세기에는 반대로 은화의 시세가 패화에 비해 상승하게 된다. 이는 다만 앞에 서술한 시렛트에서처럼 은단위로 납세하는 경우에만 적용 가능한 설명이다.

그런데 이상과 같은 높은 수송비용, 소농생산물 수확 및 조세 주기에 따른 시세의 지역계절교차 등의 현상은 중국 동전의 경우에도 공통적으로 해당되는 특징이다. 동전이건, 패화이건 은화와의 사이에 대표가치의 교차가 컸다는 점, 농촌시장 등에서 주목을 받았다는 점, 또한 소액으로 거래에서 많이 사용되었기 때문에 교환을 주로 하는 업자가 나왔다는 점도 공통된다. 벵갈에서 시장에 앉아 패화를 교환하는 업자가 있었다는 사실에 대한 보고는 1930년대 산동(山東) 농촌사회에서 청도(靑島) 등을 통해 들어온 은화를 소액 동전으로 교환하는 업자가 많았다는 일본의 만철조사 보고를 방불케 한다(水野 1935년). 또한 패화가 영세하며 쉽게 운반하여 쓸 수 없었다는 점에서 보면 중국 화폐 역사에서 송대(宋代)에 유통되었던 철전과 유사하다고 생각된다. 사천(四川)에서 회남(匯南) 으로 철전을 보내려 하는데 배 삯이 그 절반이어서 그만두었다는 12세기 후반 중국의 기록(高橋, 2000, p.298)은 위의 시렛트의 사례와 매우 비슷하다.

역사적으로 동전을 사용하였던 시대가 길었던 중국과는 달리 인도 화폐

역사에는 대개 금과 은화의 존재가 큰 비중을 차지한다. 또한, 소액통화만을 헤아려보아도 패화 하나가 동전에 비해 다시 한 단계 낮은 가치이므로 인도가 보다 다양한 액면을 표시하는 통화를 가지고 있었다고 말 할 수 있을 것이다. 다만, 소액통화의 유통 상황은 지역성에 동반하여 자율성이 있었다는 점에서 중국과 매우 공통된 측면이 있는 것이다. 그러면 지역성과 자율성이라는 특징을 염두에 두고 은화유통의 구체적 모습을 보기로 하자.

3. 경쟁하며 존재하는 은화

1789년 동인도 회사는 통일된 루피 은화를 도입하고자 벵갈 각지에 의견을 물었다. 그 회답 중에 다카에 사는 한 거주자는 화폐가 통일되기를 갈망하는 뜻을 나타내며, 서로 다른 중량과 품위를 가진 52종류의 경화(硬貨)가 다카에서 유통되기 때문에 슈로프라는 환전상이 이러한 상황을 악용해 이득을 챙기고 있는 상황을 전하고 있다(Mitra, 1991, p.54). 하지만 이것은 다카에만 한정된 것은 아니었고 벵갈 전체에 걸쳐 조금씩 나타나는 현상이었다. 영국 정부측이 이러한 상황을 수수방관 하고 있었던 것만은 아니다. 이보다 조금 앞선 1777년 벵갈 총독 헤스팅스는 이미 무굴 왕조의 공식 통화인 시카 루피를 기초로 하여 폐제통일을 시도하였지만 실패하였다. 그리고 다시 3년 후에도 통일을 시도하였지만 역시 결과는 마찬가지였다(Mitra, 1991, p.58).

이렇게 복잡한 상황은 어떠한 원인에 의해 생긴 것일까? 통화 발행 능력을 갖춘 정부가 약했기 때문인가? 18세기에 무굴제국은 권위가 약해지자 각 지사(知事)와 왕후(王侯)가 화폐를 발행하였기 때문이라고 말하는 사람들도 물론 있다(Mitra, 1991, pp.14,20). 그렇다고 한다면 지역마다 서로 다른 통화를 사용하는 것도 이상하지는 않다. 하지만 그러한 논리로는 같은 지방권력자의 세력범위에 있는 한 지역에서 다양한 통화가 병존하고 있는 상황을 설명할 수 없다.

그렇다면 환전상들이 스스로 이익을 취하기 위해 만들어 낸 것일까? 복잡하게 유통되는 화폐 상황이 유지되는 것은 그들의 이익과 직결되는 것이므로 통일 화폐에 대한 저항을 충분히 생각할 수 있다. 그러나 환전상이 세력을 형성하고 있지 못한 곳에서도 다양한 통화가 병존하고 있으므로, 오히려 통화가 서로 경쟁하며 병행되었기 때문에 환전상을 필요로 했다는 인과 관계로 보는 것이 타당할 것이다.

각 지방의 실태를 자세히 보면 여러 통화가 단순히 복잡하게 섞여서 유통되고 있는 것만이 아님을 알 수 있다. 디나제플에서는 쌀 등의 곡물 거래에 소나트 은화가, 유지(油脂) 등의 매매는 프랑스의 아르고트 루피와 영국의 아르고트 루피가, 그리고 아마(亞麻) 등에는 오직 프랑스 아르고트 루피만이 사용되었다. 즉, 특정한 상품거래는 특정한 은화로 거래하며 여러 통화가 분업적인 형태로 병존하고 있었던 것이다.

그러나 단지 병존하고 있던 것만은 아니었다. 통화들끼리는 서로 시세가 고정되지 않고 끊임없이 변동하고 있다. 그리고 그 변동에는 패화와 마찬가지로 계절적인 주기도 있었다. 마이멘신현의 사례를 보기로 하자. 현 전체는 아르고트 루피가 가장 일반적으로 쓰이는 은화였다. 그러나 도시부에서는 시카 루피도 유통되고 있었다. 시카 루피는 오로지 세금을 납부하기 위해서 필요하였다. 때문에 매년 필요한 시카 루피는 120만 시카 이상이었을 것으로 추정된다. 조세는 캘커타에 보내졌지만 마이멘신현은 캘커타로 많은 쌀을 수출하는 지역이었기 때문에 거래를 성사시키기 위한 선대(先貸)로 인해 시카 루피가 다시 흘러 들어오게 되었다.

한편, 아르고트 루피는 농촌에서 우세하였다. 때문에 아르고트 루피는 소농과 직인들 사이에 많이 필료로하며 보통 시세가 수확기에 상승하곤 하였다. 평상시 아르고트 루피는 시카 루피에 대해 16%나 할인되었지만, 수확기에는 거의 동등하게 평가되었다고 한다.

동인도회사의 마이멘신현의 수세관이 1788년 당시 이곳의 아르고트 루피 재고를 613만이라고 추정하였지만, 실제 유통되고 있던 것은 200만에서 240만이었다. 즉 퇴장되어 쌓이게 된 것이 많다는 것이다. 또 수세관은 그곳의 자민달(재래의 수조권 보유자)들이 아르고트 루피를 보유하고 싶어하는 경향 때문에, 지불을 위해 재고를 사용하지 않고 빌리고 있다고 보고하였다(Mitra, 1991, pp.72-73).

즉, 같은 은화라도 수확기에 지불되었다가 현지에서 쌓이는 은화와, 조세 징수에 사용되어 캘커타와 같은 외부를 오고 가는 은화 사이에 차별성이 생기게 되었던 것이다. 따라서 여기에서는 수확기와 조세라는 요인 때문에 패화 시세가 주기적으로 변하게 된다는 사실을 유의해두기로 하다.

그런데 신하(Sinha)는 벵갈의 이 같은 상황을 20세기 초기 중국 상황과 유사한 것으로 비교하였는데 이것은 정말로 타당하다고 생각된다. 예컨대, 강서성(江西省)의 개항장 도시인 구강(九江)도 역시 다양한 은화가 유통되고 있었다. 멕시코 은화가 상해(上海)로 가는 수출상품인 차와 도자기 거래에 상용되고 있었고, 성정부(省政府)가 발행하는 은화는 담배와 콩류 등 현지 시장에서 매매에 주로 사용되고 있었다(黑田, 1994a, 111항). 그리고 은화들끼리의 시세도 각 은화의 수요와 공급의 움직임에 따라 날마다 변하고 있었다. 같은 1元(달러)의 액면을 가진 은경화(銀硬貨)라도 지역 밖과의 거래에 사용되는 은화와 지역 내의 거래에 쓰이는 은화가 서로 경쟁하며 존재한다는 점은 확실히 인도와 중국에서 보이는 공통점이라고 할 수 있다.

4. 시장의 중층성과 경쟁하며 존재하는 통화

자, 그러면 패화와 은화의 관계는 어떠한 것일까? 지금까지 보아온 것처럼 은화도 차별화가 있었다. 패화와 은화만을 대비시키자면 패화는 지역 내에 국한되어 유통되었고, 은화는 외부와의 교역 및 납세 등에 의해 외부로 출입하고 있는 구조였다. 따라서 양자 사이의 비가를 통해 은화가 유출되면 은화시세가 상승하고, 은화가 유입되면 패화의 시세가 상승한다는 것을 알 수 있었다. 실제 이렇게 나타나는 것이 보통 현상이다. 그러나 반드시 그렇다고 할 수만은 없다.

예를 들면, 18세기 말 은화는 중국으로 흘러 들어갔고, 벵갈만은 은화부족이 심각한 지경이었다. 그러면 당연 은화와 패화의 비가는 은화가 높은 쪽으로 진행되었을 터이다. 그러나 당시 실제 시세를 보면, 은화가 높기는커녕 오히려 패화 시세가 더 높은 쪽으로 진행되고 있었다. 즉, 애초의 상정과는 전혀 반대의 현상이 나타났던 것이다. 당시 패화가 벵갈 이외의 지역으로 유출되고 있지 않았고, 분산된 패화를 수집하여 커져버린 부피의 운송비용을 생각하면 이러한 사태는 일어날 수 없음을 알수있다. 은화와 패화간의 비가(比價)가 단순히 양자 사이의 직접적인 수량적 비율로 결정되는 것이라면 그러한 사태는 일어나지 않았을 것이다. 그러면, 이 외에 무엇이 두 통화 간의 평가에 관계했던 것일까? 다른 각도에서 둘의 관계를 보기로 하자.

우리가 지금까지 보통 지방 내지 본고장의 시장이라고 표현해 온 개념들에는 대체로 두 층이 있다. 하나는 간지(Gunj)라 불리는 시장마을로 이곳은 어느 정도 자본을 가진 상인들이 창고를 가지고 있기도 하다. 다른 하나는 호우트(haut)라 불리는 것으로 간지(Gunj)가 상설시인데 비해 호우트(haut)는 정기시로 소농과 농촌상인만이 모여 교역하는 장소였다(三木, 2000년). 그런데 농산물이 모이는 과정은 다음의 두 가지 경로가 있다. 하나는 시장마을 상인이 소농 밭에서 가서 직접 가져오는 경우와 다른 하나는 소농이 일단 정기시에 가져온 농산물을 근처에 사는 소상인들이 구입하여 그것을 시장마을로 가져가는 경우이다.

그러면 지금까지 살펴 본 은화와 패화는 이러한 시장구조와 어떤 관계를 맺고 있는 것일까? 앞에서 설명한 것처럼 은화 한 개는 패화 수 천 개에 해당하였다. 시장마을 보다도 정기시에서 초영세 액면 통화인 패화가 보다 많이 쓰였음이 틀림없다. 그러면 소농들의 교역규모에서 보면 액면가가 지나치게 높은 은화는 어떻게 되었을까?

제솔의 수세관이 보고한 바에 따르면, 이 지역의 쌀과 기타 곡물 거래는 시카 루피로 하고 있었는데, 쌀농사 절반 정도는 곡물상의 선대(先貸)를 통한 선대계약에 의해 거래되었다고 한다. 디나제플에서도 마찬가지의 상황이었다(Mitra, 1991, p.196). 그러나 또 제솔에 유통되는 은화가 모두 시카 루피였던 것은 아니다. 소금 거래 등에는 프랑스의 아르고트 루피가 사용되고 있었다.

결국, 시골 소농의 논과 밭에서 직접 시장마을의 곡물상인 창고로 옮겨진 곡물이 모두 시카 루피 선대에 의한 선물거래로 구입된 곡물이라고 말할 수는 없지만, 상당 부분이 일치하고 있었던 것으로 생각된다. 이 경우는 일정 정도 큰 규모의 거래였기 때문에 은화 자체가 지나치게 고액인 것은 그다지 문제되지 않았다.

같은 곡물거래를 매개하는 것이지만 어느 정도 큰 규모의 선물계약을 통해 지역간을 왕복하는 은화와 적은 규모지만 꼭 필요한 거래를 통해 지역시장 내에 머무르는 패화는 같은 화폐이면서도 흐르는 회로가 달랐다. 이처럼 서로 다른 회로의 교차점에서 양자를 바꾸어 주는 기능을 많은 환전상들이 담당하고 있었다. 은화와 패화의 비가는 바로 이 교환점에서 양자의 교환비율에 지나지 않다. 각각의 회로 전체에 존재하고 있는 통화 총량의 비율은 아니다. 만약 어느 쪽의 회로에서 거래가 많아지면 (혹은 적어지면) 시세는 그 통화의 총 유통량에 관계없이 상승하였다(하락하였다).

바꾸어 말하면, 시장 중에 있는 은화와 패화는 희소성에 따라 양자간의 비가가 결정되는 것이 아니다. 모든 은화가 아닌 한 특정 은화를 매개로 하는 큰 규모에서 가격이 고정된 거래와, 패화를 매개로 하는 소규모에서 가격이 크게 변동하는 거래, 이 양자간의 거래에서 수요와 공급 간의 균형이 영향을 주는 것이다. 공간적으로는 후자가 지방 시장의 내부에 묶인 것이라고 한다면 전자는 지역을 넘어선 것이다. 만약 두 통화의 비가가 단순히 양의 많고 적음에 의한 것이라고 한다면 양자는 대칭적인 관계로 한쪽의 양적인 증가가 다른 쪽의 시세를 높이고 그 반대의 경우도 성립되는 것이다. 그러나 거래에서의 불균질함이 이를 매개로 하는 통화사이에도 비대칭성을 일으키는 것이다.

이러한 구조를 이해하기 위한 열쇠는 화폐수요가 일반적으로 존재하는 것이 아니고, 개개 회로마다 경쟁하면서 존재하고 있다는 점이다.

　그러한 상황은 중국에서도 확인된다. 1752년에 강남(江南) 무석(無錫)의 지식인이 은(銀)과 전(錢)의 각 사용에 대해 기록한 것에 따르면, 그 지방에서는 18세기 초부터 은의 사용이 우세하였는데 1730년 무렵에는 보통 거래에 은과 전이 반반씩 사용되었고, 또 1740년경에는 일반적으로 은보다 전이 많이 사용되었다. 1740년은 강남지방에서 대량으로 동전주조가 시작된 해였다. 그런데 은과 전의 대비는 은 1냥에 동전 840문이었던 것이 은 1냥에 700문으로 상승하였으며, 이후도 계속 이 비율이 표준 시세가 되었다. 즉, 공급이 증가하면서 전의 시세가 상승하였고 또 사용 범위도 확대된 것이다 (黑田 , 1994a, pp.4-85).

　뱅갈은 인도의 다른 지역에 비해 카스트 등 사회적 규약이 느슨하였고, 소농들의 시장참여가 다른 지역보다 활발하였던 지역이었다. 그래서 18세기에는 그들이 거래에 이용하던 정기시 등의 농촌시장이 증가되었다(佐藤, 1994년). 강남을 시작으로 한 중국도 마찬가지로 18세기에 농촌시장이 증가하고 있다. 양쪽 다 패화와 동전이라는 영세액면화폐가 필요하게 되는 조건은 이미 충분히 갖춰진 셈이었다.

5. 은의 유입은 인도 · 중국에 무엇을 가져왔을까?

　17세기부터 18세기까지 세계의 은이 중국과 인도로 흘러들어갔다. 두 사회에 흡수된 은은 어떻게 움직이고 있었을까? 중남미가 1연간 생산한 1000만 페소의 은 중 300만 정도가 중국으로, 또 비슷한 양이 인도로 흘러 들어

갔다고 보아도 크게 잘못된 것이 아닐것이다. 그렇다면 두 사회에서는 상당한 물가 상승의 압력이 있었음이 틀림없다. 17세기와 18세기는 시기의 차이도 있어 일괄적으로 논하기는 어렵지만, 은이 대량으로 흡수된 정도에 비하면 물가가 상승한 편은 아니었다.[4] 이 때문에 견과 목면 그리고 차의 대가로 가져간 귀금속이 그냥 퇴장되어 화폐로 기능을 하지 못하였다는 주장이 있었다(Kindleberger, 1989b). 이 문제에 대해 또 다른 연구자는 통화로 유통되고 있었다고 반론하고 있다(Chaudhuri, 1986). 그러나 후자의 경우도 은이 어떻게 유통되고 있는지에 대해서는 주의하지 않고 있으며, 또 본 장에서 소개하는 것처럼 은 유통 실상을 고려하고 있지도 않았다. 그러면, 통화가 경쟁하며 존재하는 상태를 인식하는 것은 이러한 논의의 결말과 어떤 관계가 있는 것일까?

통화가 서로 뒤섞여 유통되고 있는 상황은 동서고금에 걸쳐 나타난다. 다만 많은 은화 간, 혹은 은 단위 간의 관계에서는 중국과 인도에서 일정한 특징을 볼 수 있다. 그러한 특징은 정부 혹은 중앙의 은 단위와 민간 혹은 지방의 은 단위와의 관계에서 나타난다. 두 사회 모두 중앙정부가 지정하는 재정 단위인 은 단위가 민간에서의 은의 단위보다 품위가 높다. 거꾸로 말하면, 양쪽 다 민간 측이 낮은 품위의 단위를 설정하였던 것이다. 특히 상행위가 번성할 것이라고 생각되는 지역일수록 이러한 경향이 현저하였다. 인도에서 무굴정부는 정책적으로 시카 루피로 납세를 받았으나, 서부 상업지역인 구자라트에서는 마무디라는 품위가 낮은 은화가 우세하였다.[5] 또한 중국에서는 고평량(庫平兩)이라는 높은 품위의 은 단위를 만들어 납세하도록 하였지

---

[4] Brennig(1983)은 오스만제국의 경우와 비교해 보아도 상승 폭이 적었다고 한다.

만, 민간에서 사용되는 단위는 종류가 잡다하였고, 특히 17세기에는 저은(低銀)이라 불리는 품위가 떨어지는 은이 유통되고 있었다(足立, 1990). 특히 강남에서 저은이 한때 일상생활에까지 상당부분 침투해 들어갔다.

정부에서 품위가 높은 은을 지정하지만 오히려 민간에서는 품질이 떨어지는 은 단위를 적극적으로 창출하는 구도는 같은 시대의 오스만 제국과 일본 도쿠가와(德川) 막부의 그것과는 대조적이었다. 이 지역에서는 시대가 흐름에 따라 중앙정부가 발행하는 통화의 질을 떨어뜨려가면서 재정적자를 메우는 수단을 쓰고 있었다(Pamuk, 1997). 때문에 중국과 일본의 중간에 있으면서 중국에 조공을 하는 유구(琉球)는 중국 측에 받아들여지도록 하기 위한 특별은인 도당은(渡唐銀)을 만들게 되었다(崎原, 1975).

민간의 상관행에서 적극적으로 독자적 은 단위를 만들려고 하는 경향은 인도에서도 중국에서도 나타난다. 그러한 지역적 은 단위(여기에서는 통용은이라고 불러두자)에는 공통되는 특징이 있다. 그것은 통용은이 보편적으로 통용되는 혹은 행재정용(行財政用) 은단위에 비해 계절적인 시세 파동이 있다는 점이다. 시카 루피에 대한 아르고트 루피가 그렇다고 할 수 있다. 이들 통용은의 특징은 액면이 상당히 자유롭다. 이는 패화 등 영세액면화폐가 그러한 것과 상당히 유사하다. 실제로 17세기부터 18세기 초기까지 중국 강남 사회에서 저은 사용과 동전 사용은 서로 상당히 대체성이 있었다. 이시기 동안 강남에서는 은을 세분화하여 소액의 거래에도 은을 사용하였는데 (黑田 ,1994a, p.37, 岸本, 1997, p.359), 18세기에 들어 동전이 많이 발행

---

5) 마무디와 루피간에도 시세가 변동하였다(Mallick, 1991, pp.14-15). 마무디 자체는 16세기 후반 아그발제(帝)에 의한 제압이전 구자라트의 술탄주조에 기원을 두지만 무굴치하에서도 주조는 계속되었다(Brennig, 1983).

되자 일상적인 거래에는 동전만을 사용하는 상태로 변했다. 시장의 화폐수요는 두 가지의 상반된 동기에 의해 서로 다른 방향으로 이끌어지고 있다. 즉, 큰 주기로 일시적인 수요변동에 적응하도록 통화를 설정하는 동기와 비주기적으로 안정된 수요에 맞추어 통화를 유지시키려는 동기이다. 양자 간의 대립이 큰 규모의 거래와 작은 규모의 거래에 맞춘 영세액면통화와 고액면 통화라는 서로 다른 방향의 통화를 설정하여 두 개로 분열하려고 함에도 불구하고, 양방향 사이의 중간영역에서 완충통화가 생기게 되었다. 결과적으로 벵갈의 화폐유통에서 고액면의 금화 무르와 시카 루피, 중간 액면의 아르코트 루피, 또 하급 액면의 동화와 패화처럼 세 층으로 구분되었고 중국은 청대에 고위의 고평량(庫平兩), 중위의 통용은량(通用銀兩) 하위의 동전(銅錢)으로 나뉘었다.

2장까지는 설명을 간단히 하려고 현지통화와 지역간 결제통화라는 2층 구조로 설명하였다. 하지만 실제로 종종 이 두 층 사이에 서로 다른 방향을 지향하는 구조가 끼게 되어 3층 (혹은 그 이상의 다층) 상태를 보이게 되었으며 화폐제도는 외관상 더욱 복잡해졌다.

또한 여기에서는 인도와 중국에서의 공통점에 초점을 맞추었으나, 양자도 은사용에는 큰 차이가 있었다. 인도에서는 하나, 둘로 셀 수 있는 계수화폐(計數貨幣)였으나, 중국에서는 무게로 재는 평량화폐(枰量貨幣)였다는 점이다. 또한 인도에서는 공적기관이 상인 등이 가져온 은을 수수료를 받고 공정(公定)한 품위와 중량으로 주조하였으나, 중국에서는 공식으로 그러한 일은 없었다. 이에 대한 의미는 다음 장에서 생각해보기로 하자.

이상의 사실에서 다음과 같은 명제가 도출된다. 명제 1은 서장에서 제시한 명제의 표현을 바꾼 것이다.

【전제】수요가 다른 계절변동을 가지고 있는 통화 C1, C2… Cn이 경존(競存)하고 있다. 각각의 궤적을 D1, D2…Dn 이라고 하자. C1, C2… Cn의 수요 총계에 바로 대응하여 공급되는 통화를 C로 표시하고 변동의 궤적을 D라 하자.

【명제 1】어떤 화폐를 보장하여 두고자하는 성향은 통화 수요의 계절변동 궤적 진폭이 크거나 또는 한산기(閑散期)가 길수록 강하다. 역으로도 참이다.

【명제 2】명제 1이 참이라면 경쟁하며 존재하는 여러 통화 C1, C2… Cn의 각 보장액의 합계는 통일적으로 대응하며 공급하는 통화 C의 보장액보다 적어지는 일은 없다. 왜냐하면 궤적 D에서의 진폭과 한산기의 길이는 D1, D2…Dn의 각각의 총계보다 커지지 않기 때문이다.

이상의 명제들은 경존 화폐 사회가 통일통화 사회보다도 양쪽의 거래수요의 규모가 같다고 해도 보다 많은 통화를 필요로 한다는 상식에 적합한 결론을 이끌어낸다. 즉, 중국과 인도가 어느 정도 물가 상승이 없이도 은을 계속 흡수할 수 있었던 것은 두 사회 모두 시장자체가 경존 화폐 시스템에 의존하고 있기 때문이라는 것이다. 역사적으로 보아 판로가 개척되면 교역이 확대된다고 하여도, 새로운 판로가 새로운 통화로 설정된다고 하면 교역 확대와 통화의 경존 상태가 함께 진행되어 간다. 마리아 테레지아 은화에서처럼 이러한 구조는 한번 만들어지면 쉽게 다른 기구로 대체되지 않는다. 이 문제는 마지막장에서 다시 다루자.

경존 화폐의 역사적 현실은 한편에서는 자유로운 화폐창조를 이상으로 하는 하이에크적인 세계가 반드시 거래비용을 경감하는 것은 아니라는 것을 시사한다. 그와 동시에 화폐가 경존하는 것 자체는 중층적인 시장에 나름대로의 안정성을 주는 면이 있음도 보여준다. 경존 화폐와 통일화폐와의 이론적인 비교도 종장에서 논의하기로 하자[6].

---

[6] 본 장에서 표4 신하의 주장은 谷口謙次로부터 도움을 받아 연구를 시작하게 되었고, 또 벵갈의 행정기구에 대해서는 中里成章로부터 시사를 받았다.

4장
중국화폐의 세계
획일성과 다양성의 균형구조

1. 시대를 초월한 구조 ─토전(土錢)과 향가(鄕價)의 세계

사람들이 물건을 사고 팔 때에 거슬러 주는 잔돈이 없어 곤란해지자 상점
에서는 소금을 담는 종잇조각을, 술집에서는 기름칠한 목편조각을 잔돈 대
신 사용하는 경우가 많았다(《歷代名臣奏議》, 卷67, 治道).

이것은 14세기 전기 중국 원나라 때의 일이었다. 액면가가 500문 이상이
면 대개 지폐인 교초(交鈔)가 발행되었지만, 1문짜리 동전은 거의 발행되지
않았기 때문에 일상 거래에 불편한 점이 많았다. 따라서 시중 점포에서 통
화를 만들어 이러한 상황에 대응하고 있었던 것이다. 원대뿐만 아니라 역시
지제통화를 많이 사용하고 있었던 남송(南宋)시기에도 매우 유사한 기록이
남겨져 있다(高橋, 2000, pp.212-213).

일반적으로 적표(吊票)는 이전부터 큰 상점에서만 발행되었지만 이제는 식당이나 규모가 작은 잡화점에서도 만들게 되니, 시내 발행업자만 하여도 천 곳이 넘었다〔《中外經濟周刊》84號, 濟南之金融機關與通貨〕.

위의 상황은 1920년대 산동성(山東省) 제남(濟南)에서의 일이었다. 통화가 절대적으로 부족한 상황에서 시내에서만 통용되는 지제통화가 금융기관에서 뿐만 아니라, 각종 상점에서 발행되고 있었던 것이다. 600-700년간이라는 시간적 차이가 있고, 또 상황도 달랐지만 여러 상점에서 스스로 통화를 발행하고 있다는 점에서 양자에 공통점이 있다고 느끼는 것은 비단 나뿐만이 아닐 것이다. 제남의 경우, 현금으로 바꾸어 줄 것을 요구하면 다른 상점이 발행한 적표를 건네주는 상점조차 있었다고 한다. 다른 사례도 살펴보자.

천하가 크게 혼란하니 초〔鈔, 지제통화(紙製通貨)〕법이 유지되기가 매우 힘들어졌다. 교역에 오직 동전만을 사용하게 되었으나, 동전도 상당히 문제가 있었다. 관(官)에서는 1관(一貫)에 100문을 단위로 하였지만, 민간에서는 80문 · 60문 혹은 40문까지 되는 등 지역적 차이도 심하였다. 호주(湖州)의 가흥(嘉興)에서는 옛날과 마찬가지로 1관에 100문이었지만 평강(平江)에서는 54문, 항주(杭州)에서는 20문 등으로 법적으로 전혀 통일되지 않아 사용하기에 매우 불편하였다(孔齊, 《靜齋至正直記》卷1, 楮幣之患).

원대의 지제통화체제가 붕괴하자 그때까지 금지 내지 억제되어 왔던 동전 사용이 표면적으로 부활되었다. 그러자 강남지방에서는 위에서처럼 지역마다 서로 다른 통화 단위를 갖게 되는 경향도 나타났다. 이와 같은 화폐의 지역화 현상은 20세기에도 나타났다. 현 혹은 그 아래 단위의 진 내부에서만 유통되는 다양한 지제(紙製), 죽제(竹製)나 포제(布製)] 통화의 존재는 지역 통화가 만들어지는 상황을 잘 보여준다(戴, 2001, 王·劉 2001). 남경국민 정부 치하인 1935년에 당시까지 통일되지 못하였던 통화가 법폐로 통일되는 듯하였으나, 그 후 일본군 침략으로 혼란해진 속에 실제로 광동(廣東)지방에서는 사람들이 지역마다 다른 은행권을 발행하기고 했다(姜. 2001 p.279). 쓰는 통화가 동전이건, 은행권이건 현 정도 수준에서는 통화단위를 자율적으로 설정하는 경향도 일관되게 나타났다.

이러한 지역적 자율성은 시대를 거슬러 올라가도 찾아볼 수 있다. 6세기 초 북위왕조에서는 지역 독자적으로 동전인 〈토전(土錢)〉이 유통되어, 화폐가 통일되지 못하였을 뿐만 아니라, 사(絲)나 포(布) 등이 유통되자, 태화오수전(太和五銖錢) 등 새로운 동전을 투입해 정리해보고자 하였다.

지금 주조하는 태화전(太和錢)과 새로이 주조되는 오수전(五銖錢) 및 각지에서 습관적으로 쓰고 있는 옛날 동전은 약간 차이가 있지만 함께 쓰도록하고, 비싸고 싼 정도의 차이는 각 향가(鄕價)에 귀속시켜버린다면 통화는 해내(海內)를 둘러싸고 공사(公私)쌍방이 막힘이 없게 될 것이다《魏書》卷 110, 食貨志, 熙平初).

토전(土錢)과 같은 현지통화가 나타나 폐제 통일이 심각하게 문제시 되자, 왕조측은 획일적인 통화를 반포하여 대처해갔지만, 강제적으로 모두 대체시킬 수는 없었으므로 비교적 양호한 통화를 함께 사용도록 인정했다. 각 통화 간에는 현지에서 형성된 독자 시세 즉, 향가(鄕價)를 용인해 버린 채 새로운 통화 보급을 꾀하였던 것이다. 그러한 의도는 중국 역사에서 수없이 반복되어 형태를 달리하며 나타나곤 하였다. 때문에 〈중국은 현지통화로 흐르기 쉽다〉고 이미 제2장에서 밝힌 바 있다. 실제 중국화폐사에는 사적이면서 또한 지역적인 여러 현지통화가 나타나고 있다. 이에 대해 각 왕조는 위에서 통일적인 형태를 부여하며 어떤 새로운 질서를 세우고자 시도해왔던 것이다. 즉, 두 힘의 길항(拮抗)관계였다고 할 수 있다. 따라서 연구자들이 왕조 측의 정책에 중점을 두고 서술하면, 다만 관찬사서의 자료에 의거해 통제하는 측을 대변하고 있는 격이라 할 수 있다.

지금까지 중국화폐사의 연구는 거의 왕조별로 내지는 몇 개의 왕조가 묶여 전체를 구분하는 단대사적인 설명이 반복되어 왔다.[1] 그러나 적어도 본 장에서는 시대의 울타리를 없애버리고 중국 화폐에 대한 특징을 논하고 싶다. 오히려 이렇게 하는 것이 단대사(斷代史)적인 관찰에서 의식하지 못하였던 수맥(水脈)을 찾아낼 수 있을 것이라고 믿고 있다. 또 그렇게 함으로써 지금까지 의식하지 않았음에도 불구하고 도입되어 왔던 다른 사회 경험에서 얻어진 기준을 상대화하는 것이 가능해질 것이다.

전통 중국사회에서 통화 역사의 주역은 1문 단위의 동전과 고액통화인 지폐, 그리고 계수화폐(計數貨幣)와는 달리 평량화폐(秤量貨幣)로 사용되었던

---

[1] 화폐에 직접 관련된 단편적인 기사에 근거할 뿐 아니라, 이를 포함한 각 시대 사료 전체에 대한 이해까지도 시야에 넣고 해석되어야 한다는 암묵적인 합의에 의한 것이다. 이러한 자세는 자의적인 사료 해석을 어느 정도는 억제하는 효과가 있었다고 생각된다. 그러나 동시에 이러한 장기적인 전망을 결여한 경향이 통시적으로 나타난 사상(事象)을 그 시대만의 고유한 것인 것처럼 묘사하여 오히려 시대적 특수성을 애매하게 하는 면조차 있었다고 할 수 있다.

은(銀), 대략 이 세 가지뿐이라고 해도 좋다. 금과 계수화폐로서의 은화 혹은 세포(細布)와 철전(鐵錢) 등이 유통된 일도 있지만, 위의 세 화폐보다 중요하지는 않았다. 다시 처음으로 돌아가 기본적으로 동전에 의존하여 왔다는 의미가 무엇인지 생각해 보자. 왜냐하면 동전중심의 제도 자체가 지제화폐가 생겨난 근본 원인이 되었고, 그리고 평량은의 유통도 동전 기능과 지제화폐와의 관련 없이는 이해할 수 없기 때문이다. 따라서 각각 동전, 지제통화, 평량은의 순서로 살펴보기로 하자.

2. 동전경제의 이론

동전의 속성은 여기에서도 잠깐 언급한 것처럼 액면이 영세하고, 운반비용이 비싸다는 것에 있다. 그러나 그것은 어찌되었건 소액통화에는 공통적으로 나타나는 현상이다. 소액통화에 일반적으로 따라오는 현상은 아니지만 제2장에서도 언급한 사소(私銷) 현상도 있다. 즉, 조정(朝廷)에서 인정한 액면가보다도 소재 가치가 높기 때문에 민간에서 녹여 쓰는 것이다. 이는 소재가치가 높기 때문에 어찌 보면 비상식적이라 생각할 수 있지만 중국역사에서 반복적으로 일어났던 현상이라 사례를 찾아보기는 그다지 어렵지 않다.

1574-75년 명조 만력제(萬曆帝) 치세의 초기의 일이었다. 당시 중국은 동전 부족이 심각하였지만, 명조는 동전을 발행하려 해도 비용이 더 많이 든다는 이유로 특별히 대응하지 않고 있었다. 동전주조의 책임관청이었던 공부(工部) 상서(尙書, 장관당시는 곽조빈(郭朝賓))의 말에 따르면, 동전 5문을 주조하는데 은 1푼이 들어가는데, 은 1푼은 당시 시세로 동전 7문에 해당

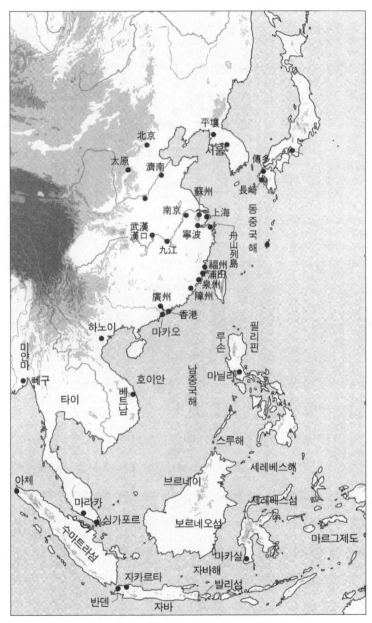

平壤
北京
서울
太原
濟南
蘇州
傳多
長崎
동중국해
南京
上海
武漢
漢口
寧波
舟山列島
九江
福州
浦田
泉州
障州
廣州
香港
하노이
마카오
루손
필리핀
미얀마
뻬구
호이안
베트남
남중국해
마닐라
타이
스루해
세레베스해
브르네이
아체
세레베스섬
마라카
싱가포르
보르네오섬
마르그제도
수마트라섬
마카살
자바해
자카르타
발리섬
반덴
자바

〈그림8〉 동아시아·동남아시아세계

하였다. 즉, 5문 주조에 2문씩을 더 쓰지 않으면 안 되었던 것이다. 그러나 이에 대해 강서(江西)지방의 순무(巡撫, 장관)였던 양성(楊成)이 이의를 제기하고 나섰다. 그는 다음과 같은 예를 들어 그의 논지를 전개하였다. 은 1푼을 이미 써서 동전 5문을 만들었다면 동전 5문은 (5를 7로 나누어 올림을 하면) 은 8리의 가치에 해당하므로 〈하늘과 땅 사이〉의 사회로서는 1푼을 자본금으로 하여 8리의 이익을 올린 셈이라는 것이다. 즉, 5문을 얻고자 2문을 손해 보았다고 생각할 것이 아니라, 7문을 사용하여 5문을 얻는 것은 천하가 도합 12문의 재화(財)를 얻은 것이라 설명하였다(《皇朝經世文編》, 卷 361, 與譚二華大司馬書).

우리들은 상식적으로 손해를 보면서 주조할 수 없다는 공부 장관의 말이 당연하고 생각한다. 그러나 결과적으로 명조는 만력통보(萬曆通寶)라는 동전을 직후인 1567년에 대량으로 주조해 발행하기 시작하였다. 양성(楊成)은 같은 해에 공부시랑(工部侍郞)으로 승진하였다. 게다가 이렇게 해서 유통된 만력통보는 상당히 양질의 통화였다고 당시 사료에 묘사되고 있다(胡我琨, 《錢通》卷2, 萬曆年王万祚疏). 즉, 채용된 것은 우리들의 상식을 뒤엎은 양성의 의견이었던 것이다.

그런데 기묘한 것은 양성의 〈7+5〉라고 하는 논박뿐만이 아니다. 5개의 동전을 만드는데 7문 정도의 경비가 들어간다고 하면 동전 한 개를 가볍게 하거나 다른 것을 섞든지 하여 주조비용을 줄였으면 좋지 않았을까? 동전 공급이 통화수요에 맞지 않았던 것이 원래 문제였다면, 수요를 맞추기 위해 소재가치를 떨어뜨려 동전을 그 만큼 더 만들어 공급하면 좋았을 것 같다. 그러나 공부장관이나 양성 모두 그러한 방책을 쓰지 않았다.

단적으로 말하면 중국 동전의 가장 큰 특징은 공간적으로는 획일성과 시간적으로는 일관성을 유지하려고 한 점에 있었다. 물론 같은 왕조에서 동전을 바꾸는 일이 있기는 하였다. 그러나 2000년이라는 긴 시간 동안 역대 왕조가 계속 주조해 왔음에도 불구하고, 동전 한 개의 중량에 1전(錢, 4g정도)이 표준이었다는 것에는 그다지 차이가 없었고, 순도도 대체로 동(銅) 8할 이상이라는 획일성을 계속 유지하여 왔다. 이는 매우 놀랄 만한 것이다. 중국 왕조는 동이 부족해도 소재가치가 액면을 훨씬 상회하는 조건에서 주조하였던 것이다. 동전의 중량과 품위를 왕조라고 해도 쉽게 바꾸어 버릴 수 없었기 때문이다. 만약 동전 한 개의 성분을 2g이하의 동전으로 바꾸어 주조해 통용시킬 수 있었다면, 소재가치가 액면가보다도 높기 때문에 동전을 녹이는 현상 따위는 나타나지 않았을 것이다. 그러나 여기에는 커다란 장애가 있었다. 이것은 수령하는 쪽의 관습을 무시할 수 있을 정도의 강력하고 새로운 왕조가 수립되었다고 해도 곤란하였다. 앞선 왕조가 발행한 동전의 상당량이 민간에 재고로 남아있었기 때문이다. 이전 왕조의 동전을 낮게 평가하는 폄질동전(貶質銅錢) 주조는 좀처럼 쉽게 할 수 있는 일이 아니었다. 만약에 질이 떨어지는 새 동전을 1문으로 통용시켜도 민간에서 재고로 남은 옛 동전에 프리미엄이 붙어 질이 떨어지는 새 동전을 쓰지 않고, 양전을 쓰는 현상이 일어나는 것이 문제였던 것이다.

사소(私銷) 즉, 민간에서 동화를 녹이는 현상은 중국 외의 곳에서 일어났다. 다음에서 설명하는 19세기 벵갈의 사례는 조건만 갖추어진다면 어느 곳에서건 있을 수 있는 일임을 증명해준다. 당시 동인도 회사는 새 동전을 발행하고자 하여 처음에는 무굴제국의 기준에 따른 순도와 질량으로 주조하였다. 그러나 결국 동인도회사는 오지에서 새 동전이 녹여지고 있다는 사실을 알아차리게 되었다. 동전 자체 시세가 지역에 따라 차이가 났고, 따라서 어떤 곳은 소재가치가 액면가보나 비쌌기 때문에 녹여 사용하였던 것이었다. 이러한 사태를 접한 동인도 회사는 동화를 절반 정도 순도로 떨어뜨려 주조하여, 동전을 녹이는 사태를 막고자 하였다(Mitra, 1991, pp.92-94). 여기에서 역으로 중국 왕조 화폐정책의 특색을 볼 수 있는 것이다.

벵갈 동인도 회사의 대응은 중국 왕조의 화폐정책과는 달리 어디까지나 동전을 루피 은화의 보조화폐로 취급하였다는 것이 핵심이다. 루피 은화는 고품위였지만 동전은 소재가치가 상당히 떨어졌다. 만약 민간에서 동전이 액면 이하로 평가되었다고 해도 동인도회사가 발행하는 주요 화폐는 루피 은화였기 때문에 회사는 직접적으로 큰 문제가 되지는 않았을 것이다. 그러나 중국왕조는 사실상 동전만을 유일한 경화로 발행했다(철전도 있기는 하였지만 사용되는 시기와 지역적 제한이 있었다). 이렇게 유일한 공인통화가 액면이 깎여 평가되는 사태를 피해야했기 때문에, 손쉽다고 하여 폄질동전(貶質銅錢)을 발행할 수 없었다. 그러나 운송비용이 높게 붙었기 때문에 많은 양을 운반하는 것도 쉬운 일이 아니었다. 또 동(銅) 자체로써의 용도와 통화로써의 용도라는 두 가지 방향에서 수요와 공급이 지역마다 상당히 차이가 있었으므로 동에 대한 수요가 높은 지역에서는 바로 현지시세가 액면을 상회하였다. 또 소재가치가 액면을 상회한다는 것은 철전에서조차 종종 일어나는 현상으로, 동전에서만 일어나는 현상은 아니었다. 이 경우 철전도 역시 녹여지곤 했다(高橋, 2000, pp.297-299). 문제의 핵심은 한번 퍼져나간 영세액면통화는 회수되기 힘들뿐만 아니라, 회수자체에도 상당한 비용이 들었다는 것이다. 이러한 것이 또 다른 측면에서 나타난 것이 바로 〈동전공황 현상〉이었다. 중국에서는 유일한 경화(硬貨)인 동전이 부족해지는 전황(錢荒) 현상이 종종 일어났다. 앞에서 설명한 것처럼 2000년 이상의 역사가 진행되는 동안 동전이 본격적으로 주조된 시기가 매우 제한적이었기 때문에 동전 부족이 일어나는 사태 자체는 매우 당연해 보인다. 그러나 전황(錢荒)은 오히려 역사상 가장 동전 주조가 많았던 11세기와 18세기에 문제시되었다는 점에서 놀랄만하다. 북송시기의 전황에 대해서는 상품경제가 발달하지 못해 통화가 퇴장되었기 때문이라는 설명도 있다(高橋, 2000, p.341). 이 해석이 틀린 것은 아니지만 조금 부연설명을 할 필요가 있다. 전황 자체는 동전을 추가로 공급하지 않은 시장에서 유통이 계속될 수 없음을 의미한다. 영세액면의 수교화폐(手交貨幣)를 배포하면 반드시 일어나는 현상이다. 때문에 대량으로 배포할수록 지역유동성 전체에서 동전에 대한 의존도는 높지만 그렇게 되면 점점 더 환류하기가 힘들어진다. 때문에 전황이라고 당시 사람들이 의식하게 되었던 것이다.

각 지역에서는 동전이 지역 내에 쉽게 체류하였기 때문에 법제상 유일한 공급자인 왕조의 설정과는 다른 구도를 독자적으로 설정하는 것을 피할 수 없다. 특히 왕조측이 충분히 공급하지 않을 경우는 자율성이 보다 높아진다. 원래 왕조가 제조, 발행한 것이 비교적 획일적이고 또한 일관적인 것이라 해서, 그것을 사용하는 측도 획일적 혹은 일관성을 가지고 취급하지는 않는다. 민간에서는 지역마다 동전사용을 독자적으로 생각하여, 동전사용도 지역적으로 자율적인 양방향으로 나타났다. 하나는 동전 한 개 한 개를 취급하는 방향으로 나타났고 또 다른 하나는 고위액면을 표시하는 것이었다.

첫 번째 경향은 전화(錢貨) 자체를 차별화한 것으로 전형적인 것은 악전(惡錢)을 기피하고 호전(好錢) 만을 선택하는 찬전(撰錢) 현상이다. 실례를 들어보자.

요즘 매매할 때에는 규칙을 지켜야겠다는 생각은 별로 없고, 옳지 못한 계략을 이것저것 꾸미며 가끔 홍무(洪武), 영락(永樂) 등 동전을 빼고 쓸 수 없을까 혹은 문(文)수를 덧붙여 환산하고자 하였다. 때문에 곡물가격이 오르고 또 물가도 오르고 있다(《皇明條法事類纂》,〈挑揀幷僞造銅錢枷號例〉).

1480년 북경 시내에 갑자기 뜻하지 않은 곳에서부터 들어온 〈신전(新錢)〉이 넘쳐나기 시작하였다. 그와 더불어 시중의 매매에서는 당시 왕조인 명의 홍무(洪武), 영락전(永樂錢)이 찬전(撰錢)되어 쓸 수 없게 되기 시작했다. 찬전으로 쓸 수 없게 되면, 동전의 수령성이 의심받게 되어 결국 기피되는 결과가 뒤따르기도 하지만, 이 경우에는 〈문수를 덧붙여 환산〉하였기 때문에 오히려 지나치게 높게 평가된 결과로 보아야 할 것이다.[2] 북경에서는 16세기 전반 호전(好錢) 한 개가 악전(惡錢) 2개의 비율로 병행, 유통되었는데 그러한 관행은 남부에서도 나타났다(董穀, 《碧里雜存》, 板兒).

이러한 차별화는 〈민간에서는 깎여진 전(錢)이 많고 둥근 것이 적지만, 위에서 받아들인 경우는 둥글고 큰 것이어야 해서 전자 두 개를 후자 한 개로 대신하고 있다〉(《南齊書》卷26, 王敬則傳)고 5세기에 기록된 것처럼 종종 전화 유통에 이중구조를 만들었다(川勝, 1982, pp.358-370). 원래 전한 초기에는 민간에서 무게가 3수(銖, 1냥의 1/24)의 동전이 유통되고 있었던 상황에 일부러 양화인 오수전을 대량으로 주조한 것처럼(加藤繁, 1952, 제7-8장, 山田, 2000, 제3장) 중국 왕조에서 동전의 역사는 처음부터 최후까지 끊

---

2) 영락전이 중국 국내용의 화폐가 아니라는 주장도 있지만(東野, 1997, p.106) 이 사료를 보면 그러한 주장은 명백히 과장된 견해라고 생각된다. 원래 북송전과 비교하여 주조 수는 적지만 찬전(撰錢) 관행이 심각해졌기 때문에 퇴장되어 시장에서 사라졌다고 보는 것이 타당하지 않은가!

임없이 이중화하려는 경향과 획일화를 취하려는 정책이 대항하는 관계였다고 할 수 있다. 찬전에 대해서는 기본전과 통용전을 기본 개념으로하여 동아시아적인 시각에서 다음 장에서 다시 설명하기로 한다.

동전을 사용한 또 다른 자율적 예는 단맥(短陌, 100매 이하의 일정 수의 동전을 100문으로 간주한다)의 관행이다. 찬전이 동전을 한 개 한 개 취급하며 개별적으로 차별화였던 것에 비해 단맥은 묶거나 정리하는 방법을 통해 집합 단위로 차별화한 것이다. 앞 절에서 예로 든 14세기 후반 강남 상황은 바로 지역마다 단맥 관행이 있었음을 보여준다. 통일된 〈대폐〉(大幣, 고액통화)를 확립할 수 없을 때, 지역 혹은 업종 통화를 함께하는 집단마다 개별적인 고액의 통화단위를 설정하는 것은 자연적인 과정이었다.[3] 다음은 단맥 관행에서 가장 유명한 사례 중의 하나이다.

관에서는 77맥을 주로 사용하고 있다. 그러나 생선(魚), 고기(肉), 야채의 거래에는 72맥이, 금과 은에는 74맥이 그리고 진주, 여자 종(婢)과 벌레(虫)에는 68맥이 사용되고 있었다(孟元老, 《東京夢華錄》 都市錢陌)

12세기 후반 남송사람 맹원로(孟元老)가 북송 수도 개봉을 회고한 구절이다. 75개를 묶어 100문으로 하는 75맥이 개봉시내에서는 일반적이지만, 거래하는 업종마다 여러 단맥이 함께 존재하고 있었음을 알 수 있다. 이는 같

---

[3] 제3장에서 서술한 허은량(虛銀兩)과 마찬가지로 단맥(短陌) 과정에는 독자의 계산 화폐 단위를 창조하고 유지하려는 동기가 있다. 98맥(陌)의 지역A에 존재하는 이가 동전 98개를 49맥(陌)의 지역B로 가져가면 B지역에서 200문의 매매를 동전98개로 할 수 있게 되었다. 그러나 98개를 동전 200개와 교환할 수 있었던 것은 아니다. 단맥 관행에 대해 지금까지의 논의에 대해서는 井上泰也(2000)에 잘 정리되었다.

은 지역에서도 업종마다 차별화가 나타난 것으로, 같은 집주인도 집세를 서로 다른 단맥으로 받고 있는 사례조차 있었다(宮澤, 1998, p.297). 이러한 자료만을 보자면 불가사의한 세계로 보이겠지만, 앞의 3장에서 설명한 다카처럼 같은 도시에 십여 종의 은화가 통용되는 사례를 생각한다면, 마찬가지 현상이라고 쉽게 이해할 수 있다.

단맥의 관행은 8세기 초반에 민간관행으로 시작되었다. 당대(唐代)대는 종종 금지되어 족맥(足陌, 10매=100문)을 강제로 실시하고자 하였으나 실현되지는 못하였다. 송대에는 77개=100문이라는 공정 단맥을 설정하여 민간에 방임시켰다(宮澤, 1998, pp.302-307).

단맥 관행자체는 20세기 초기까지 계속되었다. 청정부는 980개를 1관(貫, 1000문)을 공식적으로 사용하였지만 민간에서는 지역마다 각각 950개, 490개, 180개 등을 1관으로 하는 여러 단맥이 혼용되었다(King, 1965, pp.58-68).

반복되는 설명이지만 동전 액면이 영세하였기 때문에 일상거래는 편리하였지만 그대로 사용하면 고액을 거래하기에는 지나치게 무거워 힘들었다. 이에 지역마다 업종마다 고액 단위를 설정하는 관행이 자발적으로 나왔다. 그리고 왕조도 그러한 관행을 방임하게 되었다. 결국, 중국 왕조는 인민의 일상거래 구석구석에 사용되는 영세액면 통화는 반드시 수령될 것 같은 양화로 공급한다는, 한무제(漢武帝) 시대 이래로 계속된 기본방향을 계승하여 왔다. 동시에 민간에서 자율적으로 적용하는 것은 기본적으로 방임하였던 것이다. 한대에는 금유통을 병행하는 방향으로 나갔으나 사실상 방치되었고, 영세 액면통화인 동전은 귀금속 통화와 고정비가로 묶여 보조화폐로 취급받지는 못한 채 20세기에 이르러 종언을 고하게 되었다. 다만, 동전은 영세하고, 또 운송비용이 비쌌기 때문에 특수한 형태인 지제통화가 성행하였다.

3. 2개의 지제 통화 - 초(鈔)와 표(票)

전통 중국의 화폐사는 은행제도와 관계없이 대량으로 종이통화를 만들어 유통시켰던 매우 특수한 특징을 가지고 있다. 특히 북송·금·남송을 거쳐 원, 그리고 명초에 이르는 11세기부터 14세기까지 400년 간 대량으로 종이통화가 왕조에 의해 발행되어, 민간 토지매매계약에 이르기까지 사용될 정도로 실제 경제 행위에 속속 침투하여 갔다. 시기도 빠르고 발행의 규모가 상당하였으므로 세계사에서도 특기할만한 현상이었다. 정부가 발행한 지제통화에는 회자·교자·교초 등 여러 명칭이 있으나, 여기에서는 초(鈔)라 해 두자.

환송금은 중세 유럽과 무굴시대의 인도에서 발달하였지만, 불특정 수령자를 상정한 것은 아니라는 점에서 초(鈔)와 차이가 있다. 원래 종이를 만들고 그것을 인쇄하는 것은 중국에서 기원했으므로 그러한 기술적인 면도 작용하였다고 볼 수도 있겠지만, 역시 송대 이후 중앙집권적인 재정 기구와 관련지워 생각해보아야 할 것이다. 이점에 대해서만 본 다면 제2장에서 설명한 중국 화폐의 흠정성을 주장하는 견해에도 일리가 있다. 발생시기가 늦기는 했지만, 초(鈔)와는 다른 계통을 갖는 종이통화가 민간에서 등장하여 중요한 기능을 행사하였다. 이것은 전표(錢票), 은표(銀票), 시표(市票) 등 다양한 이름으로 불렸지만 전표라는 용어가 가장 대표적인 호칭이다. 전표는 행재정과 관계없이 자발적으로 발생되어 유지된 것이었다. 지역마다 사용되었지만 세금 등의 납입에는 쓸 수 없었다. 즉, 지제통화가 통용하는 근거를 단순히 국고가 통용되는가 하는 행재정상의 타율적인 지지만을 보는 것은 일면적인 관찰에 지나지 않는다.

그러면 무엇 때문에 지제통화가 유통되었을까? 중국에서 지제통화 (초 혹은 표) 의 수령여부는 두 개의 상반된 동기가 떠 받치고 있었다. 우선, 운반이 가능하다는 점이다. 동전에 보여 지는 영세 액면통화가 기본적으로 매매를 유지해 가는 한, 고액 특히 거리가 먼 곳과의 거래에 지제통화는 매우 편리하였다. 그러나 이와는 반대로 20세기에도 또한 많이 쓰였던 전표가 명시하는 것처럼, 유통공간이 현내(縣內) 등에 한정 수령되는 사례들이 있다. 이렇게 지역을 넘어 운반될 수 있다는 점과 한정된 지역에서의 유통이라는 두 가지 상반된 동기가 줄다리기하는 역사가 9세기부터 시작되었다.

당대 이전에는 거의 보이지 않았던 초(鈔)가 송대부터 무대에 나타나기 시작한 원인은 역시 동전이 대량으로 주조되었기 때문이라고 생각할 수밖에 없다. 11세기 후반을 중심으로 송대에는 연간 500만관에 달하는 거액의 동전이 주조되었다. 당시에도 동전 운송비용이 비쌌던 것을 알았기 때문에 각급 행정부에서는 쌓여가는 동전을 직접 이동시킨 것이 아니라, 지불지도서(支拂指圖書)를 보내 잔고를 결재하는 상황이 자연스럽게 나타났다. 실제 북송은 견전공거(見錢公據)라는 5관·10관 액면의 송금용 증서를 발행하고 있었다(日野, 1937).

그런데 지제통화에 의존도가 높았던 것은 북송을 침공한 금(金)과 남송(南宋)이었다. 이들 정부가 발행한 통화의 액면을 유지하는 열쇠는 지제통화의 회수에 있었다. 남송의 회자는 3년 1계(界)로 하여 3년마다 유효기간을 두고 회수하는 제도로 본격적인 발행에 들어갔다(高橋, 2000, p.202). 후에는 양계(兩界)로 유효기간을 6년으로 늘리기도 하였고 또, 유효기간 자체를 없애기도 하여 사실상 불환지폐화 하였지만 남송에서는 계속 통화 회수에 크게 역점을 두었다. 남송 시기만은 비용이 늘어나는 동전주조가 줄어들어 연 10만관 정도였으나, 남송은 때론 연간 20만관의 동전을 투입해 회자(會子)의 회수에 노력하였다(高橋, 2000, p.217). 남송과 원에서 한정적인 매수만 고액면 지제통화를 발행했고, 또 상당부분을 재정업무를 통해 회수하며 다시 새로운 초(鈔)를 발포하는 과정을 유지하는 기간은, 태환가능성에 관계없이 지제통화가 계속 잘 수령되고 있었다는 사실을 보여주고 있다.

다만, 여기에는 구조적이라 할만한 문제가 있었다. 정부에서 지제통화에 대한 의존이 강할수록 본래 잘 태환되었던 동전과의 관계가 어렵게 되었다는 것이다. 초(鈔)와 전(錢)이 병행되면 민간에서 일정 정도 동전을 취득하려는 경향을 막을 수 없었다. 따라서 정부는 초의 태환성을 나타내는 수단으로 전(錢) 주조를 그만 두지 않았지만, 초에 대한 의존이 심각해질수록 전 주조에는 소극적인 입장이 되었다. 남송은 북송에 비해 주조 비용이 동전보다도 싼 철전의 주조조차 대폭 줄였다(高橋, 2000, pp. 295-296). 원에 들어서는 초(鈔)유통을 방해한다는 논리로 전 유통을 금지시키기 까지했다.

원래 초는 동전을 자유롭게 운반할 수 없는 불편함을 보완하려는 의미에서 등장한 것이므로 정부에서 초에 의존하며 동전주조를 기피하는 현상이 진행되면, 결국 양자의 관계는 역전되기도 했다. 13세기 전반, 남송의 산간부인 영국부(寧國府)에서는 동전이 일단 유출되면 돌아오지 않으므로 저권(楮券, 초)만을 유통시켰다고 전해지고 있다(高橋, 2000, p.216).

이렇게 하여 정부가 일상적인 거래에 필요한 액면의 화폐공급을 하지 않자, 지역 시장에서는 스스로 각종 대용통화를 만들기 시작하였다. 이 장의 처음에서 든 사례는 14세기의 일이지만, 이미 13세기 전기 남송에서 〈근래에 주(州)와 현(縣)에서 일시적인 편의를 도모해 종잇조각과 죽간편으로 50문이나 100문으로 삼고 있다. 다른 곳에서는 유통되지 않지만 각 지역에서 유통되니 편리하다〉(呂午, 《左史諫草》, 戊戌)고 하는 사태가 이미 벌어지게 되었다. 결국, 정부는 지제통화를 유지하기 위해서 고액면은 한정액수만 발행하고, 회수에 노력을 기울여야 했다. 이러한 방침이 관철되자 각 지역에서는 상대적으로 소액면 통화를 사적으로 만드는 현상이 빚어지게 되었다.

이렇게 하여 창조된 지역통화는 발행자가 관인가, 민인가하는 문제를 넘는 것이었다. 왕조측은 소회자(小會子) 혹은 소초(小鈔) 등으로 불리는 1관 혹은 500문보다 적은 액면의 초도 설정하였다. 민간에서는 이에 대한 수요가 높았지만 왕조에서는 충분한 양을 공급하지 않았고 공적지불의 납입에도 소극적이었다. 제2장에서 언급한 것처럼 13세기 농촌시장에서는 승(升)을 단위로한 쌀(米)이 일상거래에 이용된 것으로 보인다. 지역 시장에서는 그러한 10문 혹은 20문 상당의 쌀에 의한 거래와 1관문 이상의 고액거래와의 차이를 메우는 통화를 희구하였다.

중국 화폐사를 특징지을 수 있는 정부발행의 초(鈔)에 필적하는 또 하나의 지제통화(製紙通貨)인 전표(錢票)가 사료에 나타난 것은 18세기 건륭년간(1735-1796)이 되어서였다. 그러나 주지하듯 전표(錢票)의 형태를 취하는 것은 아니나 지역적으로 중간 정도의 액면통화가 만들어지기 시작한 것은 상당히 오래전의 일이다. 13세기에 주현 내에서만 통용된 〈종이로 쓴〉 현물은 지금은 전해지지 않지만, 이것이 18세기 이후 전표라는 명칭으로 나타난 것과 거의 같은 것이었다고 생각된다.[4] 전표의 구체적인 사례는 제6장에서 들어보기로 하자.

사료에 자주 등장하는 표현을 사용한다면 〈위 아래가 서로 통하는(上下相通)〉 통화는 정부의 입장에서는 행재정을 안정적으로 수행하는 데 아주 편리하였다. 그러면 어떠한 통화제도를 설정해야 〈상하상통(上下相通)〉하는 것일까? 초(鈔)에 관한 사료에 비추어 보면 발행을 한정시키고 수지를 같게 하기 위해 회수를 도모하는 것이 조건이 될 수 있다. 그러나 그렇게 하면 지역시장의 화폐 수요와는 합치되지 않는다. 동전을 많이 주조한다면 수요에는 좋겠지만 쉽게 유통되지 않고 또 주조 경비도 만만치 않다. 이러한 모순을 끌어안은 채 중국은 명조로 바뀌게 되어, 이윽고 16세기에는 미증유의 은 유입 시대를 맞이하였다.

4. 상하불통(上下不通)의 구조-평량은 제도가 창출된 동기

중국 왕조에서 은화를 최후 왕조인 청이 멸망하기 직전까지 주조했던 것은 아니었다.[5] 물론 당대에 의례왕의 은전(銀錢)을 발행하는 등(池田, 1972) 사례가 없었던 것은 아니지만 전체적으로 본다면 거의 무시해도 좋을 정도였다. 16세기 이후 세계 최대 규모로 계속 은을 흡수하여 갔으나 이는 거의 보이지 않았다. 은은 계수화폐로서가 아닌 평량화폐로써의 수요가 계속되었다.

---

4) 〈죽목편(竹木片)〉도 20세기 초기에 소주(蘇州) 등지에서 확인된 정액면의 죽제 대용 통화와 같은 것일 것이라고 추측된다. 구로가와고문화연구소(黑川古文化硏究所)는 19세기 말에 발행된 100문, 200문 액면의 현물을 소장하고 있다.
5) 양무파 관료 장지동(張之洞)은 1889년 광주(廣州)에서 처음으로 은원(銀元)을 주조하였고, 또한 1904년에는 그가 통치하였던 호북(湖北)에서 1량 은화를 주조하였다.

중국에서는 이렇게 셀 수 없고 다만 무게로만 측정된 화폐로 은을 사용하였으며, 또 정부가 은화 발행에 일체 관여하지 않았다는 점에서, 은의 사용형태도 세계적으로 볼 때 매우 특이한 경우였다. 이것은 앞장에서 살펴본 인도의 은유통과 비교해 보면 더욱 명확해질 것이다. 그러나 일본 에도시대 (江戸時代)의 교토(京都) 및 오사카(大阪)에서도 은을 사용하였는데 역시 문 (匁, 관의 1/1000로 3.75g)을 단위로 하는 평량화폐였다. 중국과 닮은 것처럼 보이지만 일본 또한 사정이 달랐다. 원래 16세기 후반에는 은 1개, 2개라는 표현이 나오는 것처럼 실제로 43문=1개라는 계수화폐로 사용되었다(盛本, 2000년). 후에는 에도시대를 지나며 무게를 기준으로 사용하게 되었으나, 원칙적으로 오쿠라야(大黒屋)이라는 관허 주조상인이 발행한 것만을 사용하였다는 점이 중국과 크게 다르다고 할 수 있다(田谷, 1963). 에도 초기에는 각 종 영국은(領國銀)이 병존하였지만, 유통된 은궤의 규격은 통일되어 갔다(榎木 1977). 그러나 은의 사용은 단지 계산단위로 되어갔고, 은 자체가 유통되는 일이 없어져 갔다(岩橋, 1999, b).

중국에서 은을 무게로 계산할 때는 양(兩)을 단위로 하게 되었는데 이때의 양(兩)은 매우 다채로웠다. 청조는 스스로 재정출납용에는 고평량(庫平量)이라는 품위가 높은 계수단위를 설정하였고, 그 외 세금을 거두는 관세용의 관평량(關平兩) 등을 두게 되었으나, 민간에서 은량을 설정하는 것은 전부 방임하였다. 양(兩)은 본래 중량의 단위였는데, 각지에서 사용된 계산 단위로써 은량은 단순히 무게 이외의 요소를 가미하여 설정되었다. 원칙상으로는 평(平, 중량), 색(色, 순도) 태(兌,제수)의 3가지 요소로 된 것으로 단지 무게만을 표시하는 실은량(實銀兩)에 대한 허은량(虛銀量)이었다. 같은 은량이라도 지역마다 다른 허은량이 출현하였다.

같은 시기의 일본과는 대조적으로 중국은 은 덩어리 자체가 다양하였다. 적어도 1745년에는 〈강남(江南)에서는 원사은(元糸銀), 호광(湖廣)에서는 염철은(鹽鐵銀), 산서(陝西)에서는 원조은(元鏪銀) 운남(雲南)과 귀주(貴州) 에서는 석조은(石鏪銀)과 다화은(茶花銀)〉《皇朝文獻通考》, 卷16, 乾隆10) 등 각양각색의 은이 유통되고 있는 것이 문제되었으나, 이 밖에도 각지에서 순도가 낮은 〈저은(低銀)〉의 유통도 지적되었다. 1885년에 상해에서 발행된 은정감정지남서(銀錠鑑定指南書)인 《은수총론(銀水總論)》이라는 책에서도 상해(上海)에 존재하는 은 덩어리가 장사경(長沙鏡), 옥유어장사(玉由魚腸糸) 등 다양한 호칭으로 46종이나 있었다고 한다(增井, 1986, pp.113-118).

그러나 은량은 이러한 은제 종류는 아니다. 이들 은제를 평, 색, 태로 계산한 계산단위로 은량은 기능하고 있었다. 예를 들면 19세기 후반 이후 상해(上海)에서 가장 많이 사용하던 은량 단위로는 98규원(規元)이 있다. 그렇다고 하여 98규원에 대해 은괴가 유통되고 있었던 것은 아니다. (덧붙여 설명하자면 98이라는 것은 예를 들면 98량을 0.98이라는 제수로 나누어 100량이라고 하는 것이다) 이러한 계수단위로서의 은량은 지역에 따라 다르고, 또 같은 지역이라도 몇 개의 은량이 같이 존재하였다. 20세기 초 한구(漢口)만 해도 40여 종류의 은량이 함께 쓰였다고 한다(宮下, 1952, p. 270).

각지에서 독자적으로 존재했던 은량은 어떤 공적인 기관이 만들어 보호했던 것이 아니라 모두 자발적으로 만들어진 것이었다. 그러나 적어도 20세기에 들어서면서부터 각지는 예컨대 상해(上海)의 98규원(規元), 한구(漢口)의 양열은(洋例銀)과 같은것이 사실상 표준 은량처럼 되어 버렸다. 그렇다고 해서 각지마다 표준 은량으로 통일되어 있었던 것도 아니다. 진강(鎭江)에서는 진평27보(鎭平27寶), 남경(南京)에서는 능평27보(陵平27寶)등이 표준

은원(銀元)으로 되었으나, 진강(鎭江)에서는 주단업(綢緞業)등의 거래에서 진평24보(鎭平24寶)가 사용되었고, 남경(南京)에서는 아편거래에서 능평24보(陵平24寶)의 은량만이 사용되었다(宮下, 1952, pp.247-248). 앞장에서 설명한 벵갈 지역 내에서도 은단위의 거래에 업종별 차별화가 있었다.

실제로 은이 사용되고 있는 현장에서 본다면 이는 자율적인 거래질서가 잘 갖추어진 모양이라고 할 수도 있으나 통치자의 입장 혹은 외부 관찰자에게는 무질서한 혼돈상황으로 보였다. 그러면 그러한 상황이 어떤 원인에서 나타난 것인가? 은 자체가 상당 양 유통되기 시작한 16세기 후반의 사정을 보기로 하자.

1570년 산서(山西) 순무(巡撫)였던 근학안(靳學安)은 그의 상주문에서 정덕(正德,1506-21) 가정(嘉靖,1522-66)이전은 동전이 많이 유통되었으나 당시는 동전이 없어지고, 은만이 유통되고 있는 상황에 대해 다음과 같이 논하고 있다.

동전은 지폐와는 달리 서민들에게 편리한 것입니다. 불편을 느끼는 이들은 옳지 못한 사람들과 유력자들뿐입니다. 도적들이 불편한 것이고 또 관리가 부정을 저지르는데 불편할 뿐입니다. 상인들이 가지고 다니는 것도 불편하고, 부자가 보관 하기에도 불편합니다. 그러나 그러한 불편은 서민들에게는 전혀 관계가 없습니다(《明實錄》, 隆慶 4年 2月 丙寅).

이와 같이 동전주조에 관한 이익을 서술하여 은 사용으로 흐르는 것을 위험스럽게 생각하는 논조는 그전 해의 병부좌시랑(兵部左侍郞)인 담륜(譚綸)의 상주에도 나타난다(《明實錄》, 隆慶 3年 7月 辛卯). 앞에서 기술한 양성(楊

成)의 양전주조론(良錢鑄造論)도 이러한 흐름의 일부로 생각된다. 다음 장에서 설명하는 만력통보(萬曆通寶)도 이러한 배경에서 주조되어 16세기 말 중국 특히, 동남 해안부에 방대한 양의 은 유입과 오랜만에 관전의 본격적인 주조가 함께 이루어진 것이다. 그러나 17세기에 들어서자 은사용이 확대되는 추세로 되자 강남(江南)지방에서는 일상 거래까지 침투되었다.

이렇게 은이 보급되어 17세기 중엽에는 지식인들의 저작에 〈금은(金銀)을 없애자〉는 등의 논의도 나타났다. 황종희(黃宗羲)는《명이대방록(明夷待訪錄)》〔재계(財計)〕에서 이렇게 주장하며 동전사용으로 돌아가자고 하였다. 그와 같은 대 유학자 뿐만 아니라, 명 말의 세속 문학의 유행을 담당해온 풍몽룡(馮夢龍)과 같은 문인도 동전으로 회귀할 것을 주장하는 〈전법의(錢法議)〉와 같은글《甲申紀事》12卷 것을 보면 상당히 널리 퍼진 논의였다고 생각된다. 황종희는 폐금은(廢金銀)을 주장하며 7가지의 이점을 정리하고 있는데, 그 중 은이 가볍기 때문에 빠져나가기 쉽지만 동전은 무게 때문에 쉽게 이동되기 힘든 것을 첫 번째로 들고 있다. 풍몽룡(馮夢龍)은 동전 무게 때문에 상대방에게 그리고 뇌물을 바치고 싶은 관료들에게는 너무 불편하다는 논리를 펴고 있다. 이러한 논리는 정말로 앞에서 말한 담륜(譚綸)과 근학안(靳學顔)이 전개한 논리가 반복되고 있는 것으로, 16세기 후반에 나타난 논조의 명맥이 계속 이어지고 있음을 알 수 있다.

〈금, 은, 동은 재화를 측정하는 수단이었지, 그 자체가 재화는 아니다. 지금 문제는 날마다 금과 은을 구하며 오곡의 생산에 노력하지 않는점이다〉(徐光啓,《農政全書》,凡例, 陳子龍記)는 화폐일반과 곡물생산을 대립시키는 농본주의적인 논조 자체는 어느 시대건 나타나는 것이지만, 화폐 중에 은과 전(錢)을 대립시켜 비교하는 논조가 명확히 나타나는 것은 16세기부터 18세기라는 시대적인 특징이 있다.

　이처럼 금은 폐지를 주장하는 논의는 후세 연구자들에게 시대착오로 취급받기 쉬웠다(張, 2001, 626-629). 그러나 이 책에서 지금까지 밝혀왔듯이 은이 보급되면서 동전을 대체하는 것은 분명히 그들이 비판한 것처럼, 지역경제의 입장에서는 보다는 은이 외부로 유출되기 쉬운 통화였다는 것을 의미한다.[6] 이 책에 말하고자 하는 이론은 은에 대한 의존은 지역간의 태환성으로 지나치게 경사하여 지역유동성을 불안정하게 만든다는 것이다. 폐은론(廢銀論)을 주장하는 사람은 수교화폐에 따른 실제적인 문제를 그들 나름대로 실감하고 있었던 것이다.

　다만 동전만으로는 고액거래와 지역간 이동이 확실히 불편하였기 때문에 폐지를 주장하며 초(鈔)의 기능 회복을 주장했다. 황종희의 주장이 바로 그러하였다. 동전을 어머니로, 초(鈔)를 아들해서 고정비가로 연결시켜 함께 유통시킨다는, 예부터 전해지는 소위 〈자모상권(子母相權)〉의 논리였다.[7] 〈전(錢)〉을 유통시키는 것은 모든 〈상(上,정부)〉과 〈하(下, 민간)〉가 서로 수령하여 수집과 산포가 같은가 아닌가에 달려 있다는 것은 풍몽룡(馮夢龍)의 말인데, 폐은론은 즉, 〈상하상통(上下相通)〉, 〈자모상권(子母相權)〉의 기구로 돌아가자는 것이다. 그러나 앞 절에서 논한 것처럼 초(鈔)를 유통시키고 유지하기 위해서는 고액면으로 한정된 총액으로써 회수해야만 가능하였고,

---

[6] 岸本(1999)는 17세기 경세사상을 국가통제론과 자유경제론의 시각에서 정리한 鄭(1994년)과 19세기 후반 역시 케인즈 대 하이에크의 관점에서 해석한 林滿紅의 관점을 소개하면서 양자의 은 부족 시기에 나타난 화폐인식에는 〈당시 지역경제가 초지역경제에 대해 가지고 있는 의존성, 박약성〉이 반영되어 있다고 보고 있다.
[7] 자모상권(子母相權)의 개념자체는 《국어(國語)》주어(周語), 경왕(景王) 21년 기사가 근거가 되어 후세에 화폐정책을 논하는 사람들이 자주 인용한다.

또 한편 동전은 지역적으로 체류하기 쉬워져 환류가 어렵게 된다. 따라서 유통 원칙이 다른 초(鈔)와 전(錢)을 고정비가로 묶어서 관리하는 것이란 결코 쉬운 일이 아니었다.

평량은에 기초한 재정기구는 〈자모상권〉, 〈상하상통〉과는 조금 거리가 있는 것이다. 물론, 예를 들어 재정단위인 고평(庫平) 1량에 동전 1000문을 대응시켜 양자사이에 〈자모상권〉을 논할 수는 있었다. 그러나 중국에서는 청왕조 멸망 직전까지 은화 자체를 발행하지 않았다.

노동징발에 의존한 조용조(租庸調)제도에서 화폐 납부가 중심이 되는 양세법으로 전환한 당에서 송대까지 변화의 본질은 기능적으로는 행정집행에 필요한 재정자원을 프로가 관리하는 것에서 재고품으로 운용해가는 방향으로의 전환이었다고 볼 수 있다. 그러한 역사를 사전적 배경으로 한 후에 은의존 재정으로 전환이라는 것을 볼 때도 은사용 자체가 획기적인 의미를 갖는 것은 아니고, 정부의 재고가 민간의 재고와는 다른 형태로 형성됨에 따라 안정을 얻었던 것이 획기적이며 또 불가역적인 의미가 있다고 볼 수 있을 것이다.[8] 상(上, 정부) 하(下, 민간)를 나누는 것은 이점이 있기 때문에 은 자체를 동전과 같은 경화(硬貨)로 주조하여 〈상하상통〉시키는 것은 원래 동기를 부정하는 것이 된다. 은화를 주조하는 등의 선택 여부가 명청왕조에는 원래부터 있을 수 없었다.

---

[8] 청조 재정이 원액(原額)을 고집하는가 아닌가에 관한 논의가 있다(岩井茂樹, 1992 ; 山本進, 2002). 원래 당송기의 양세법에서 정액화의 경향이 있었던 것으로 보인다. 이 책에서는 동전이건 지제통화이건 스스로가 발행하는 통화와는 떨어져 재정을 세운 것으로 중국왕조는 그 운영에서 어쨌든 안정성을 취할 수 있었다. 이들 통화, 곡물, 견 등과의 비율 조정에 재정운영이 의존하는 구조(島居, 1990년)에서 탈각할 수 있었기 때문이다. 이것만이 은의 불가역성을 의미한다.

지역마다 다르며 업종마다 차별화된 허은량제가 있었다는 것은 바로 2장에서 기술한 동전에서의 단맥(短陌) 관행과 같은 구도였다. 전통 중국에서 은이 도입은 민간에게 동전경제에서의 결함으로 볼 수 있는 지역간 결제가 쉬워졌음을 의미하였다. 하지만 적극적으로 통일된 은화를 도입하겠다는 동기자체는 없었던 것이다.

5. 자율적 개별성과 타율적 획일성

본장에서는 동전(아류의 종류인 철전도 포함), 지제통화, 평량은 등의 형식적인 분류에 따라 각 특징을 설명해 왔다. 이러한 서술 순서는 설명하기에 매우 편리하다. 그러나 이 순서는 또한 역사적으로 일어난 순서이기도 하다. 소위 중국 왕조사의 중기에서부터 관제의 지제통화가 성행하였고, 그것이 붕괴되고 20세기에 이르기까지 평량은이 유통되었다. 특히, 관제 지제통화에서 은으로 변화는 사람에게 단선적으로 진화도식을 맞춰보고자 한 것처럼 지령(指令)경제에서 시장경제로의 도식이라고 생각한다. 다만 사서에서는 먼저 동전 스스로의 역사가 초기부터 이미 왕조 명령에서 벗어나는 형태를 취하며 기능하고 있었음을 보여주고 있다.9) 전한 초기부터 시중에 반복적으로 등장하는 가벼운 전(錢)은 관제 통화부터는 자율적인 통화 공급

---

9) 초(楚)의 장왕(莊王)때에 이미 소폐(小幣)를 이미 대폐(大幣)로 바꾸려고 하였으나 액면대로 대폐가 수령되지 않았기 때문에 소폐로 돌아가고자 했다고 기사가 전하여 주고 있다. 물론 이것이 사실인지 아닌지(加藤繁, 1952, 제1장)를 여기에서 문제시하고자 하는 것은 아니다.

의 기능이 있었음을 시사한다. 또 지제통화도 소액면의 소회자(小會子), 소초(小鈔)가 있었던 사례는 여전히 발행자인 왕조 통제를 벗어나, 지역마다 독자적인 수요와공급의 조정을 이루지고 있었던 것을 알 수 있다.

화폐가 자율적으로 창조되고 유지되면서 지역 간의 시장 격차와 용해 그리고 사주(私鑄)현상들이 나타났다. 가볍거나 혹은 무겁다는 각 통화의 특성은, 각 통화가 어떻게 기능해야 하는 가에 매우 중요하지만 그것이 결정적인 요소는 아니었다. 동전이 지역 간을 이동하고 철전(鐵錢)과 소회자(小會子)가 지역 내에 체류하는 송대의 사례처럼(高橋, 2000, p.197), 통화는 통시대적으로 같은 역할을 담당하는 것이 아니라, 오히려 다른 유동성을 체현하는 것과 결합하면서 정해지는 것이다.

기본적으로는 공간적인 획일성과 시간적인 획일성을 창조하고 유지하려는 왕조와, 지역적 다양성과의 상황에 의존한 기능성을 지향하는 사회적 동기가 서로를 잡아당기는 역학적 구도를 형성하는 것으로 파악할 수 있다.[10] 전통 중국의 특징을 단적으로 말하면, 얼핏 볼 때 모순되는 듯한 자율적인 개별성과 타율적인 획일성이라는 두 힘이 교묘하게 통합된 것이라고 할 수 있다. 전통 중국의 화폐는 그야말로 이러한 역학의 체현자 역할을 계속하였다고 할 수 있다. 시대에 따라 어느 한 쪽이 우위에 선 적은 있었지만 이는 반드시 돌아오게 되어 한쪽이 다른 한쪽을 구축하지는 못하였다. 두 힘 사이에 균형점이 없었던 것은 아니지만, 소위 진동 자체가 구조화 되었던 진자(振子)가 2000년이라는 세월동안 움직이고 있었다.

---

10) 킹(King)도 〈집권적 행정과 지방적 다양성〉(King, 1965, p.124) 이란 표현을 하고 있다. 본서의 특색은 양방향으로 분열하는 동기가 내포되어있는 것을 주장하는 점에 있다.

동전이 대량으로 주조되는 것은 중국역사에 3번 나타나게 되었는데, 3번 모두 통화가 분립되기 이후에 나타났다는 점은 주목할 필요가 있다. 첫 번째는 전국기의 뒤를 계승한 전한기(前漢期)이고, 무제기(기원전 84-141)를 중심으로 하는시기 두 번째는 11세기 후반 북송기(北宋期) 왕산석(王安石)의 개혁 전후로, 이 경우는 당말5대의 혼란기를 통일한 직후의 대량주조였다. 세 번째의 대량주조는 18세기 후반의 건륭통보(乾隆通寶)로 정치적인 분열까지는 미치지 않았지만 은의 유통과 전화(錢貨)의 찬전(撰錢)이 동시에 진행되어 통화사용의 관행에 지역차가 있었던 16-17세기의 이후였다. 제1기 전한무제기에 연 50만관(貫), 제2기 북송의 신종기(神宗期)가 연간 500만관, 제3기 청조 건륭기는 연 300만이라는 대량의 규모로 모두 약 50년간 계속 주조되었다. 그러는 사이에도 중간에 당의 개원통보(開元通寶)와 명의 만력통보(萬曆通寶) 등의 움직임이 있었지만 3차례의 대량주조에 의해 통화재고가 극복된다.

이처럼 통시대적으로 이해하는 것이 중국 화폐사에서 불가역성을 부정하는 것은 아니다. 4절에서 설명한 것처럼 행재정 변화와 밀접히 관계하는 과정에서 통화도 변했고, 평량은이 뿌리내린 후에 다시 초의 시대로 돌아가는 것은 불가능했다. 위에서 언급한 중국 역사상의 3번의 동전의 대량주조는, 제1-2기가 동전자체의 획일성의 회복과 보급이라는 의미를 갖는다 하면, 제3기 건륭통보의 대량주조는 은유통으로 지역간 태환성으로 기울기 쉬운 불안정한 지역사회에 지역유동성을 공급하는 의미를 가지고 있었다. 그러한 점에 대해서는 일찍이 자세히 논하였으므로 여기에서는 생략하기로 하자(黑田, 1994년a, 제3장). 17세기 앞서 말한 황종희(黃宗羲) 등의 은폐지주장인 초회귀론(鈔回歸論) 역시 시대착오적인 것이었다 할 수 있으나, 동전을 중시한다는 점에서는 문제의 본질을 잘 파악하고 있는 것이었다.

이 책에서 동전이라고 함은 액면가 1문 정도의 전(錢)을 말한다. 중국역사상 각종 고액면의 동전이 주조되기도 하였는데 2문 상당의 절이전(折二錢)은 차치하고, 그 이상되는 액면가 동전은 정부가 지정한 것처럼 민간에서 안정적으로 받아들여진 일은 없었다. 고액면가의 동전은 20세기 초기의 당십동원(當十銅元)이 처음 액면가대로 보급되었다. 일찍이 논하였던 것처럼 그러한 배경에는 세계경제에 중국 소농의 생산물 흡입이라는 미증유의 사태가 있었다. 결국, 구멍이 없는 기계 생산에 의한 주화(鑄貨)의 모양으로 변화되어 갔다(黑田, 1994a, 제3장).

그러면 통시대적인 파악은 여기까지 해두고, 다음으로는 중국화폐 유통이 어떻게 공간적으로 확대되는지 살펴보자. 중국화폐에서 가장 근본인 동전 유통은 원래 중화 제국의 행정역(行政域)을 넘고 있다. 주변지역에서 유통은 중국에서의 유통과 다른 모습을 보이는 것이 당연할 것이다. 또 동시에 상부 권력구조의 차이에도 불구하고, 자율적인 구조라는 공통점도 갖추어 갔다. 그 공통성에 전환점이 생기는 것도 역시 16-17세기였다.[11]

---

[11] 본장은 중국사 연구의 지금까지의 축적 von Glahn(1996), 宮澤(1998, 2000년), 山田(2000년) 高橋(2000년)에 의존하는 바가 크다. 그 외에도 많은 논고를 참고하였지만 모두 언급할 수 없음을 양해 바란다. 또한 풍몽룡(馮夢龍)의 〈전법의(錢法議)〉는 大木康씨의 지적에 의한 것이다.

5장
바다를 건넌 동전
환중국해 전화공동체와 그 해체

1. 자바의 만력통보

카이시 혹은 피시스라 불리는 소전(小錢)이 반덴(Banten, 반탐은 옛 이름)
과 해협 전체에서 유통되었다. 이 동전은 중국 복건(福建) 아연(鉛)에 동(銅)
을 혼합한 저질 금속으로 만들어져, 1590년부터 순수한 동으로 만들어진 중
국의 첸(錢)을 대신했다. 말레(Male)에서만 손에 넣을 수 있었던 첸의 가치
는 15카이시였다. 카이시는 심하게 떨어뜨리면 깨져버렸고, 소금물에 하룻
밤만 넣어두어도 녹슬곤 했다. 가운데에는 사각형의 구멍이 있어 200개씩
끈으로 묶을 수 있었다. 스페인의 1리알 은화 (2 · 25 그루덴)는 12,000에
서 1,3000 카이시와 같은 가치이다(抄譯).

이것은 네덜란드 상인으로 처음 인도네시아 쪽으로 항해하였던 하우드만

등의 함대 일지에서 발제한 것이다. 날짜는 자바 서부 반덴에 도착한 직후인 1596년 6월 13일(Mollema, 1935, blz 211, 이하 본 장에서 언급하는 지명은 앞장의 그림8을 참고) 이었다. 첸은 전(錢)의 중국 발음이 틀림없으며, 카이시(caixa) 는 후의 cash 원어에 해당하는 말이다.[1] 하우드만이 보고 들은 구멍 있는 첸 혹은 카이시는 중국 동전과 같은 모양이라는 것을 쉽게 상상할 수 있다. 동시대 유럽의 다른 관찰자의 기사를 통해서도 카이시 혹은 피시즈라 불리는 전화(錢貨)가 16세기 동남아시아에 유통되고 있었음을 알수 있다. 다만, 동전에 새겨진 문자에 대한 정보는 부족한 편이다. 그러나 다행히도 한 여행자가 자바에서 첸과 카이시라 불리는 동전을 그림 9처럼 스케치하여 우리들에게 남겨주고 있다. 그 소묘에는 앞의 것을 거꾸로 읽으면 만력통보(萬曆通寶)라는 네 자 한자가 새겨져 있으며, 또 뒤의 것은 글자가 뭉개져 있기는 하지만, 동그랗게 함평원보(咸平元寶)라고 새겨진 것으로 파악된다(Blusse, 1988, pp.36-37).

〈그림9〉 카이시(왼쪽)와 첸(오른쪽)의 그림.
출전 ; Commelin, 1646, blz.111.

첸은 이미 네덜란드 상인이 도착하기 20년 전부터 이미 복건(福建)의 천주 (泉州)에서 유입되었다고 현지상인들이 말하고 있다. 그들이 접한 첸이 진

---

[1] caixa 자체는 유래하는 것을 뜻한다. (Williams, 1997, p. 141)

짜 만력통보(萬曆通寶) 즉 관전(官錢)이었다는 보증은 없지만, 1576년 (만력 4)에 만력통보가 주조되기 시작하였다는 사실과 위의 설명은 부합된다고 볼 수 있다. 15세기 이후 처음 본격적으로 주조되어 실제로 각지에 보급된 것으로 생각되는 만력통보는 복건(福建)에서 자바까지 보급되었다.

그런데 보다 흥미로운 것은 손에 넣기가 어려웠던 만력통보의 뒤를 이은 아연 동전(鉛錢)인 카이시가 송대(宋代)의 함평(咸平, 998-1003)이란 연호가 들어간 함평원보(咸平元寶)를 모방하였다는 점이다. 이것은 이하의 두 가지 측면에서 매우 중요한 의미를 갖는다. 첫째, 연전(鉛錢)과 같은 악화도 문양이 전혀 없었던 것이 아니고, 관전처럼 문자를 주입하여 넣었다는 것이다. 둘째, 당시 16세기 후반에 당당하게도 600년 이전의 송전을 모방한 명백한 사주전이 전해지고 있었으나, 자바사람들은 그것이 복건에서 제작해 가져온 도래전(渡來錢)으로 받아들이고 있었다는 것이다.

첫 번째 문제와 관련하여서 우선 일본에서 아연성분이 많은 것을 나타내는 백색화 된 전화(錢貨)가 발굴된 것에 주목해보자. 발굴된 동전 중에는 송전(宋錢)을 모방한 것이 포함되어 있었는데, 그러한 사실은 유사 송전으로 연전의 유통이 상당한 범위에서 확대 사용되었을 가능성을 보여준다고 할 수 있다(櫻木, 1998). 이러한 연전은 매우 조악하였다고 하는데, 중국 본토에서도 이 동전에 대해 〈대부분 연사(鉛沙)를 섞음〉, 〈쥐거나 떨어뜨리거나 만 하여도 깨어짐〉(《明史》, 食貨志, 錢鈔)이라고 묘사하였으니 대체로 공통된 표현이다. 이를 바탕으로 추정할 때 연전은 중국을 포함하여 동남아시아, 그리고 일본에까지 널리 유통되고 있었다고 생각된다. 송전은 17세기에 이르러서도 중국 각지에서도 여전히 유통되고 있었는데, 이 때 쓰였던 송전은 뒤에 나오는 사료에서 밝혀지듯이 당시에 사주(私鑄)된 〈송전〉이었다.

두 번째 문제로부터 우리는 동시대인 16-7세기에 모방된 송전이 해외에도 전해지고 있음을 알 수 있게 되었다. 같은 16세기 후반에 일본에서도 송전을 사용하고 있는 상황을 고려하여 볼 때도 주목하는 사실이다.

여기에서는 카이시, 피시스 혹은 동(dong) 등으로 불린 것으로, 모양이 둥글고 또한 사각형 구멍이 뚫어진 소액화폐를 모두 전(錢)이라고 칭하였다. 성분은 연전도 있고 동전도 있다. 발행자만을 보면 관전(官錢), 즉 제전(制錢)도 있고 사주전도 있었던 셈이다. 앞 장에서 설명한 것처럼 북송 치하 11세기 후반에는 연간 약 500만관의 동전이 대량 주조되었고, 이후 그에 비견할만한 동전 대량주조가 계속 이루어진 것은 18세기의 청조 중기였다. 그러나 그 기간 사이에 중국 동전은 중화제국의 주변사회에 침투되어 유통되었다. 전화(錢貨)가 유통되는 형태는 사회마다 상당히 다르며 그들 사이에 어떠한 규칙성도 없었다. 오히려 일본 서쪽에서 중국 연안부를 지나 동남아시아에 이르는 중국해를 둘러싼 지역들 사이에는 지역마다 은화를 차별화하여 사용하는 습관을 가지고 있었다는 일정한 구조가 밝혀지게 되었다. 특히, 일상 매매용 은화와 자산보호용 은화라는 2중 구조가 나타나게 되었다.

실제로 여기에 소개한 첸과 카이시의 관계도 이 경우에 해당되었다. 17세기 초 자바 서부는 동전과 연전과 동전이 함께 유통되고 있었다. 그런데 동전이 연전과 다른 점은 동전이 장식과 제례용으로 사용되고 있다는 점을 당시 네덜란드 동인도회사 관계 자료가 전해주고 있다. 더욱이 동전은 소유의 기능을 담당할 때, 은화와 함께 재화로 땅에 묻혀 보관되거나 때로는 그 속에서 나와 집 앞의 태양 볕에 놓여지기도 하였지만 연전은 그렇게 취급되지는 않았다(Blusse, 1988, pp.39-44). 화폐를 묻는 행위는 같은 시기의 인도 상인 전기에도 기록되어 있는 것으로 보아 일반적인 현상이었다고 할 수 있겠다(Williams, 1997, p.130).

이 책에서는 첸처럼 재화로서 보관되는 전화(錢貨)를 기준전이라 부르고, 이와는 달리 카이시처럼 일상의 매매에 사용된 은화를 통용전이라 부르겠다. 이렇게 바다를 사이에 두고 전화가 차별화되면서도 독자적인 방법으로 사용되는 지역이 병존하고 있었는데, 이것이 이 책에서 말하는 〈환중국해 전화공동체(環中國海錢貨共同體)〉이다.

2장에서도 말한 것처럼 이렇게 전화가 중국 주변에서 13세기에 유통이 확장되어 나갔다고 볼 수 있다. 본장에서 취급한 16-17세기는 세계적인 규모로 은 유통이 활발해지는 이므로 지난날의 연구에서도 그 점에 착목해 왔다. 그러나 은의 유통이 한편에서는 전화의 유통도 촉진시켰던 것이다. 자바에서 중국전(中國錢)이 유통된 현상은 바로 그러한 예일 것이다. 그러나 13세기의 그것과는 달리 16-17세기 전화의 유통확대는 전체 동아시아에 보이는 공동성을 해체하는 방향으로 작용하였다. 먼저 전화사용의 중심지였던 중국의 예를 살펴보자.

2. 중국의 기준전

중국 각 지역의 중심에서 통화가 어떻게 사용되고 있는가를 전하는 사료는 매우 단편적으로밖에 남아있지 않다. 그 중 비교적 장기간의 변화를 파악할 수 있는 예로 복건성(福建省)의 보전현(莆田縣)의 경우를 살펴보기로 하자.

16세기 초기인 정덕(正德) 연간까지 보전(莆田)에서는 송의 〈소전(小

錢)〉[소평전(小平錢) 즉 1문전(文錢)]이 은 1량 당 600문의 시세로 사용되었다. 그런데 장주(漳州)에서 사주전에 흘러들어오는 16세기 무렵부터 찬전(撰錢)이 일어나 결국 은사용을 대체해가는 과정이 진행되었다. 장주(漳州)에서 유입되어 찬전(撰錢)된 사주전에 원우통보(元祐通寶)를 새겨 넣은 것이 있다는 기사도 있는데, 이러한 사실을 다음 절과 관련하여 유의해 두기로 하자 (朱淛,《天馬山房遺稿》, 卷4, 莆中錢法志). 또 그러한 전(錢)이 유입되는 것은 통시대적으로 나타나는 것이 아니라 이후에 기술하는 것처럼, 1480년부터 동아시아 일대에 공통적으로 일어난 특수한 현상의 일부라고 간주된다. 이후의 변화 양상, 특히 만력통보가 유통되고 있는지 아닌지는 확실하지 않지만, 보전현(莆田縣)에서의 송전(宋錢)은 명말에도 전해졌고 당시는 송전 1000개가 은 3량의 시세로 거래되고 있었다. 하지만 명청교체의 혼란기에는 송전은 사라지고 은만이 사용되었다. 그런데 청대에 들어서 순치통보(順治通寶)가 주조되기 시작하자, 순치통보를 사용하며 동시에 송전 1문도 순치전(順治錢) 3문의 가치로 이용하기 시작하였다. 순치전을 사용하였던 시기나 혹은 계속하여 강희전(康熙錢)을 사용하였던 시기도 일단 청조는 은 1량=1000문을 공식 시세로 하였기 때문에 은 3량=송전 1000문의 비율은 계속 유효하였다고 볼 수 있다. 이러한 송전 1문=순치전 혹은 강희전 3문이라는 비가는 4장에서 언급한 〈향가(鄕價)〉를 만들어내는 구조가 명백히 계속되고 있는 구체적인 사례라 할 수 있다.

동(銅) 성분에서 보자면 송전 4개로 강희전 8개를 주조할 수 있는데, 그 후 1664년(강희 3년)부터 다음 해에 걸쳐 송전 4문 = 강희전 1문의 비가로 정해졌기 때문에 지나치게 낮게 평가되어 퇴장된 송전도 사용되지 않는 사태가 일어났다. 그러나 1666년이 되면 현지관청에 의한 강희전의 사주전도 만

연하여 이제는 거꾸로 강희전이 사용되지 않게 되었다. 이에 따라 상점들은 폐업하기에 이르렀으며, 전화(錢貨)는 사용조차 기피되고 오로지 은만을 사용하는 상황이 되었다. 결국 다음 해인 1667년에 명조전(明朝錢, 명조의 동전)과 가볍고 얇은 청조의 동전 사용은 금지되었으나, 송전은 순치전·강희전보다 양전으로 인정하는 포고가 내려져 송전만은 계속 사용할 수 있게 되었다. 이후 송전 금지가 단행되기도 하였지만 1690년까지는 송전 1000문 = 은 3 량의 시세를 기준으로 상거래는 계속되었다.

그런데 1690년 9월이 되자, 그 해 6월 이후 사주전 유통과 찬전(撰錢)이 심각해짐에 따라 당국이 환전업자들과 전당업자들을 구속하고, 찬전을 금지시켰기 때문에 상점들이 파업도 했다. 10월에 들어서면서 시중에는 명말(明末)의 숭정(崇禎)년간에 천주(泉州)에서 사주된 숭정통보(崇禎通寶), 속칭 세관전(細官錢)이 사용되었다. 동시에 송전은 점차 가치가 떨어져 11월에는 1000문 = 은 1량이 되었고, 그 후 보전현(莆田縣)에서 송전 유통도 자취를 감추게 되었다. 다음 해인 1691년에는 원래 희소하였던 사주숭정통보(私鑄崇禎通寶)도 사용되지 않았고, 보전현을 포함한 흥화(興化)·천주(泉州)·장주(漳州)에서는 만력통보의 금변(金邊)이라 불리는 종류만이 300문=은1兩으로 사용되었다. 그러나 금변이 적었기 때문에 관에서 주조한 강희전 800문을 은1량으로 함께 사용하고 있는 상태였다.[2]

위와 같은 사례에서 우리는 2가지 사실을 밝혀낼 수 있을 것이다. 첫째, 이 지역에서는 일상적인 매매에 사용되는 통용전과 또 은과 안정된 비가를 유지하며 자산형식의 수단이 되는 기준전을 차별화하고자 했다는 점이다.

---

[2] 이상의 내용은 陳鴻 · 陳邦賢, 《淸初莆變小乘》, (《淸史資料》1, 北京, 中華書局, 1980,수록) 陳鴻 · 陳邦賢, 《熙朝莆靖小記》(앞의 글에 수록)에 의한 것이다.

17세기에 송전은 은 1량에 300문 정도의 비가를 유지하여 왔는데, 1665년 송전 가격이 하락할 무렵에 파산하는 부자들과 대상인이 속출하였다고 하므로 이들이 자산을 송전으로 저축하여 두었음을 알 수 있다. 그러나 꼭 송전을 기준전으로 삼을 필요가 없었기 때문에, 1690년이 되자 송전이 아닌 숭정통보를 기준전으로 삼았고, 또 그것도 곧바로 만력통보의 금변(金邊)으로 대체되었다. 송전·세관전·만력금변 이 셋의 공통점은 모두가 명확한 양화(良貨)였으며 재고가 한정되었다는 점이다.

그러면 기준전은 어떠한 의미를 지니는가? 은은 자산으로 가지고 있기는 적당했지만 외부와의 출입이 잦았다는 점이 문제였다. 바꾸어 말하자면, 외부지역에 대한 유동성이 매우 높았던 것이다. 한편, 통용전은 지역 내의 유동성을 만족시키는 기능은 하지만, 자산으로 보유할 대상은 못되었다. 기준전은 양자를 중립시키며 지역적 자산을 형성하는 수단으로 설정되었다고 생각된다.

둘째, 송전 등을 기준전으로 정한 것은 소재가치 때문도 아니고, 또 행정지시도 아닌 지역의 느슨한 합의에 의한 것이었다. 보전현의 경우는 지령과 상인들의 파업으로 대응으로 보이지만 무엇을 기준으로 하는가는 그때그때마다 상인들이 합의한 결과에 따랐다. 주조 비용이 강희전의 2배나 되는 송전이 3배나 되는 가치가 부여되어 있었던 것처럼 송전 등이 기준전이었기 때문에 지나치게 높게 평가되었다. 그런데 기준전이기를 포기하는 순간 송전의 가격이 하락해 버린 것에서 알 수 있는 것처럼, 높게 평가된 근거는 거래자들의 합의에 의한 것이었지 송전 자체에 있었던 것은 아니다.

보전현의 시장에서는 청조 제전은 계속해서 외부로부터 사주전이 섞여 들어왔으므로 희귀한 옛날 동전인 송전을 기준전으로 삼고, 여기에 청조전을 통용전으로 덧붙여 사용하는 편법을 스스로 만들어내었던 것이다. 이렇듯 16-17세기 중국 특히 연안부의 각지에서는 보전현에서처럼 지역경제의 틀 내에서 각각 기준전을 설정해 두고 대외 유동성과 지역 내의 유동성을 조절하려는 충분한 동기가 있었다.

이러한 분권적인 상황을 감지한 왕조가 그 싹을 없애버리고자 하였다면 기준전이 되는 질 좋은 양화를 통용전을 대체할 수 있을 정도의 양으로 투자하는 것이 최고로 효과적인 처방이었다. 중국에서 16세기 말부터 17세기 초에 만력통보의 양화인 금변 등을 대량으로 주조해 어느 정도 그 기능을 달성하기도 하였는데, 제2장에서 설명한 천주(泉州)의 기사처럼 단기적으로는 관전이 차고 넘치는 것이 자연스러운 것으로 보이는 상황도 나타났다. 중기적으로 보면 그 기사는 만력통보가 계속 주조되어 어느 정도 전화의 통일성 약 20년간 정도 유지된 기간 중의 가장 마지막에 해에 해당되는 상황이었다. 당시 은 5전의 비용을 써서 만들어진 사주전이 은 8전의 가치로 매각되었다고 하는 것에서 만력통보가 얼마나 질 좋은 통화였는지, 얼마나 전화 수요도가 높았는지에 대해 알 수 있다. 2장 천주 기근에서 사주전 창조에 대해 언급한 1606년은 주조비용이 많이 들자 고심하던 명조가 주조액을 줄이기 시작한 해로, 〈마을 사람들과 사민이 모두 말하길 4-5년 전에는 관전이 풍부하여 사전(私錢)이 보이지 않았는데〉라고 회고하고 있다(胡我琨, 《錢通》卷2, 萬曆年王萬祚疎). 이로 보건데 확실히 양화인 만력통보가 전해져 사용되는 지역이 있었다. 그 후 왕조측도 각 지방에서 질이 떨어지는 동전을 주조하는 가운데 사주전(私鑄錢)도 섞인 통용전이 넘쳐 각 지역은 은을 사용하거나 아니면 찬전으로 송전 등을 기준전으로 해 자산형식의 수단을 만들어가는가 어느쪽을 택했으니 앞에서 설명한 강희년간과 같은 상황이 되었다. 결국 양화인 관전이 대량으로 공급되어 지역에서 기준전과 통용전의 차별화가 없어지게 된 것은 18세기 중기 건륭통보(乾隆通寶)가 대량으로 주조되어 침투되면서 가능해지게 되었다(黑田, 1994a, 第2章).

여기서 구체적인 상황을 살펴보기 위해 주로 17세기 상황을 살펴보았는데, 이러한 동전의 차별화가 결코 17세기에만 일어난 것은 아니었다. 사료가 단편적으로만 남아있긴 하지만 이러한 현상은 4장에서 설명한 것처럼 15세기 후반에도 이미 일어나고 있었다. 그러면 기준전과 통용전의 차별화의 움직임을 염두에 두면서 일본의 변화를 살펴보기로 하자.

3. 중세 일본의 기준전 형성과 소멸

이제부터 초점을 두고자 하는 것은 일본 서쪽에서 토지거래와 수표거래 등에 쌀과 전이 함께 사용되고 있었으나, 1568년(永祿 11)후반부터 수년간에 걸쳐 전사용이 종적을 감추고 오직 쌀만을 사용되는 현상에 대해서이다. 각지에서는 그 후인 1580년대 후반 교토에서 가장 빨리 은 사용으로 전환했고, 토지매매 등은 은문(銀匁)단위로 다시 전환해 갔지만, 재전환은 종종 지역마다 장기간에 걸쳐 나타났다. 이는 전(錢)사용의 소멸이 모두 단기간에 이루어 진 것과는 매우 대조적이다(浦長瀬, 2001). 그렇게 빠르게 변화하는 것은 조세 변화 즉, 16세기에 전(錢)을 중심으로 한 관고제(貫高制)가 진행되어가는 과정에도 불구하고, 같은 16세기말에 쌀을 중심으로 하는 석고제(石高制)가 지배적으로 되어가는, 어찌 보면 매우 불가사의한 추세의 영향을 받은 것으로 생각할 수 있다. 이러한 빠른 변화는 복건의 도래전이 끊어진 결과로 설명할 수 있다.

1556년에 일본을 방문하였던 정순공(鄭舜功)의 《일본일감(日本一鑑)》등에 복건(福建)의 사주전을 일본상인들이 사들이고 있다는 기록을 근거로 하여, 복건(福建)의 질이 떨어지는 동전이 1540년 무렵부터 일본에 유입되어 찬전 문제가 심각해졌다는 인식은 이미 1945년 전부터 있었다(小葉田, 1969, pp.52-53). 고염무(高炎武)의 《천하군국이병서(天下郡國利病書)》에 실린 《장포현지(漳浦縣志)》에는 중국에서 종종 사주전이 횡행하였던 사례로 사주 된 송전의 통용과 폐지에 관한 기술이 있는데, 여기에 바로 일본에서 유통 된 송전에 관한 중대한 당시의 정보가 숨겨져 있다. 장포현(漳浦縣)이 사주 전을 수출한 밀무역 거점이었던 월항(月港)이 있는 용계(龍溪)의 바로 옆이 었다는 점이다.

이 사료에 의하면 장주부(漳州府) 소속 각 현 중에서도 특히 전을 사용하 는 지역과 사용하지 않는 지역이 나뉘고 또 전 사용지역도 시세 차가 있고, 또 〈소안현(詔安縣)의 전이 가장 좋고. 장포현(漳浦縣)이 다음이며, 용계현 (龍溪縣)에서 가장 질이 떨어진 것을 사용하고 있었다〉며 동전의 질에도 차 이가 있었음을 알 수 있다. 또 송전은 몰래 주조하였을 때 전용되는 동전이 라는 상황과 함께, 장포현(漳浦縣)에서 가정 3(嘉靖, 1524)년부터 원풍전(元 豊錢)을 주조하여 사용하였고, 같은 해 7월부터는 원풍전(元豊錢)을 폐기하 고 원우전(元祐錢)을, 또 9월부터는 원우전(元祐錢)을 폐기하고 성원전(聖元 錢)으로 하는 등 관헌의 대책이 너무도 빨리 변화하였다고 보고 있다. 가정 13년(嘉靖, 1534)년부터는 숭녕당삼정(崇寧當三錢)과 희녕절이전(熙寧折二 錢)으로 바뀐 후, 만력3년(1575)년까지 약 40년간 변화가 없었다. 본 절에서 문제시하는 시기는 1540년과 1567년의 중간이다. 그리고 그 후 만력 3년부터 만력 6년(1578) 사이에 전사용이 급격히 줄고, 은 사용이 보급되었다.

주목할 만한 것은《장포현지(漳浦縣志)》에 〈그것을 폐하고 다른 것을 사용하게 되었다〉고 기술하고 있다는 점이다. 앞에서 말한 보전현(莆田縣)의 상황을 회고하는 기사에 장주(漳州)에서 사주전에 유입되어 원우통보(元祐通寶)라는 이름을 붙였다는 사실과 일치한다(p.134참조). 당시 장포현에서 사주되어 유통된 '송전'은 다른 지역에서 들어온 것이었다. 다시 한번 확인해 두지만 장포(漳浦)는 《일본일감(日本一鑑)》에 〈복건(福建)의 용계(龍溪)지방에서 몰래 주조하여 판다. 그들은 중국 전을 중요하게 생각하여 용계(龍溪)에서 위조한다〉고 기록된 무역항 월항(月港)이 있는 용계현(龍溪縣)에 이웃한 현이다. 제1장에서 소개한 자바섬에서 위조된 송전이 유통되었던 것은 실제 중국에서 당시에 제조된 송전이 해외로 유출되어 쓰이고 있었음을 확실히 보여준다. 그리고 자바에서 유통된 은 중에 악전인 연전과 양화인 동전 두 가지가 모두 포함되어 있었다는 것은 일본에서도 아주 질이 떨어진다고 평가되는 용계(龍溪)의 사주전이 〈복건사주전〉으로 〈고전(古錢)〉과 구별되며 악전으로 유입되었을 뿐만 아니라, 동전 중에 질이 매우 좋은 소안(詔安)과 그 다음인 장포(漳浦)의 사주송전이 용계, 월항에서 밀수출되었을 가능성을 보여주고 있는 것이다.

실제《이병서(利病書)》에 사주를 위해 모방되었다고 기록된 원풍(元豊), 원우(元祐), 강령전(熙寧錢)은 일본의 출토전 중에서도 상위 2,3,4위를 차지하고 있다(鈴木, 1999, p.89). 결국 이 자료는 가정연간(嘉靖年間 1523-66)에서 복건성의 장주부에서 몰래 만들어져 통용된 가짜 송전이 악전이었음에도 불구하고 고급품질의 양전으로 취급되어 일본에 유입되고 있었음을 보여준다. 또한 명 후기에도 송전이 주조되었다는 사실을 감안한다면 가장 나중에 매장된 동전의 연호를 가지고 유적의 연대를 정하는 일이 얼마나 위험한 것인가를 다시 한번 생각해야 된다. 어찌되었건 가정연간에 양전과 악전의 쌍방이 장주부(漳州府)에서 일본의 서쪽으로 유입되었다고 보고, 이러한 사실과 관련된 역사상을 시간 순서에 따라 복원해가고자 한다.

《명실록》의 성화 7(成化, 1471) 10월 을유(乙酉)의 기사에 용계사람이 사신임을 사칭하고 말라카, 미얀마와 통교한 기사가 실려 있다. 이처럼 장주(漳州)가 밀무역의 거점이 되었던 것은 15세기 후반까지 거슬러 올라간다(佐久間, 1992, p.235). 제4장에서 설명한 것처럼 1480년 북경에서 홍무(洪武), 영락전(永樂錢)이 찬전되기 시작할 정도로 대량으로 주조되어 유통되기 시작한 사주전은 장주(漳州)에서 사주된 것으로 보아야 할 것이다. 일본에서도 지금의 후쿠오카 근처의 부젠(豊前) 내에서는 연덕(延德)(1485-)이후의 다양한 전화 명칭이 사료에 등장하였다(本多,2000). 중국과의 무역에 깊게 관계하고 있었던 오우치(大內)는 이미 이때 찬전령을 내렸다. 그러나 밀무역이 활성화된 것은 1540년(嘉靖19, 天文9)을 맞이하면서부터였다. 이 해에 절강성의 주산(舟山) 열도 쌍도(雙島)항에서 밀무역을 위해 포르투갈 상인과 일본상인이 집결하고 후기 왜구가 본격화되자 명조는 대항조처로써 1542년부터 해금을 강화하였다(朱紈,《甓余執雜》卷2, 林仁川, 1989, p.135 傅, 1956, 제4장). 중국 강남에서는 조세 은납화가 일본에서는 지금의 시마네현 오타시에 있던 이와미(石見) 은광의 개발과 함께 진행되자 휘주상인(徽州商人)을 매개로 하여 일본 은으로 강남 소주(蘇州) 근처에서 생사와 비단을 구매할 수 있게 되었다(宮崎, 1951). 그런데 강남과 일본 서쪽 일대만이 이렇게 연결된 것은 아니었다. 즉, 장주(漳州)를 연결점으로 미얀마, 말라카 등도 묶여 중국해 밀무역 네트워크의 일부가 형성되었다. 이러한 경로를 따라 일본 은의 대가로 비단 혹은 미얀마에서 생산된 철포화약용 초석(硝石) 등과 함께 장주(漳州)의 사주전도 일본으로 계속에 유입되기 시작하였다. 같은 시기에 정체불명의 황당선(荒唐船)이 출현하였고, 쓰시마(對馬)-조선(朝鮮) 경로가 막히자 말라카 – 장주(漳州) – 큐슈(九州)의 각 항구를 잇는 루트가 자주 사용되었다(關, 1997). 전자는 일본 은의 활용을 거부하였지만 후자는 밀무역 하에서 포르투갈의 활동도 고려하여 일본 은을 적극적으로 이용했다는 것이 결정적인 차이였다.

1540년대부터 중국해의 〈왜구 상황〉에 힘입어 앞에서 말한 바와 같은 여러 종류의 동전이 유입되고 양전은 정전(精錢)으로 기준전의 기능을 하였고 악전은 〈난긴〉혹은 〈긴센〉등 통용전으로 충당되었다. 《조선왕조실록》(중종 39년, 6月壬辰)에서 〈푸지엔(福建)은 즉, 남경(南京)이다〉고 분류하고 있음을 보아도 소위 〈난긴〉전이 복건(福建)에서 유래하고 있음을 확인할 수 있다. 후에 사카이(堺)등 일본 국내에서 모방되어 주조된 전도 섞이며[3] 통용전이 증가되자 일상에서 간단하게 이루어지는 거래에도 전(錢)이 사용되었고, 또한 정전(精錢)이 계속 유입되자 토지거래와 어름 발행처럼 중장기에 걸친 거래에도 전의 사용을 지향하였다. 자산형성의 수단이 되는 기준전을 차별화하는 움직임이 여기에서도 작용하였다. 지방에서는 〈병전(並錢)〉을 사용해 세금 등은 정선을 중심으로 하고자하는 움직임도 나타났다. 부젠(豊前)의 경우 16세기 전반에 〈병전(並錢)〉으로 징수되고 있던 수납전(收納錢)이 16세기 중기에 걸쳐 정액화하여, 〈청료(淸料)〉 즉 정전(精錢)으로 표시되

---

[3] 사카이 간코우(堺環濠) 도시유적에서 출토된 동전을 제작한 주형의 14.6%가 당과 북송전이었고 나머지는 무문(舞文)의 주형이었다. 그런데 일부러 무문전(舞文錢)의 작업을 한 것은 매우 흥미롭다.

는 경향이 있었다.4) 다만, 중국 왕조와는 달리 수조권을 가진 영주들에게도 표준전을 차별화하는 것이 자신의 운영에 도움이 되었다는 점이다. 지행합일을 꾀한 다이묘들에게 30여 년간 계속적으로 정선이 공급되었으므로 전을 중심으로 한 재정 단위를 수립하는 것은 매우 매력적인 것이었다.

그러나 명조의 왜구에 대한 토벌전은 1560년대에는 최종 국면을 맞이하고 1566년에는 장주(漳州)지방을 거의 제압하여 갔다. 결국 1567년 월항을 용계현(龍溪縣)에서 분리하여 해징현(海澄縣)을 새로이 건설하였다. 또 밀무역 대책으로 해금을 해제하고, 해외도항과 교역을 인정하였다. 다만 일본을 상대로 유황과 동철(銅鐵) 등 금지된 물자에 대한 수출 금지는 부대조항으로 바뀌었다(佐久間, 1992, p.325). 장주(漳州)는 이후 동남아시아 교역의 중심지로 무역 형태가 바뀌고 이곳에서 밀무역으로 사주전이 일본으로 가는 조건은 상실되었다. 또한 여기에서 구축된 일본 상인이 복건(福建) 연안에서 동남아시아로 향하게 되었다.

이렇듯 1566년부터 67년에 걸쳐 장주지방의 상황변화로 일본으로 도래전이 계속적인 추가 공급되지 못하자, 1568년 후반부터 서일본 지역에서 정전(精錢) 중심으로 토지거래와 수표의 발행이 갑자기 사라졌다(櫻井, 1997년). 이러한 경제행위는 후일의 토지의 재구입과 청산을 상정한 것이므로 장기적으로 안정된 계산 단위를 반드시 약속하여야 하였기 때문이다. 그러

---

4) 이츠구시마(嚴島) 사령(社領) 내의 산리납전(山里納錢)의 사례에서 납입하는 측은 시장마을인 하쯔가이치(廿日)시에서 목재 등을 매각하여 얻은 통용전, 난긴(難金, 南京)으로 납입하려하자 이츠구시마 신사 측에서 찬전하려하여 분쟁이 일어난 것, 혹은 오우치(大內)가 납입하도록 명령하면서도 자신은 타국으로부터 목재구입 등에 정전(精錢)이 필요하였기 때문에 전전으로 단전(段錢)납입을 의무화 하였던 것, 정전과 통용전의 비가가 사(社)마다 의식되어 변화하고 있었던 것 등의 사태가 밝혀지게 되었다(本多, 1991).

나 교토에서 전을 다른 지역보다 오래 사용하였던 것은 정선(精錢)의 재고가 많았기 때문이었다. 중국전이 통용전으로 일상적인 거래를 매개로 하는 기능은 여전히 존재하였으나 자산형성을 위한 기준전으로서의 기능은 이미 사라져 버렸다. 《다문원일기(多聞院日記)》에 있은 것처럼 쌀과 같은 일상적 구매에는 계속 전(錢)을 사용하였지만 문제는 부동산 거래와 채권 채무 계약 때 등의 기준단위였다. 이 기준은 중장기적으로 안정된 가치여야 했다. 또한 전을 기준으로 하는 쌀 가격에도 확실히 변화가 생긴 것은 본 장에서 설명하는 전의 유입이 단절된 것과 매우 관계가 깊다. 《다문원일기》에서도 역시 1568년 후반에 전 기준의 미가가 떨어져 이후 회복되지 않았음이 나타난다. 그리고 쌀 거래가 기재된 1577년부터는 악전(鐚錢)으로 표시되었다. 그 악전표시 가격으로 된 때부터 역시 가격이 내려가는 경향도 있었으며(毛利, 1974), 결국 1590년을 마지막으로 나라(奈良)에서는 비타라는 명칭도 사라지게 되었다(櫻井, 中西 2002, p.53). 이곳의 전화(錢貨)의 이중구조는 통용전 쪽이 표준화되면서 사라졌다.

서일본에서 기준전으로서 송전의 역할은 쌀 사용으로 대체되었으나, 관동(關東)에서는 영락전(永樂錢)이 환산 목적으로 보급되었고, 동서중간지대인 이세(伊勢)에서는 금에 의한 가치기준의 설정이 눈에 띄기 시작하였다. 이러한 지역적 편차가 동반한 변화가 동시대적으로 나타난 것은 쌀과 영락전과 금을 사용한다는 능동성에 그 원인이 있었던 것이 아니라, 송전을 상실한 것에 대한 수동적인 대응으로 파악하는 것이 합리적인 이해이다.

더군다나 전 수입 단절설을 명백하게 하는 것은 홍무·영락전 이후 처음 대량으로 주조되어 중국 내에서 뿐만 아니라 동남아시아에 양화로 유출된 만력통보가 일본 국내에서 출토된 예가 매우 적다는 것이다. 적어도 만력통

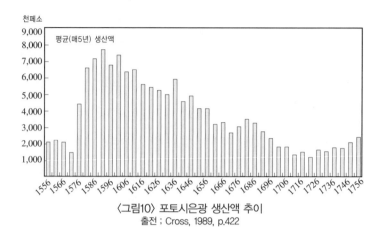

천폐소

〈그림10〉 포토시은광 생산액 추이
출전 ; Cross, 1989, p.422

보가 발행된 1576년 이후 중국에서 경제적으로 상당히 의미가 있는 양의 중국전은 건너오지 않는다는 것은 부정할 수 없는 사실이다. 또 사카이(堺)등 일본에서 발굴된 동전주조를 위한 범형(範型)이 16세기 후반 이후 지층에서 발굴되고 있는 것도 전 수입단절설을 뒷받침한다. 앞에서 언급한 《이병서》에서 장조우현에서 사주된 동전의 연호가 원우, 원풍, 희녕이며 사카이에서 발견한 동전주조 범형도 여기에 포함된다(嶋谷, 1994, 2001년).

그러나 1566년 67년의 변화만으로는 사태를 그렇다고 볼 수만은 없을 것이다. 장주 지방에서 사주전 수출금지를 강제하였던 것은 보다 큰 무역구조의 변화였다.[5] 간단히 설명하여, 1570년경부터 증산이 시작된 포토시 은광의 은화가 태평양을 건너 필리핀의 루손섬을 경유하여 중국의 복건 연안으로 유입되기 시작하자 루손, 베트남의 코친차이나. 자바와의 공인무역 중심이었던 장주(漳州)에서 아주 빠르게 스페인은화가 유통되었던 것이다(全, 1966). 이는 동전을 〈동으로 녹여서〉 폐기하고, 교통이 불편한 시골에서조차 은만을 가지게 되었다〉라고 《이병서》에 기록되어 있는 것과도 일치한다.

루손섬에 건너간 많은 중국인도 장주 출신자였다고 하며(莊景輝, 1996, p.319, 松浦, 2002, p.499) 또 장인(漳人)이 루손에서 교역한 것은 〈다만 불량 은전(스페인 은화)가 있었기 때문〉이었다고 지적하기도 한다(徐學聚, 〈初報紅毛番疏〉, 《皇朝經世文編》, 卷433). 실제 장주 근처 연안에서 17세기 초기까지도 발행된 스페인 은화가 출토되기도 하였다(莊爲璣, 1975, 泉州市文物管理委員會, 1975). 그림10을 통해 포토시 은광에서 생산된 은의 추이를 보자. 1575년 (만력3)년부터 1578년(만력6)년 사이에 전사용이 은에 대체돼 갔다고 하는 앞의 《장주현지》의 서술과 딱 맞아 떨어짐을 알 수 있다.

즉, 태평양을 둘러싼 지구촌에서 은 유통이 시작되자, 장주(漳州)-규슈(九州)루트가 사라지게 되었다.

이상의 1568년 정선의 수입단절로 나타나는 하나의 의문점은, 갑작스러운 변화로 왜 그렇게 커다란 동요가 나타나는지 알 수 없으나 축적되어 있었기 때문에 서서히 공급부족의 사태가 발생되었던 것은 아닌가 하는 점이다(蒲長瀨, 2001). 그러나 1936년 마리아 테레지아 은화의 사례는 그러한 견해가 상식적인 것 같아 보이나 실은 근거가 없음을 명확히 보여준다. 1장에서 설명한 것처럼 150년 동안 수입되어 축적된 1억 개의 재고가 이미 존재하는데도 수백만 개가 단절되자 큰 혼란이 초래되었다. 이는 환류도 잘

---

5) 1565년에는 멕시코의 태평양 연안 쪽이 아카풀코, 필리핀 마닐라간은 가리온선이 취항하고 있어, 이전 논문에서는 남아메리카의 은의 유입이 곧바로 복건 연안부에서 동전사용을 구축한 것으로 설명하였으나(黑田, 1994a, 제5장 2절), 포토시 은광의 증산은 그보다 늦었으므로 본장에서는 왜구의 거점 제압과 남아메리카 은의 루손섬 유입이라는 2단계로 동전주조가 사라졌다고 해석하고 있다. 양호한 광맥의 종말이 시작된 1572년에는 108만 페소의 생산에 그쳤던 포토시 은광의 생산은 다음 해인 73년부터 아멜강 공정을 채용하면서 증산이 시작되어 1585년에는 763페소라는 생산액을 기록하고 있다(Cross, 1983, pp. 404-405).

되지 않았고, 지역 간의 결제통화로서 수교화폐가 추가로 공급되지 않으면 거래규모를 유지할 수 없었기 때문이다.

또 하나의 의문은 무로마치기(室町期) 동안 조공 등으로 중국전의 유입은 계속 끊어졌다 이어졌다 하였는데, 왜 1560년대의 후반에만 큰 변화를 나타났는지 알 수 없는 점이다(池, 2001). 그런데 16세기는 참으로 특별한 시기였다. 왜냐하면, 일본과 명나라는 공식무역외에 후기 왜구의 성행의 상황하에서 동전 수입은 1540년 이후에도 계속되었기 때문이다. 이와미은(石見銀)은 일본 국내에서 수요가 거의 없었고 오로지 중국 쪽으로 수출될 뿐이었으며, 또 중국의 강남을 중심으로 하는 은수요가 높았기 때문에 은과 생사의 교역을 중심으로 하는 밀무역이 계속 되었다고 생각해도 좋다. 이러한 조건은 아마도 처음이었을 것이다. 실제로 남아메리카의 은이 들어오는 70년대 초기 이전에 일본은의 수입 내지는 중국 강남 등에서의 조세 은납화는 고려되지 않았다. 이러한 조건은 전무후무한 것이었다.

또한 오다 노부나가(織田信長)의 찬전령(撰錢令)에 나타난 정책이 쌀 사용이라는 변화를 가져왔다는 견해도 이전부터 있었다(脇田修, 1967, pp.14-18). 그러나 원래 그러한 지령만으로 지방수준에서 매매 계약에 그처럼 광범위한 지역에서 그것도 단기적인 변화를 가져왔다고 생각하기는 어렵다. 또 노부나가(信長)는 쌀의 화폐기능을 부정하고 있었기 때문에 그렇게 생각할 수도 없다. 현실적으로는 한꺼번에 쌀 사용으로 기울어버린 것이므로 이 찬전령은 현상의 급격한 변화에 내린 처방이었다고 보는 것이 자연스러울 것이다. 즉, 명령의 내용은 그것과는 반대 방향으로 흐르는 현실을 반영하고 있는 것이라고 보는 것이 더욱 사실과 부합된다. 정책이 현실을 변화시키는 것이 아니라, 급격한 유통의 변화에 대해 정책이 따라 나오게 된 것이다.

가설을 정리하자면, 장주(漳州)를 기본 기지로 하여 1540년대부터 성행하기 시작한 중국해의 밀무역은 서일본에서의 동전수요에 따라 각종 사주송전을 계속적으로 추가공급하여, 일본에서는 기준전과 통용전에서 차별화하여 사용하는 상황이 되었다. 그러나 복건(福建)에서 67년 공식무역으로의 전환하고 70년대부터는 스페인은을 매개로 하여 지구촌 규모에서 교역망이 연결되자 일본 쪽으로 흘러가던 사주전 생산과 유출도 정지되었다. 그 결과가 서일본에서는 전사용에서 쌀사용으로의 전환이었고, 나아가서는 관고제(貫高制)가 아닌 석고제(石高制)로 지행합일의 진행 동기가 된 것이었다. 전국기에 일관하여 지행표시를 통일하려한 움직임도 있었고, 또 실질은 미납(米納)이 일관한 경향이었던 까닭도 있어(川岡, 1986) 관고제에서 석고제로의 이행은 정전의 공급 단절에 따라 동요된 영주재정에서 계산 화폐의 변경을 나타내는 것으로 볼 수 있다.

4. 중세 일본 전화 유통의 특징

그러면 사주를 포함하여 바다를 건너온 옛 동전의 추가 공급에 의존하였던 중세 일본화폐 유통의 특징을 어떻게 규정하면 좋을까?

지금까지는 공급자 측인 중국 상황과 변화를 서술하여 왔다. 그런데 역시 일본에서 왜 동전을 필요로 하였는지를 생각해보야 한다. 13세기 전반에 저장성(浙江省)의 연안부에 일본배가 나타나자 〈왜(倭)가 가장 좋아하는 것은 동전뿐〉(包恢, 《敝帚藁略》, 卷1, 禁銅錢申省狀)이었다는 기사로부터 우리는 늦어도 가마쿠라(鎌倉)막부 시기 일본에서는 적극적으로 동전을 가져가려고 하는 동기를 확실히 알 수 있다. 일본에서는 동전시세가 동 소재가치의 3-4배가 되었기 때문에(中島, 1999), 지금까지 지적해 온 중국에서처럼 비싼 소재 가치 때문에 동을 녹이는 것은 일본에서는 상상할 수 없는 일이었다. 도래통화가 소재가치를 넘어 높게 평가되는 것은 제1장의 마리아 테레지아 은화가 상기되는 그런 구도이다.

적어도 당시 일반적으로 쌀(米)과 포(布)를 사용하였던 조선과 비교해도, 어찌되었건 일본은 늦어도 15세기에는 일상적으로 동전을 자주 사용하였던 것이 틀림없다. 제2장에서 소개하였듯이 조선 통신사 박서생(朴瑞生)은 1429년 보고에서 일본에서 〈동전의 사용이 쌀과 포보다 많다〉라는 말을 남기고 있다. 그러나 그것을 〈화폐로써의 화폐〉신용으로 조선과 일본의 상품 경제 발전의 차이를 나타내는 것이라고 성급하게 결론 내려서는 안 된다. 원래 일본에서 송전은 중국에서 가져오는 상품에 대한 대가 지불에 사용되지 않았으며, 또 지방시장이 본격적으로 성립되기 이전에 관청이 동전을 빌려주는 동전 대출[6]이 행해지고 있는 것도 유의해야 한다(井原, 2001). 실제로 중국제 도자기가 많이 출토되었던 규수(九州) 북부의 유적에서는 동전 출토 건수도 저조하였다(小畑, 1997). 이러한 사실로부터 일본에서 중국 동전은 중국과의 무역으로 사용이 보급되었다는 상식적인 사고는 부정된다고 볼 수 있다. 일본의 동전 시세가 중국에 비해 훨씬 비쌌기 때문에 대 중국 무역에 동전을 사용하는 것은 전혀 이익이 되지 못하였다.

---

[6] 벼와 재물을 빌려주고, 가을에 3-5%의 이자를 붙여 돌려받는 제도, 스이고라 불리는 이 제도는 봄에 농민에게 관벼를 빌려주었다. 국가차원에서 하는 公스이고와 사인이 대부하여 주는 私스이고로 나뉘는데, 공스이고는 처음에는 권농과 빈민구제를 목적으로 하였지만, 나리시대 중기이후는 강제적으로 실행하는 일조의 새와 같았다. 사스이고는 쌀 이외에 동전가 같은 물건을 대부하여 주기도 하며 중세까지 널리 확대되어 실행되고 있었다.

당시 조선왕조는 세종의 치하로 1423년부터 동전의 주조 및 유포를 밀어 붙이고 있었지만 실패하여 1445년에는 저화(楮貨, 종이통화)를 발행하는 방침으로 돌려 시장에서 쌀과 포를 매개재로 거래하고 있었다(宮原, 1951, 李石崙, 1984, pp. 44-46).

이러한 상황은 헤이안기(平安期)의 조정에서 동전을 유통·보급시키려 하였지만 실패한 것과도 유사하다. 헤이안기이건 조선시대이건 다른 조건을 찾아야 하는데, 여기에서 주목해 볼 수 있는 것이 수조체계의 차이이다.

10세기 후반에 성립된 소당관물제(所當官物制)에서는 맨 밑 단계에서는 쌀(米)로 환산하여 현물을 계속 받았고, 동시에 도(都)주변과 재국(在國)의 납소(納所)에서도 쌀 등 판매 가능성이 높은 재화를 대기시켜 두고 이를 사실상 상품화폐로 계속 운용하여 재정지출에서 다양한 실물 요구에 응하였던 것이었다(中込,1995). 기본적으로는 일원적인 수조체계를 기초로 한 후에 지출할 때의 현장처리를 허용한 유연한 구조였다면 굳이 동전을 도입하려는 동기도 생기지 않았을 것이다. 그러나 일본 중세의 특징인 장원(莊園)·공송제(公頌制)가 전개되어 수조권 보유자들은 자신은 기내(畿內)에 있으면서도 땅을 여기저기 분산해 가지게 되는 구조를 만들었다. 각 장원영주들은 이상과 같이 대기소가 확보되어있지 않았기 때문에 필요한 자원은 자신의 소유지에 할당하여 조달하게 하였다. 그런데 이러한 사태가 왕왕 산림이 없고 연료가 부족한 지역에 짚이 부과되거나, 양잠이 되지 않는 지역에서 견(絹)이 부과되는 일을 비일비재하였다(佐々木, 1972, pp.283-289). 그러나 동전으로 납부하는 대전납(代錢納)은 영유지에서의 곤란하였던 현물조달과 기내로 들여가는 것에 따른 높은 운송비용이라는 두 가지 문제를 한꺼번에 해결해줄 수 있기 때문에 취한 선택이었다. 중세의 일본이 헤이안 시대의 일본과도 또 같은 시기 조선과도 달랐던 점은 장원영주들처럼 수조권을 가지고 있었던 사람들이 분산되었고, 복잡하게 뒤얽혀 있는 사회였다는 데에 있다. 바로 이러한 상황이 동전을 수입해 들여오게 된 동기는 아니었을까? 이렇게 해서 도입된 전화는 15세기 전반까지 기본적으로 세금을 거두기에 편리한 수단이 되었고, 때문에 지역 내에서 유통을 담당하였다기 보다는 지역 간에 결제를 위한 통화의 역할을 하게 되었다.

세계사적으로 볼 때, 수조권이 분산되고 뒤엉켜있었던 사회는 수조권 소유자와 밀착한 금융업자가 세금을 송금과 묶고 또 송금을 위한 대부까지도 병행하며 보다 빈도 높은 신용화폐를 만들어가게 되었다. 제6장에서 다시 보겠지만 중세 유럽과 인도 무굴제국 시기 사례가 그러하였으며, 중세 일본 사례도 이에 해당되었다. 산간지역의 장원에서 대전납이 시작되었고, 기내(畿內)보다 멀리 떨어진 장원으로 보급된 것처럼(脇田晴子, 1969, pp.316-317) 지역 간의 결제수단의 역할을 하였던 정선(精錢)의 유통이 드디어 송금수단으로 합리화되었고 지역간 결제통화로 사이후(割符)라는 〈송금증명서〉 등을 만들어내기도 하였다(櫻井,1995). 이는 채권 일반에서가 아니고 수조권이 추상화하여 유통되는 형상이었다.

그러나 중세 후기는 일본 전화유통의 양상은 변했다. 오닌(應仁)의 난 이후 정치적 상황과 권력배치가 변하면서 교토로 송금이 집중되는 상황도 없어지게 되었다. 그와 동시에 전국시기(戰國期)의 전화는 수조를 위한 즉, 세금을 납입하는 수단으로서의 전화 이외에 일상적으로 사용되는 전화, 지역유동성을 형성하였던 전화가 섞이게 되었다. 전자는 정선으로 기준전이 되었고, 후자가 난긴 등의 악전으로 통용전이 되었다. 통용전이 등장하자 정선은 단순이 수조수단이라기 보다 통용전이 가지고 있지 못한 자산형식의 수단으로써 기능하기 시작하였다.[7] 권력을 가진 측에서 공식적으로 거두는 세금의 징수에 기준전을 강요하여 통용전을 사용하고 있던 대중들과 모순이 발생한 것은 제4장에서 인용한 《남제서(南齊書)》에 기록된 5세기의 중국과 마찬가지의 모습이다. 여기서도 우리는 전화 유통의 이중구조를 확인할 수 있다.

일본에서 전화 이중구조를 만들어냈던 주체는 지금까지 본 것처럼 수조권 보유자와 그들에게 편리를 제공한 일부 금융업자들은 아니었다. 각종 통용전이 구체적으로 유통되는 공간을 보면 고로전(錢)과 지오도리(字大鳥)가 시마즈(島津)와 사가라(相良)[8] 등의 센고쿠다이묘(戰國大名) 지배영역을 넘어서 미나미큐슈(南九州)에 통용하고 있었던 것처럼 다이묘의 지배력과는 상관없이 퍼져나갔다고 볼 수 있다. 한편으로 정선에 대한 통용전의 비가를 어느 정도로 하는가 규준을 제공하는 공간에 주목하여 보면 이는 다이묘의 영역보다도 상당히 좁은 단위임을 알 수 있다(中島, 1997, 本多, 1991).

정선과 통용전을 구분하거나 혹은 쌀 사용으로 전환하기도 하는 매개재에 관한 다양한 합의는 기본적으로 지역마다 있었지만, 권력을 가진 측의 명령에 대해서는 역시 자율적이었다. 전국시기의 전화 유통은 지불공동체의 느슨한 합의에 의해 기초가 다져졌다고 생각된다. 그러나 역시 수조권 보유자들의 비중이 커지자 그들이 필요로 하는 지역간 결제통화에 대한 요구가 각지 통용전 및 상품화폐 사용을 넘어 호환성이 있는 정선이 광범위한 지역에

---

[7] 본장과 시기 구분은 약간 다르지만 가마쿠라시기와 무로마치시기에 동전의 취급방법이 다르다고 지적도 있는 점도 흥미로운 문제이다(松延, 1989).
[8] 시마즈(島津)는 가마쿠라(鎌倉)시대부터 에도(江戶) 시대까지 큐슈(九州) 남쪽을 지배하였고, 사가라(相良)는 시즈오카현(靜岡縣)의 남부 하이바라(榛原)쪽의 지배하였던 유력 다이묘(大名)

서 유통되고 있었던 점이 중국사의 일반 상황과 다른 것이었다. 따라서 일본 중세후기 화폐유통은 자율적인 지불공동체와 수조권 보유자의 결제수단에 대한 수요가 병존하였지만, 자율적인 지불공동체가 우위에 있는 형태였다고 볼 수 있다.

자율성이 높아지고 난 후에는 어떻게 되었을까? 지역 내에서 화폐공급에 탄력성을 주는 궁극적인 수단으로 사찰(私札)이 등장하였다.9) 사찰은 지역 유동성과 액면가면에서 영세하다는 것이 특징이다. 따라서 일본 사찰은 〈신용통화〉라기 보다 중국의 전표(錢票)와 마찬가지로 지역유동성을 형성해주는 현지 통화로서의 역할을 하였다. 그러나 17세기 중반이후 일본에서는 매우 긴축적인 행정관리가 이루어짐에 따라 사찰과 같이 자율적으로 지역 통화공급에 탄력성을 부여하였던 수단들은 소멸해갔다. 이제는 지불공동체가 우위일 수는 없었다. 결국, 근세 일본에서 막부말기를 맞이할 때까지 번(藩)의 중상주의적 식산사업과도 관련하여 후기 번찰(藩札)과 같은 형태만이 지방에서 통화로 성행할 뿐이었다. 이점에 대해서는 6장에서 다시 언급하기로 하자.

일본은 지불협동체(통화형성을 위한 자기 조직화)가 뛰어났던 〈중세〉에 행정 권력에 의한 타율적인 화폐공급과 이를 보완하기 위한 폐쇄적인 지역 단체 (町,村) 내부의 통화관계의 발달을 특징으로 하는 〈근세 early modern〉 일본으로 구조를 전환하게 되었다. 이러한 전제조건 위에서 행정적으로 관리되는 통화가 공급되며 다른 한편에서는 은행 유사기관이 촌(村)과 정(町)에서 난립하는 메이지(明治) 전기가 막을 올리게 되었다. 그 점에

---

9) 염두에 두어야 할 것은 17세기 초기를 사카이(堺)에서는 1문은찰(?銀札)을 위주로 하는 사례들이다(朝尾, 1964).

대해서도 6장에서 다시 논하고자 한다.

5. 동남아시아의 전화(錢貨)유통

그러면 다시 제1장의 이야기로 돌아가자. 이미 1524년에 포르투갈 사람 피가페타는 부루나이에서 중국 동전이 사용되고 있는 것을 보고하고 있다. 또 이전과는 달리 토지계약은 피시스로 고정되었다는 1350년경의 동판 비문이 내용도 전해진다. 우리는 이러한 자료에서 인도네시아에 중국 동전이 유통된 것은 적어도 마자파히트 국왕 치하인 14세기까지 거슬러 올라감을 알 수 있다. 그러나 중국 동전이 중국에서 만들어지는 동전이라고 할 수는 없다. 피가페타는 그가 본 중국 동전이 진짜 중국 동전이 아니라 실제는 그곳의 이슬람교도가 주조한 것이었다고 덧붙였다. 또 1537년에 어떤 포르투갈 사람이 인도네시아 동부 몰루카 섬에서 현지상인에게 만약 자신이 동전을 주조한다면 사용되겠는가를 묻자 〈만약 구멍이 뚫어져 있다면 통용될 것〉이라고 들었다고 전하고 있다. 따라서 일본 사카이(堺)에서 중국전을 모방하여 만들어 내는 현상이 결코 일본 특유의 현상만은 아니었던 것이다.

그런데, 다시 주목해야 할 점은 1590년에 복건(福建)에서 그때까지 전해지던 만력통보를 가져올 수 없게 되자 대신에 〈함평원보〉라는 송전을 모방한 연전(鉛錢)이 전해지게 되었다는 점이다. 아연 화폐 유통은 같은 시기 부루나이 등에도 나타나는 현상이다(Reid, 1993, pp.96-97). 이시기 동전을 공급하는 측에 어떠한 변화가 일어난 것일까?

앞에서 서술했던 것처럼 만력통보는 명조가 오랜만에 적극적으로 주조한

관전이었고, 처음부터 옛날 동전과 사주전을 구축하면서 상당한 양이 통용
되었다. 17세기에 들어서자 만력통보의 질이 매우 떨어지게 되자 유통이 붕
괴되었다. 그러면서도 제 2절에서 밝힌 것처럼 1607-08년까지는 중국 연
안지역에서만은 만력통보가 유통되고 있었다. 복건(福建)을 포함하여 지방
에서 주조를 금지시킨 것과도 관련이 있을 수도 있겠지만, 1590년 전후하여
만력통보 공급을 변화시킨 어떤 요인이 중국 본토에 있었다고 생각되는데,
결정적인 정보는 아직 없다.

　그보다도 주목해야 될 것은 자바 동쪽에 위치한 발리섬에서 구판이라 불리
는 동전이 17세기에도 유통되었던 점이다. 은화와의 시세에서 보아도 반텐
등의 연전보다도 확실히 한 단계 높은 동전이라고 생각된다(Blusse,1988,
p.43). 즉, 인도네시아에서는 동전에서 은전으로 바뀐 지역과 바뀌지 않은 지
역이 있었다. 따라서 전화 공급원인 복건(福建)등의 변화보다도 중계지와 중
계상인 내지는 수출품의 차이 등이 이러한 차이를 가져왔다고 보아야 한다.

　중국 복건과 인도네시아 사이에서 중계항으로 우선적으로 상정된 곳은 베
트남 남부였다. 마쿠(莫) 치하의 16세기 베트남에서는 아연과 철제의 동전
이 사용되었다. 마쿠(莫)를 물리치고 부흥된 레왕조(黎王朝)는 말단에서 침
투되고 있던 아연, 주석, 철제 등의 동전을 구축하는데 고심하였다
(Whitmore, 1983). 1567년 명조가 해금을 해제한 것은 구엔(阮)이 베트남
남부를 장악한 시기와 거의 일치하는데, 1590년은 기묘하게도 마쿠(莫)가
구축된 해이기도 했다. 1567년에 복건 교역에서 쫓겨난 일본상인이 베트남
의 남부에서 중국 비단을 구입할 수 있는 절호의 중계지였지만, 그러나 여
기에서도 일본에서 가져온 은이 그대로 내지 비단을 사들이는 수단은 아니
었다. 즉, 베트남 중부 호이안 등 항구에서 산지와 연결된 통화로써 동전이

널리 필요하게 되었던 것이다(岩生, 1928).[10]

동전은 주로 중국과 일본에서 수입되어 왔다. 17세기 전반의 포르투갈 사료에 따르면 포르투갈인들은 마카오에서 베트남으로 가지고 갈 동전을 현지 중국인에게 제조시켜 가지고 갔다(Souza, 1986, p.116). 일본의 관영통보(寬永通寶)가 호이안에 들어오게 된 것도 이러한 사정 때문이었다. 일본에서 동남아시아로 가는 동전유출이 결코 적지만은 않은 양이었기 때문에 1633년 이후 동전시세가 오르기도 하였다(安國, 2001).

즉, 1570년부터 90년까지는 포르투갈 상인과 복건(福建) 상인이 베트남 남부에 기항하게 되자 만력통보는 후추를 사들이는 댓가로 복건에서 인도네시아로 흘러들어가게 되었다. 그러나 90년대를 전후해서는 베트남의 남부에서 일본상인과 복건상인과의 거래가 성행하자 이곳에서도 동전수요가 높아지게 되었기 때문에, 베트남을 거쳐 인도네시아로 가는 동전공급을 감소시켰을 것이다. 이전부터 동남아시아 주변에서는 미얀마 연안부의 페구와 타이연안부에서처럼 연(鉛)이 현지통화로 사용되었다(Reid, 1993, pp.99: Wicks, 1992, p. 167). 이러한 관행이 이루어진 것으로 보아 연전(鉛錢)은 동전을 보충하는 대체물로서 급거 투하되기 시작한 것은 아닐까?

이렇듯 동남아시아에서는 1570년부터 은의 흐름이 밀어닥치고 그 유입은 직접적으로 현지 상품을 사들이는 수단으로서의 수요를 전에 없을 정도로 부풀어 오르게 하였다. 그 결과 무역항로를 따라 산지마다 다른 비금속 현지통화로 지불공동체를 형성하게 되었던 것이다. 여기에서는 현지통화로 직접 무역과 연결되었기 때문에 중국과 일본 정도로 명확하게 기준전을 만

---

[10] 주인선(朱印船) 출범 이후 현지 농가에 동전을 선대(先貸)하여 생사를 확보하고자 하였다(岩生, 1966, p.76).

드려는 움직임도 보이지 않았다.

17세기 전반 인도네시아 수마트라의 아치에와 셀레베스의 마카사르의 두 이슬람 왕조가 네덜란드 동인도 회사와 교역을 확대해 가면서 자바해 주변에서도 세력을 다져갔다. 이러한 과정에서 두 왕조 모두 영내에서는 금화를 사용하게 하고, 자기들의 통화로 상인들에게 교역하게 하였다. 그러나 두 왕조 모두 성공을 거두지는 못하였다. 상인들은 왕조가 발행한 금화보다 스페인의 에이트 은화로 결제하고자 하였다. 아치에 금화는 스페인 은화에 대한 시세가 떨어져 결국은 사용할 수 없게 되었다(Reid, 1993, pp.106-107). 그러나 상인이 금화를 선호하든지 혹은 은화를 더 좋아하든지 간에 말단 생산자에게 건네지는 통화는 연전 등과 같은 전화(錢貨)였다. 스페인 은화의 경우 지역을 넘어서도 태환이 높게 유지되었기 때문에 현지정권의 재정으로 수령하려고 하여도 이를 능가하고 만다는 것이 문제였다. 은이 사용되는 와중에 현지정권이 금화를 사용하고자 했던 것은, 독자적인 지역경제통합을 지향한다는 것을 의미하였지만 후추 등의 수출상품을 가지고 있어 은이 대량으로 유입되어 들어오는 이 지역에서는 이러한 시도가 실패할 수밖에 없었다.

인도네시아에서 이슬람 권력이 금화를 채용하려고 한 정책의 실패사례는 자연스럽게 일본에서 17세기 전반에 확립된 소위 삼화제(三貨制, 금은전)라는 화폐제도의 특색 중의 하나를 떠오르게 만든다. 일본에서는 일찍부터 은으로 금을 사는 움직임이 있었는데(小葉田, 1976, p.125, p.133), 국제적으로 태환성이 높았던 은이 아니라 금을 축적하여 국내 결제용 통화로 사용한 것은 환중국해 지역 중 일본에서만 나타나는 독특한 특징이다.

6. 환중국 전화공동체의 원근

이 절에서 말하는 환중국 전화공동체란 전화를 독자적으로 사용하는 지역경제가 나란히 존재하고 있는 공간을 말한다. 물론 같은 전화라도 소재를 따지고 보면 동전이거나 철전 혹은 연전이며, 형태로 생각한다면 송전(宋錢)을 모방한 것이 있는가 하면 개원통보(開元通寶) 혹은 홍무통보(洪武通寶)의 모양만을 사용하는 지역도 있는 등 각양각색이었다. 오히려 각각의 지역경제가 독자적이었다는 것이 특색이었다. 그러나 그렇다고 하여도 환중국 전화공동체는 몰디브산 패화가 유통되고 있던 벵갈만의 경제권과는 확연히 구분되는 광역공간이었다. 중국왕조와 수교를 계속하였던 미얀마에는 전화가 쓰이지 않고 패화만이 쓰였던 것처럼 소위 조공관계 등의 외교관계와는 또 다른 차원의 관계였던 것이다.

패화와는 다른 전화의 특징은 모양의 차별화뿐만 아니라, 금속제품이므로 용해시키거나 마멸시켜 지방에서 쉽게 가공할 수 있다는 점에 있다. 또한 중국 연안과 일본 및 동남아시아에서 전화를 필요로 한 이유가 모두 같은 것은 아니었다. 그러나 또 동시에 어떤 지역의 동전 흐름은 놀라울 정도로 멀리 떨어진 다른 지역 동전 수요에도 영향을 미치어 서로 연관성을 가지고 있었다. 환중국의 각 지역경제도 동전을 통해서 잠재적이긴 하였지만 유동성을 공유하고 있었던 것이다.

이것이 동전이 바다를 넘어 무역수지의 결재 통화로 움직이고 있다는 것을 의미하는 것은 아니다. 중국에서 일본과 자바로, 또 17세기 초 일본에서 베트남으로의 흐름은 이미 지적되고 있는 것처럼(東野, 1997, p.81) 쌍방통행으로 볼 수 없고, 수입되는 측의 강한 요구에 따라 이루어진 일방통행이었고 할 수 있다.

여기에서 말하는 환중국해 전화공동체가 통시적이며 적극적으로 언급할 만한 실체를 가진 존재는 아니다. 13세기 남송시대부터 복건 상인들은 해외 교역을 활발하게 하고(斯波, 1968, pp. 430-435), 송전수령을 공통점 삼아 복건(福建) 남부를 기점으로 동북으로, 중국 강남(江南)에서 서일본으로, 남쪽으로는 베트남의 코친차이나에서 말라카 · 자바에 이르는 경제공간이 형성되었다고 보아도 좋을 것이다. 장기적으로 본다면 이것은 9세기 후반부터 17세기후반까지 존속하였다. 그러나 그러한 존재가 세계적인 상황이 되는 것은 본장에서 설명한 16세기 - 17세기 전반에 걸친 한정된 시기동안으로, 이때에 비로소 적극적으로 전환되었던 것이다. 지역 유동성을 자율적으로 정리하는 지불협동체는 은이 흘러들어 오는 16세기 후반 은화가 있었던 환중국해 일대에 뚜렷하였다.[11] 행정 권력에서 괴리된 느슨한 집합체를 여기서는 환중국 공동체라 부르는 것이다.

시기적으로는 1570년경을 경계로 은이 유입됨과 동시에 동중국해로부터 남중국해로 초점이 옮겨가지만, 흐름이 어떻게 질서있게 정리되는가 하는 것은 별개의 문제로, 아직은 혼돈스런 상태였다. 17세기 전반 중국 강남(江南)에서 저질 은이 계속하여 전으로 대체되면서, 일본에서는 각 영국(領國)에 독자적인 은이 존재하였다. 더욱이 조선에서도 도요토미(豊臣) 군대의 침공과 명나라 군대의 주둔을 계기로 하여 은이 계속 유통되었다(韓 , 1992). 당시 동아시아에서는 중앙정부의 관리를 넘어서 은 유통을 공유하는

---

[11] 은을 매개로 하여 동아시아 그리고 세계가 움직이기 시작하였다는 역사인식은 이미 널리 퍼져 있다(村井, 1997). 다만, 은의 대량 유통이 각 사회에 능동적 기능을 한 것은 은 자체의 직접적인 움직임에 의한 것이 아니라, 은이 유입된 지역의 내에서 유동성 형성의 패턴을 동요시키고 변용시켰기 때문이다.

시스템이 창출될 가능성도 있었다고 할 수 있다. 그러나 결국, 17세기 후반이 되면 몇 개로 묶이는 방향으로 나타나기 시작했다. 원래 동전은 일본에서 관영통보(寬永通寶)가 대량주조된 것을 시작으로 조선에서도 상평통보(常平通寶)가 본격 주조되었고, 베트남의 구엔왕조에서도 대량주조 되는 등과 같이 행정 권력에 의한 전화 발행이라는 방향으로 시작되어 18세기까지 계속되었으며 결국 송전을 공유하는 구도는 과거의 일이 되고 말았다.

일찍이 식민지화라는 형태로 국경 설정을 도입해갔던 유럽에서 기원한 세계 경제, 그리고 그 국경을 침투하여 지역경제 네트워크를 넓혀가려고 하였던 중화 세계제국, 그 틈새에 끼어서 무역체제로 대항한 조선, 일본, 베트남이라는 세 방향으로 나뉨과 동시에 환중국해 경제의 동질성은 뒤로 사라지게 되었다. 동·남중국해를 둘러싼 자율적인 지불공동체가 병립, 번성하였던 상황은 저만치 사라져 갔다.[12]

2장에서 이미 언급한 것처럼 조선과 중국, 일본 모두 16세기까지 농촌에서는 쌀 등의 상품화폐에 의한 거래가 주류였다고 생각된다. 그러나 앞서 말한 조선에서의 상평통보, 일본에서의 관영통보, 그리고 18세기 중국의 건륭통보가 대량 주조되자 농촌에서는 상품화폐거래가 통화거래로 유도되었다. 17세기 후반이후 일본, 그리고 18세기 후반이후 중국 및 조선(李憲昶, 1996)은 자국 내 동전이 대량으로 주조되었던 시기로 물가가 장기적으로 상승하는 시기였다. 당시의 조선과 중국과 일본에서는 면업을 중심으로 하는 상업적 농업의 진전 등 공통된 면이 많았다. 그러나 이러한 공통점에서 불구하고

---

[12] 바다를 넘어 자율적인 지불공동체가 병립하고 있다고 보는 것은 동·동남아시아를 〈비조직적인 네트워크〉 해역(海域)으로 취급하려는 시각과 근본적으로 동일하다(濱下, 1997). 그러나 본장에서 말하는 〈환중국해 전화공동체〉라는 구조는 어디까지 역사적으로 한정된 존재였다는 점에 중점을 두고 있다.

3자는 화폐제도가 크게 달랐다. 재정상의 계산단위로 은량을 설정해 가면서도 거의 은이 유통되지 않았던 조선, 4장에서 설명한 중국처럼 매우 다양한 계산단위를 병립시켜 가면서도 또 동전과는 독립된 은을 대량으로 유통시킨 중국. 이에 반해 일본은 사실상 금을 본위화폐로 하면서 은을 계산단위로 '공위화(空位化)' 시키고 전화를 보조화폐로 하는 제도로 변해갔다.

6장
사회제도, 시장 그리고 화폐
지역유동성의 비교사

1. 화폐와 제도적 틀

이 책에서 문제시해 온 것은 결국, 화폐 유통에는 공간성이 동반된다는 것이다. 즉, 화폐는 결코 무한정한 공간에서 유통되는 것이 아니고, 역사상 나타났던 화폐도 한편에서는 일정한 공간에 머무르면서 유통되는 성향을 갖은 화폐가 있으며, 또 한편에서는 공간을 넘어 유통되는 화폐도 있었던 것이다. 왜 일정한 공간으로 통합되는가는 마지막 장에서 논하겠다. 그 전에 이 장에서는 화폐의 공간성이 사회의 제도적 요소와 관련이 있는지 없는지를 생각해보기로 하자.

그러면 제도적인 요소로는 무엇을 들 수 있을까? 첫째, 저변을 지탱하여 주는 경제주체, 그리고 소농들이 얼마나 시장에 참가하는가 하는 자유도이다. 즉, 무엇을 만들고 어떻게 일하고 또 무엇을 팔지 고려할 때, 그들이 선택할 수 있는 폭이 얼마나 넓은가에 따른다는 것이다. 둘째, 시장을 지탱하는 매개재(媒介財) 즉, 화폐를 공유시킨 구조이다. 전통시장에서는 매개재도 다양하여 같은 행정권력 하에서도 여러 화폐가 유통되었고, 또한 화폐없이 어찌 보면 자연경제와 같이 실물이 상품화폐로 기능하는 경우도 있다. 즉, 매우 다양한 형태를 취하면서도 어떤 재화를 화폐로 인정할 것인가 하는 틀이 공간적으로 공유되어 있었다. 때문에 그러한 다양함을 읽어낼 필요가 있는 것이다.

소농이 시장경제에 참가할 수 있는 자유도, 매개재의 공간적인 공유의 틀, 이 두 개의 지표를 기준으로 각 사회를 비교해보자. 여기서는 공간적으로 공유되고 있는 매개제의 총체를 지역 유동성이라 부르기로 한다. 어떤 소농들이 어떠한 매개재를 사용하여 교역하고 있는가, 어떠한 공간성이 생겼는가? 소농들의 사장참여도가 보다 자유롭게 되면 화폐의 존재형태는 변하는가 아니면 그 반대인가?

먼저, 지금까지의 앞에서 지불공동체라 표현되어 왔던 구체적 사례를 보기로 하자.

2. 자기 조직화된 지역유동성- 전통 중국의 소농과 시장마을

어떤 시대, 어떤 사회에서 재화와 서비스가 일정한 공간적인 통합을 보인다고 하자. 또한 그 통합이 권력 주체인 총행정의 효력을 반영한 결과이기도 하고, 상인들 등의 단체가 경제행위에 폐쇄성을 부여한 결과라고 치자. 그러면 어떠한 경우라도 지역 경제는 넓은 의미에서 법적질서를 부여받음으로써 성립되는 것이라고 말할 수 있다. 다만 법적 질서를 공여하는 주체가 영주인가 길드인가의 차이가 있을 뿐이다. 그런데 그러한 공간적인 통합에 권력도 단체도 개재되어 있지 않다면 어떤 설명의 논리를 세워갈 것인가?

권력이나 단체가 정말로 매개로 하지 않는 시장의 입지와 분포에 대해 설명하는 방법으로는 경제지리학의 중심지 이론이 있다(Berry, 1967). 전통시대의 농촌 정기시는 1945년 전의 중국 등지의 조사와 조사에 기초한 연구로, 몇 개의 촌마다 있는 일용시(日雇市)에서 현 전체에서 이루어지는 가축시에 이르기까지 크고 작은 여러 가지 시장권이 중복되어 분포하고 있음이 밝혀졌다. 중국의 전통시장을 연구한 스키너는 그가 직접 행한 조사 등에 기초하여 정기시가 규모에 따라 계층성을 달리하며 공간적으로 분포되어있다고 그 형태를 명시하고, 거리와 인구밀도, 교통수단 등으로 시장 입지와 분포를 설명하는 중심지이론이 전통적인 농촌시장의 입지와 분포를 설명하는 원리로 유효하다고 지적하였다(Skinner, 1964-65).

그러나 시장 분포가 반드시 경제적으로 영위하는 공간의 통합을 보이는 분포는 아니다. 원래 소농 한 사람도 사고파는 재화에 따라 다니는 시장이 다르므로 그 중 어떤 시(市)에 다니며 나아가 공간형성의 기능을 하고 있는가를 따로 정해야 한다. 스키너가 표준 시장권이라고 이름붙인 것처럼 소농들이 가장 빈번하게 다니는 정기시에는 대체로 적성(敵性) 규모가 있었다고 할 수 있다. 시장에서의 정기적인 접촉으로 사회적 관계가 형성되었다면, 시장권도 사실상 통혼권(通婚圈)이었다는 주장처럼(石田, 1980) 사회적 공간성이 시장으로 형성되었을지도 모른다. 그러나 재화가 모이고 흩어지는 움직임에 주목하면 정기시는 어디까지나 유통에서 나타나는 여러 분절 가운데 하나에 지나지 않다는 것이다(p.224참조). 재화의 흐름만을 본다면 더욱이 내외를 나누는 경제적 공간성을 빠르게 분별할 수 없을 것이다. 전통 중국은 근세의 일본과의 비교에서도 잘 알 수 있는 것처럼 재화, 서비스 유통에 권력과 단체에 의한 폐쇄성에서 받는 영향이 매우 적었고 오히려 개방적이었다. 그러한 개방성 가운데 지역경제라고 하는 공간을 실체로 분간해 낼 수 있는가? 이제 산서성(山西省) 태원(太原)현의 사례로 간단한 예를 들어보고자 한다.[1]

태원현〔太原縣, 지금의 진원현(晉源縣)〕에서 서북쪽으로 15킬로미터 떨어진 곳에 100가구 정도가 사는 황릉촌(黃陵村)이란 마을이 있다. 중일전쟁의 와중에 일본은 이 마을의 농가 92가구의 가계조사를 실시하였다. 이에 따르면 92가구 중 78가구가 농사일의 일일노동이나 토목작업 등으로 노동수입을 올리고 있었다. 반대로 지출은 중간 규모 정도 이상의 농지를 가지고 있는 대부분의 농가가 농작물 일일노동에 지출을 하고 있어 단기고용을 통한 소농 간의 노동력 조정이 일상적인 형태였음을 알 수 있다. 노동수입은 남자 노동력이 많을수록 증가하는 경향이 있었다. 이 지역은 대부분 조의 일모작을 했고, 양곡현〔(陽谷縣, 태원시(太原市)〕으로 나가는 채소재배가 중요한 현금 수입원이었다. 또한 마을에서는 신발제조도 주요 부업이었다. 가족 노동력이 많은 집은 현금 수입도 좋았는데, 채소 판매수입이 많은 집은 농업 외의 수입도 많다는 관계가 성립했다. 즉, 노동력을 많이 가진 가계일수록 곡물 재배 이외의 수입원에 다각적인 노동력을 투입하여 현금수입을 이루어 왔다고 할 수 있다.[2]

---

[1] 본 절의 서술은 주로 黑田(1996)에 따른다.

그런데 황릉촌(黃陵村)에서는 격일로 시집(市集) 즉, 정기시가 열리고 있었다. 농가가 생산하는 조 등의 곡물류는 거의 정기시에서 팔려나갔지만 채소류는 태원(太原)에나 가야 팔 수 있었다. 때문에 곡물생산에만 의존하였던 농가는 정기시에만 의존하였지만, 다각적으로 가족 노동력을 투입한 농가에서는 채소와 신발을 팔 수 있고 때로는 직접 노동수입을 얻을 수 있는, 보다 넓은 공간에 의존하고 있었던 것이다. 즉, 소농들은 경영을 다각화하고 노동력을 활용하여 보다 많은 현금수입을 얻으려는 경향을 보였던 것인데, 이러한 그들의 의지를 실현하기 위해서 시집(市集)보다 훨씬 먼 시장이 필요했던 것이다. 황릉촌(黃陵村)에서 73가구의 부녀자들이 신발제조에 종사하고 있었는데, 양곡현(陽谷縣)의 신발상이 재료를 제공하고 있었다고 한다. 또한 태원현성(太原縣城) 동남쪽의 적교촌(赤橋村)에서는 풍부하게 제공되는 물을 이용하여 초지(草紙)를 제조하였는데, 마을에서 초지만을 전문으로 제조하는 가구는 많았지만 판로가 적어도 양곡와 태원 두 현에 걸쳐 있었다. 그 외 태원현 서부에는 석탄을 채취하는 곳이 있어 소농들 중에는 그곳의 경영에 참가하고 있는 사람도 있었다.

　적교촌(赤橋村)은 태원현성(太原縣城) 밖의 4개의 유력한 시장촌의 하나인 진사진(晉祠鎭)에 가까워, 마을사람들이 피부로 느끼고 있던 물가는 진사진의 물가라고 볼 수 있다. 진사진에는 100채 정도의 상점이 가게를 내고 장사하고 있었는데, 진(鎭)의 상점이 발행하는 전표도 유통되고 있었다. 진사진에서 수 킬로 떨어져 있는 태원현성에서도 1910년대 전반에 40채의 상

---

2) 황릉현(黃陵縣)의 가계조사는 화북교통주식회사실업부(華北交通株式會社實業部). 이 조사는 군사점령기에 실시된 것이라는 사정을 고려하여야 한다. 그러나 여기에서 대상으로 하는 단기고용 등의 몇 가지 특징은 뒤에 언급되는 유대붕(劉大鵬)의 일기 기록과도 모순되지 않는 중립적인 정보라 보아도 좋다고 생각된다.

점에서 역시 전표를 발행하고 있어 현성(縣城)측의 상회(상업회의소)가 진사진에서의 전표발행을 금지시키자고 현에 요구하기도 하였다(劉大鵬, 《退想齋日記》). 전표는 동전 1000문 등을 액면으로 하는 지제통화로 형식적으로는 태환이 보증되었지만, 실제로는 거의 태환되지 않고 유통되었다. 본래 개별상점에서 자신의 고객에게 자신 앞으로 발행한 것이었으나, 사실상 발행자임에도 불구하고 다른 상점에서도 수령되었다. 그러나 여기에서 중요한 것은 전표를 액면대로 수령해 주는 공간은 한정되어 있었다는 점이다.

일반적으로 전표는 현내에서만 유통되었는데, 태원현의 예에서 볼 수 있는 것처럼 현 밑의 시진(市鎭)에서도 발행되어 시진의 물자가 모이는 범위에서 유통되었다. 현이라는 행재정의 기초 단위도 아닌 혹은 현이 세와 역을 최종적으로 할당하는 단위인 촌(村)도 아닌 중간에 행재정 단위로 기능도 다소 약한 진에서 지제통화를 공유하는 공간을 지탱하고 있었던 것이다.3) 이러한 지역의 지폐 유통은 아래 두 가지 점을 주의해야 한다.

황릉촌의 가계조사에서도 나타나있는 것처럼 소농들의 농작물, 특히 곡물 판매에는 명확한 계절적 교차가 있다. 그 수확 사이클이 바쁜 시기와 한가한 시기의 교차에 따라 화폐에 대한 수요도 차이가 심하였다. 더군다나 세금 징세로 인한 화폐 수요 주기 등도 겹치게 되면, 필요한 동전은 소농들의 가계에 산재되어 있지만 화폐수급 압박에 대처하기 위해 통화를 공급하고

---

3) 왕설진(王雪震) · 유건민(劉建民),《산서민간표첩(山西民間票帖)》에는 19세기에서 20세기에 걸쳐 산서성(山西省) 각지에서 발행된 많은 수의 전표(錢票) 및 유사한 지역 지제통화가 모여져 있다. 그 중에서 개체현(介体縣)의 장란진(張蘭鎭)처럼 내놓은 상점명 위에 진명(鎭名)이 인쇄되는 것도 있고, 진사진(晉祠鎭) 외에도 진단위로 유통시키고 있는 사례가 적지 않음을 알 수 있다(p.183 및 p.227). 또한 임현(臨縣) 초현진(招賢鎭)의 1926년 포제은원표(布製銀元票)에는 〈商會驗訖, (상회의 검증을 마치다)〉고 인쇄되어져 있는 것도 있어, 실제 상회의 통제가 미친 사례를 보여주고 있다(pp.272-276).

자 하는 당국이 현지에 존재하지는 않았다. 그러한 조건에서 탄력적으로 대응하여 통화 공급을 가능하게 하였던 것이 바로 지역에서의 지제통화의 유통이었다. 적교촌(赤橋村)의 곡물 시세는 진사진의 시세와 마찬가지였고, 곧 현지통화인 전표에 의해 형성된 시세라고 볼 수 있다. 그런데 치차오촌에서 마을사람들이 부업으로 생산하는 초지(草紙) 시세가 곡물시세와 다른 추이를 보이고 있다고 유대붕(劉大鵬)의 《퇴상제일기(退想齋日記)》는 설명하고 있다(黑田, 1996). 따라서 전표가 유지되는 공간에서의 물가동향은 그 공간을 넘어 보다 넓은 시장을 전제로 하는 상품시세와 독립하여 움직이고 있었다는 것이 첫째로 주의해야 할 점이다.

둘째, 전표를 발행하는 것은 결코 특정한 금융업자들만이 할 수 있는 것이 아니라, 곡물점과 술집, 잡화점 등이 자유롭게 할 수 있는 것이었다. 4장에서 설명하였듯이 지역적 통화를 자율적으로 창조해간 역사의 연장이었던 것이다. 정부와 상회가 종종 규제를 하려고 했었던 것 같았지만, 현장을 통제하였던 것은 수요가 있으면 신규 참가자가 나타나고 과도하면 발행업자가 도태된다는 자유방임의 원칙이었다. 현지통화는 정부는 물론 상회와 같은 상인단체들이 보증한 것도 아니었지만 자유롭게 참가하는 업자들에 의해 형성되었다.

즉, 소농들은 자신들이 가진 노동력을 가능한 한 다각적으로 활용하여 보다 많은 현금수입을 얻으려 하였는데, 이것은 일상적인 공간을 넘어 광역시장을 전제로 해야 실현될 수 있는 것이었다. 그러나 그들의 농작물 판매는 강한 계절성을 갖는 것이었고, 또한 화폐수용의 계절교차를 가져와서 화폐수급의 압박을 정리하는 수단은 현지 상점에서 자유로운 현지통화창조에 의해 가능하였다.

소농들도 상인들로 자유경쟁적인 타업종에 참가해 들어가 규제가 거의 없었던 상황이었음에도 불구하고 유동성의 안정을 공유하는 공간이 자연스레 형성되었던 것이다.[4] 우리는 이렇게 전통 중국에서 권력에 의한 것으로도 폐쇄적인 단체에 의한 것도 아닌, 단지 여기저기 흩어져 있는 경영자들이 지역공간을 확실히 공유하고 있는 현장을 확인할 수 있었다. 앞서 지불공동체라 불렀던 것은 이러한 지역유동성을 조절하기 위해 자발적으로 형성된 제도적인 틀 자체라고 할 수 있다.

3. 지역유동성의 타율적 조정 - 절대왕정기 이전의 서구

앞 절에서 전통 중국 농촌부에서 시장을 중심으로 하여 지역적인 지제통화가 유통공간을 형성하고 있던 사례를 보았다. 이어 본 절은 같은 농촌 지역 시장마을을 소재로 하여 전혀 다른 틀로 지역유동성을 조절해가는 사례를 설명하는 것으로 시작하고자 한다. 중세 말 잉글랜드의 한 시장을 예로 들어 중국의 진사진(晉祠鎭)과 비교한 후 , 양자 사이에 보이는 차이로부터 나아가 절대주의 국가형성 이전 서구에서의 지역 경제의 일반적 특징을 전통 중국의 거울에 비추어 보고자 한다. 먼저 무대를 14세기 잉글랜드 런던에서 동북으로 88킬로미터 떨어진 콜체스터(Colchester)로 옮겨보자.[5]

14세기 초 주민 약 3,000명으로 추정되는 이 마을은 당시 잉글랜드 전체

---

[4] 村松裕次는 〈자유경쟁〉과 〈사인의 보증〉이라는 어찌 보면 상반하는 요소의 공존이라고 표현하고 있다(村松, 1975, p. 179).
[5] 콜체스터에 관한 기록은 모두 Britnell(1986)에 의거하고 있다. 또한 여기서는 서구라 말하는 사례는 잉글랜드와 프랑스의 예이다.

적 수준에서 보자면 소규모 시장 마을이었다고 할 수 있다. 그러나 마을에서 반경 8마일(약13킬로)의 공간에 농산물 판매는 다른 시장도 있었는데, 기본적으로 이 마을에서 이루어지고 있는 듯하였다. 13세기 말까지는 이와 같은 단순한 지방에서 농산물의 교역 장소에 지나지 않았던 마을이 14세기에 들어 다양한 변화가 있었다. 유럽대륙의 모직물시장의 변화에 따라 마을이 갑자기 모직물 생산과 수출을 담당하는 마을로 변화하여 당시 잉글랜드에서 부유한 12도시의 하나로 갑자기 떠올랐기 때문이다. 콜체스터는 법적으로 국왕으로부터 특권을 부여받은 자치도시(바라)였는데, 공민 (burgess)들의 선거에 의해 매년 새로 뽑히는 2명의 집행리(baillif)에 의해 관리되었다. 마을에는 항상 열리는 의회는 없었지만, 새롭게 규칙을 재정할 때는 집행리가 사실상 공민들의 동의를 얻어야 했다.

콜체스터에는 특권 상인은 없었고, 마을의 공민이나 그의 부인이라면 자유로이 매매에 종사할 수 있었다. 외부사람이 공민이 되기 위해서는 다른 두 명의 공민 보증이 필요하였으며 정해진 가입료만을 지불하였으므로 형식적으로 본다면 열려있는 마을이었다. 마을에 거주하는 공민과 비공민은 단순한 집행리 선거권과 같은 정치적 권리가 있고 없고가 아니라, 경제 행위의 취급에서 명확하게 구분되었다. 공민은 마을에서 비공민이라면 반드시 지불하여야 하는 영업세를 내지 않아도 상업에 종사할 수 있었고, 사고 싶은 물건이 있으면 비공민에 우선하여 구입할 수 있는 경우도 있었다(荒井, 1959). 일반적으로 집행리에 의한 여러 규칙이 공민의 비공민에 대한 우위성만을 초래하는 경향으로 설정되었다.

그런데 콜체스터의 공민들은 자기들 스스로 법정을 가지고 독자적 사법기능을 해갔다. 그 법정으로 가져간 소송문서가 남아있는데, 그 중에는 다수의 채권관계의 소송도 포함되어 있었다. 특히 14세기 후반의 자료 중에 채무관계의 소송이 포함되어 있다. 상정되어 있던 주민 수에 비해 채무소송의 빈도가 높아 1370년대 후반에는 적어도 성인 주민 8명이 연간 1건이라는 비율로 채무 불이행 등의 소송을 법정으로 가져간 것이었다.

소송내용을 형식적으로 분류하면 몇 가지 특징을 다음과 같이 정리해 볼 수 있다. 첫째, 비교적 소액의 채무 불이행이 많았다는 점이다. 남아있는 1387년도의 문서 654건 가운데 5파운드 이상의 것이 49건 포함되어있기는 하지만, 458건은 1파운드도 되지 않는 것으로 그 중 5실링 이하가 226건이나 되었고 1실링도 안 되는 사안만도 34건이나 되었다. 1398년에는 총 건수가 435건으로 감소되었으나 5파운드 이상이 42건으로 그다지 변하지는 않았으나, 5실링 이하는 89건으로 격감하고 있기 때문에 채무소송에 관한 사무가 많고 적음은 영세적인 규모의 채무 불이행이 많은가 적은가에 달려있었다고 보아도 좋을 것이다(Britnell, 1986, p.108). 당시 파운드는 소 한 마리로 환산되었다는 안건이나 또 하루 노동의 대가가 0.5 실링 정도로 환산되는 상황이었으므로 1파운드에 비해 1실링은 가치는 매우 낮은 것이었다.

둘째의 특징은 비거주가가 소송에 관련된 경우는 극히 드물다는 것이다. 1398년도의 435건 중 외부에 사는 사람이 고소하는 경우가 25건, 거꾸로 외부거주자를 고소하는 사건은 22건으로, 그 외의 경우까지를 포함해도 비거주자가 관련된 것은 57건으로 전체의 13%에 지나지 않는다. 거꾸로 본다면 법정은 거의 콜체스터 주민간의 채무관계의 처리에 이용되었다고 볼 수 있다(Britnell, 1986, p.107).

형식적 분류의 결과는 일단 접어두고 채무내용을 먼저 보기로 하자. 일반적으로 피고용자는 고용기간이 끝나면 임금을 정리하여 한꺼번에 받았다.

예를 들면, 어떤 사용인은 사용자의 집에 5주 동안 반 거주 형식으로 일하고 13실링을 받기도 하였다. 또 소매업에 종사하는 경우에 예컨대 고깃집과 같은 경우도 매일 오는 고객에게는 외상으로 팔았다가 크리스마스 등과 같은 날 청산하였다. 즉, 매일매일 지불하는 경우보다는 한꺼번에 청산하는 경우가 훨씬 많았다. 그리고 청산하는 경우도 대금에 상당하는 물건이나 혹은 노동으로 지불하는 경우도 매우 보편적이었다. 즉, 어떤 경우든 현금으로 주고받는 경우는 번거로워서 회피되었다.

14세기에는 콜체스터에서 모직물수입을 중심으로 하여 상공업이 발전하는 시기였으나, 그것과는 관계없이 다른 지역에서도 14세기 후반에는 채무사건이 증대하였다. 따라서 보다 일반적인 상황을 사고에 넣을 필요가 있다. 영국은 1363년부터 지금(地金) 유출의 상황 때문에 주조액이 감소하고 있었다. 법정으로 가져간 많은 채무사건이 신용거래의 증대를 반영하고 있는 것이라고 한다면 공급되는 통화가 부족하여 현금거래가 신용거래에 의해 대체되는 상태가 촉진되었다고 볼 수 있다. 다만 콜체스터의 경우는 1350년대부터 모직물 수출이 많아지면서 화폐수요가 늘어났고 그에 따라 신용거래가 팽창되어 채무안건도 증대하였다고 볼 수 있을 것이다(Britnell, 1986, p.100-101). 통화의 공급 감소에 의한 것이든 통화수요가 늘어남에 따른 것이든, 지역에서는 적은 액수의 빈번한 신용거래를 통해 화폐의 수요 압박을 피해갔던 것이다.[6]

게다가 그러한 신용거래는 거의 대부분이 구두로 거래한 것이었다. 또 소송문서에 나타나는 것은 일대일의 개별적인 채무채권 관계로, 특정한 개인

---

[6] 다만 수출상품의 "생산원가에"로 건네주어야 할 현금 부족은 계산하지 않았다(Nightingale, 1990).

이 집중적으로 나타나지는 않는다. 여기에 나타나는 신용관계는 전당업자 등 전문적인 금융업자를 매개로 하지 않고 묶여있는 경우이다. 또한 금융에 한정된 것만은 아니지만, 업종의 전문화가 그리 잘 발달된 것은 아니었다. 예를 들면, 1301년 마을에서 곡물거래를 하는 이들은 적어도 191명이나 되었지만 그들이 곡물거래를 특화시켜 갔던 것은 물론 아니었다.

그러면, 콜체스터의 사례를 앞 장의 태원현 진사진과 비교해 보자. 양쪽 모두 주변농촌의 생산물이 모이는 시장마을이었다. 또한 양쪽 모두 마을에서 상거래를 독점하는 상인들이 없었고 업종의 배타적 분화가 거의 일어나지 않았다. 이처럼 공통된 조건하에서 양쪽 모두 화폐공급에 탄력성을 주는 제도를 지역 내에서 만들어 갔는데, 그 방법이 아주 대조적이다.

진사진의 경우는 상점에서 지폐를 발행하고 지역 안에서 유통시켜 화폐공급에 탄력성을 부여하였다. 전표는 형식적으로는 발행 상점 앞의 정액 약속어음과 구분되지만, 사실상 태환이 미리 상정된 것이 아니었고 실질적으로 채권 채무에 근거하지 않은 외부화폐(outside money)가 창조된 것이었다.

이에 비해 콜체스터의 경우, 거주자들이 빈번히 신용거래를 하면서 통화 사용의 기회를 줄이는 방법을 취해 왔다. 여기에서는 거래에 의한 자산의 변동을 주민 사이의 채무와 채권으로 처리하는 내부화폐(inside money)를 창조하는 쪽으로 흐르게 되었다.

진사진의 경우 전표 유통을 지탱하여 주는 제도적 뒷받침은 거의 없었으나, 콜체스터의 신용거래에서는 지역 법정의 사법기능이 직접 지탱해주고 있었다. 그러나 이 경우 법정은 국왕에 의한 법정이 아니라 콜체스터 공민들에 의한 법정이었다. 또 법정도 마을 거주자들 모두에게 평등한 세계만은 아니었다. 얼굴을 아는 사람들끼리 구두로 해둔 약속에 따른 신용거래가 성행하였던 것은 우선 공민들 단체로서의 효력이 지역에 미쳤을 때에만 성립되는 것이었다.[7] 지역 내부의 화폐형성에 있어 기초가 되었던 것은 사장마을의 법공동체로서의 기능이었다.

콜체스터에서 볼 수 있는 공민들을 축으로 하는 법공동체의 형성은 다른 영국의 시장마을에서도 마찬가지로 나타나는 현상이다. 예를 들면, 잉글랜드 서남부의 엑서터의 14세기 법정문서를 분석한 연구에서도 마을의 규칙이 공민이 비공민 및 마을 밖의 거주자에 대한 우위를 확보해주는 기능을 하고 있었다(Kowaleski, 1995).

그런데 중세 잉글랜드의 시장마을에서 보이는 것처럼 법공동체에 기초를 둔 신용거래의 형성이라는 특징을 잉글랜드 이외의 다른 두 가지의 사례로부터 서구 전통시장의 존재형태를 보편화시켜보자.

첫 번째로 생각하여 볼 수 있는 것은 14세기 벨기에 북서부의 부루게(Brugge) 환전상들간의 장부에 의한 송금과 결재이다. 부루게는 당시 인구 대략 4만을 자랑하는 북유럽의 금융 중심 도시로, 콜체스터와는 달리 금융업이 전문화된 곳이었다. 부루게에는 10여 개의 환전상이 있어 상인들은 현금 거래가 아니라, 환전상에 예금 구좌를 열어두고 장부 이체로 결재하고 있었다. 그러나 여기에서 대체는 반드시 당사자들이 직접 가서 구두로 해야 했는데, 이러한 구두 결재 관행은 상업어음이 뒷면 날인만으로 유통되기 시작되는 17세기 초기까지 남아있었다. 환전상 하나에 예금 구좌를 열어둔 곳이 평균 70-80명 정도였으니 그리 많은 편은 아니었다고 할 수 있다. 모든 환전상이 서로 모여 점포를 열고 있었는데 상인들은 그 일각을 돌며 결재를

---

[7] 단체의 회원이 아닌 사람에 대해서도 강제력이 있는 단체의 질서로 규제하니 이를 지역적 효력이라 막스 베버는 개념짓고 있다(Weber, 1980, s.26-27).

끝내고 있었던 것이다. 환전상들은 길드와 시당국에서 정부의 장부 기재 방법 등에 세밀한 규제를 받으며 대체업무를 유지하고 있었다(De Roover, 1948, ch.13).

기본적으로 환전상과 고객은 일대일의 구두에 의해 계약하였고, 단체적 규제가 신용거래의 확장을 지탱해 왔다는 점에서 부루게의 금융 업무 발전도 콜체스터에서의 신용거래의 연장선상에 있음을 알 수 있다. 유의해 두어야 할 점은 서구 중세 환전상들에 의해 더욱 발달되어, 암스테르담 등의 공중은행(public bank)등에 의해 계승된 은행기구는 은행권을 유통보다도 이러한 예금 이체에 기초하여 발달되었다는 것이다.

두 번째 관련된 사료로 들 수 있는 것은 16-17세기 프랑스 지방에서의 화폐유통 상황이다. 무브레의 유명한 논고에 따르면 16-17세기 프랑스에서는 당시에 신대륙 은이 유통되고 있었음에도 불구하고 농촌에서 화폐 사용은 매우 드물었다고 한다. 그렇다고 해도 거래는 화폐단위로 이루어졌으나, 신용거래 중 상당량이 현물로 결재되는 것이 일반적인 현상이었다. 상인으로서도 많은 현금을 자산으로 가지고 있었던 것은 아니어서 장부 이체나 소금과 같은 상품으로 결재를 끝냈다고 한다(Meuvret, 1971). 16-17세기 프랑스 농촌에 남겨진 유언장에서는 농업노동자에게 주는 연료대 같은 것에 이르기까지 신용거래로 이루어졌다고 전하고 있으나 중요한 것은 그 관계가 주로 같은 마을이나 혹은 가까운 마을끼리 이루어졌다는 점이다. 어떤 사례는 채권자와 채무자가 사는 거리가 3킬로미터, 또 다른 사례는 2킬로미터 정도였다(Hoffman, 1996, pp.71,77). 인클로저운동이 진전된 잉글랜드와 소농이 남아있는 프랑스는 그 후 진행된 역사적 추이가 다름에도 불구하고, 한정된 인적관계에 기초한 신용거래로 부족한 유동성을 채워나가고 있었다는 점이 공업화 이전 두 지역경제에 공통으로 보이는 현상이라 할 수 있을 것이다.

이상에서 중세 말 근세 초기에 걸쳐, 서구에서는 일상적인 거래에 화폐가 계산단위(unit of account)로 출현하였지만 실제거래는 신용거래나 상품화폐에 의한 것임을 엿볼 수 있다.[8] 결국, 서구사회는 일상적인 생활에서 수교화폐의 사용이 매우 절제된 시장경제였다고 말 할 수 있겠다.

그러면 서구에서 수교화폐는 어디서 유통되고 있었을까? 중세 서구에서 유통되고 있던 수교화폐라고 한다면 일반적으로는 은판으로부터 본을 뜨고 모양을 만들어 낸 은화였다. 비잔틴제국, 이슬람왕조, 그리고 베네치아처럼 금화가 북상하여 들어오는 곳도 있었지만, 대체로 금화가 큰 의미를 갖게 되는 것은 16세기가 되어서였다. 로마제국은 도시민들이 일상생활에 화폐를 사용에 공급하기 위해 영세액면의 동화를 발행하였으나, 중세에는 오랫동안 폐지되었다. 14세기부터 동의 함유량이 높았던 〈블랙머니〉라 불리는 은화가 유통되기 시작하였지만 동화가 동화로서 발행되어 서구 전반에 일상적으로 유통되게 된 것은 17세기가 되면서부터였다.

여기에서 문제가 되는 것은 소재가 아니라 유통의 형태였다. 중세 서구의

---

[8] 이하의 중세 유럽에서 화폐유통에 관한 기술은 Spufford(1988)에 따르고 있다. 다만, 16-17세기 의 프랑스에서도 농민은 거의 화폐를 사용하지 않았다고 하는 Meuvret의 주장에 대해 Spufford는 13-14세기에 농민들에게도 이전에는 경험하지 못하였던 화폐사용의 기회가 찾아왔다고 한다(p.334). 또한 그는 13세기 잉글랜드에서는 이전 세기의 5배에 달하는 1억 페니 즉, 40만 파운드 상당의 은화가 유통되고 있었다고 추정하며 그 양이 매우 많음을 강조하고 있다(pp.204-205). 그러나 Spufford도 이 화폐에 대한 접촉이 계절적이어서 당시에도 소액화폐는 부족하였다고 설명하고 있다. 또한 14세기부터 그 주조액이 수축되어 결국 13세기 수준으로 다시 돌아가게 되는 것은 500년 후인 나폴레옹전쟁 이후였다는 것에 우리는 주목할 필요가 있다.

은화 유통에는 다음과 같은 두 가지 특징이 있다. 첫째, 은화가 일상적으로 사용되기에는 너무 고액이었다는 것이다. 이 점은 2장 등에서도 언급하였으므로 이곳에서 반복은 피하고자 한다. 둘째, 기본적으로는 각지에 거주하는 영주가 화폐 주조권을 가지며, 영주에 의해 품위와 중량이 결정된 은화가 그 지역에서 유통되고 있었다는 것이다.[9] 외부 상인이 은을 가지고 들어와서 영내에서 교역하고자 하면 현지 은화로 다시 주조해야 했다. 또 영주가 새롭게 은화를 정하면 옛 은화의 통용은 인정되지 않고 주조소에서 회수하여 재주조하였다. 실제로 다른 지역에서 발행된 통화가 유통되어 사용을 금지하는 명령이 내려졌음에도 불구하고, 종종 퇴장화폐 중에서 발굴되기도 하였다(名城, 2000). 그러나 이러한 경우까지도 포함한 중세 서구의 퇴장화폐는 한 장소에서 출토되는 화폐들의 발행년도가 짧은 기간에 집중되어 있는 것이 많았다. 이는 오랜 기간에 걸쳐 역대왕조의 동전이 계속 출토되는 중화권(中華圈)의 경우와는 매우 대조적으로 중국의 경우 통화가 변할 때마다 옛 통화가 계속 재주조되고 있었음을 짐작하게 해준다.

서구의 도시에서는 근세초기까지 영세액면의 통화를 빈번하게 사용하는 경향도 있었지만, 서구에서 화폐자체는 영주와 상인들의 사용으로 한정되었고, 유통되는 은화는 일반민중들의 일상적인 교환에서 괴리가 생기게 되었다. 그렇기 때문에 일성적인 교역을 유지하기 위해서는 위에서 설명한 신용거래가 항상 필요하게 되었다.

다만, 영주의 권능으로 유통된 은화건, 법공동체의 지지를 받은 신용거래

---

[9] 13세기 독일에서도 1리브라가 케룬에서는 12실링 14펜스였고, 유베크에서는 16실링192펜스 였던 것처럼 화폐의 계산단위도 지방적으로 분립하는 경향이 보였다(Sprender, 1995,S.68).

건 모두 지역공간의 유동성을 타율적으로 관리하고자 하였다는 점에서는 공통된다. 이리하여 우리는 앞 절에서 언급한 것처럼 권력에도 단체에도 의존하지 않으면서 지역유동성을 조정하여 갔던 전통 중국의 경우와는 매우 대조적인 사례를 볼 수 있었다. 이제부터의 과제는 이들 두 극단적인 사례에 좌표를 찾아주는 일일 것이다.

그러나 이에 앞서 한 가지 확인해두어야 하는 것이 있다. 즉, 신용거래의 성행이라는 현상자체가 결코 서구 세계에만 있었던 것은 아니라는 점이다. 오히려 동시대의 서아시아 사회에서 신용거래로의 의존도가 보다 높았다고 생각된다. 17세기 전반 시리아 북부의 알레포 터키 아나톨리아 카이세리에 남아있는 법정문서에서 역시 잦은 신용거래가 이루어지고 있는 상황을 발견할 수 있다.[10] 카이세리의 경우, 콜체스터의 안건과 비교해 전반적으로 고액거래가 많았지만, 고액이라 하여도 소 한 마리 정도의 가격이 대부분이었다. 또 채권자, 채무자는 모두 거의 한 번 정도 이름이 나오며 전문적인 금융업자가 있었던 것은 아니었다고 생각되는데 바로 이 점이 공통된 측면이다.

그러나 알레포에서 도시 밖의 거주자를 채무자로 하는 소송이 과반을 차지하고 카이세리에서도 종파가 다른 채권이 30%를 넘고 있음을 알 수 있다. 이곳에서 법공동체를 형성하며 지역적 효력을 가진 단체의 존재를 찾아

---

10) 알레포에 대해서는 Master(1988, pp.154–159) 카이세리에 대해서는 Jenning(1973)참조. 다만, 알레포는 인구가 17세기 중반까지 25만이라고 방문자들은 추정하고 있으므로 인구 3000명의 콜체스터와 비교되지 않는 큰 상업도시였다. 1630년대의 고서문서에서 출토된 707건의 중, 적어도 403건이 시외의 촌거주자를 채무자로 되어있으나 민간인 무슬림이 촌민에게 대부한 것으로 분류된 164건의 평균금액은 113 궈러시(1ghurush는 스페인 8리알 은화 등에 해당)이므로 소액이라고 할 수 없고, 빌리는 쪽이 중복되는 경우도 65건이나 된다. 한편 카이세리는 인구가 3만3000정도였다고 한다.

내는 일은 어려웠다. 다만 오스만 제국 치하의 샤리아 법정에 옳고 그름을 따지는 것은 한층 개방적인 구조 하에서의 신용거래였다. 반대로 개방적이지 못하였다는 점이 바로 서구 지역사회의 특징으로 간주되어야 할 것이다.

4. 지역유동성의 좌표

2절에서 지역유동성의 조정은 자율적인 질서에 맡겨두면서도 현지통화를 창출하는 것과 타율적인 질서에 의존하면서 화폐사용을 신용거래 등으로 대체하면서 절약하는 형태도 있었음을 확인하였다. 그러면 두 경우가 세계적으로 어떻게 확산되었는지 살펴보기로 하자. 먼저 전통 인도와의 비교로 시작해보자. 인도는 인구와 면적 규모를 고려할 때, 그리고 많은 지역을 환송금 결제망으로 연결한다는 점을 고려할 때(Habib, 1967), 서구 혹은 중국과 비교하기에 가장 적당한 대상이라 생각된다. 결론적으로 말하면 인도는 지금까지 서술해왔던 두 사례의 특징을 모두 가지고 있다.

먼저 인도의 은화(혹은 금화) 형태를 보면 중세 서구의 은화와 매우 유사함을 알 수 있다. 은을 가지고 들어 온 상인들은 각지의 주조소에서 은화를 개주하지 않으면 그 지역에서 지불할 수 없었고, 화폐가 새롭게 제조되면 이전 화폐는 회수되어 다시 제조되었다 (Singh, 1983, ch.7). 또한 도시간의 공적 혹은 사적인 송금은 오직 어음 등을 이용한 한 송금(hundi)만이 이용되었으나, 이때 환전상이 어름 등의 송금을 현금화하는 사항을 준수하였기 때문에(Bayly, 1983, pp.240-241, 378,403) 지역 내 유통으로 전용도 가능하였다. 주조권이 현지 영주의 권위에 속하게 된 서구와는 달리 주조소를 관리하는 곳이 무굴 제국 등의 지방장관이었지만, 은화와 어음을 이용한 송금에 대해서는 상당히 유사한 점이 있다고 할 수 있다. 3장에서 본 것처럼 인도화폐사 연구자 스스로 화폐의 역사를 중세 서구로 비정하려고 하는 것도 전혀 근거가 없는 것이 아니다.

그러나 한 번도 은화나 송금과도 상관없었던 소농들의 일상적 교역으로 옮겨가면 상황은 크게 다르다. 이미 검토하였던 것처럼 이러한 수준에서의 거래는 패화(貝貨)를 시작으로 하는 다양한 액면의 수교통화(手交通貨)가 사용되고 있었다. 중국에서의 시진(진사진)과 영국의 바라(콜체스터)와 유사한 규모의 중심지를 인도에서 찾는다면 시장마을 간지(Ganji)이다. 18세기 북부 인도를 예로 들자면 시장권은 최대 7마일(11킬로미터)로 인구가 1만5천명이 되는 곳이었다(Bayly, 1983, pp.8-99). 18세기 인도에서 교역이 발달되자 시장마을이 증가되었다(佐藤, 1994). 많은 소농민들이 직접 생산물을 가지고 모이는 시장마을의 증가와 동시에 동화와 패화 등의 영세액면 통화의 공급도 증대되는 현상도 함께 나타났다(Perlin, 1993).

지역유동성을 영세 액면 통화와 같은 형태로 객체화시키고자 하는 것은 권력과는 동떨어진 움직임의 결과였다. 제2장에서 언급하였듯이 1660년대에 서부 구자라트 지방에서 동화가 부족하였을 때, 아메바다드 환전상들은 철제 화폐를 자발적으로 만들어 부족한 지역유동성을 채워갔다. 다만 인도 상인들은 카스트제도와 연결되었으므로 중국보다 폐쇄적 집단을 형성해 갔다. 그러나 집단은 지역행정에 관여할 여지가 없었다는 점에서 서구와는 다르다. 즉, 1669년 수라트에서처럼 재판 결과에 항의하고 파업하며 현지 당국에 압력을 가하기는 하였지만 그들이 결정한 의지가 직접 행정에 영향력을 행사할 수 있는 회로는 없었다(Habib,1990: Singh, 1985, p.236).

위와 같은 인도의 사례를 통해 서구에서처럼 권력을 통해 은화가 일상적 교역에서 매개재가 없이도 유통되는 경우와 전통 중국에서처럼 권력을 매개로 하지 않지만 일상적인 매개재를 지역이 공유하는 경우가 같은 사회 내에서 병존할 수 있음을 알 수 있었다. 매개재 공유 방법과 함께 본장에서 비교의 기준으로 들고 있는 소농이 시장으로 접근하는 자유도에서도, 인도는 소농이 직접 농촌시장에 가는 방법과 상인이 직접 생산자에 선대하여 수출을 위한 상품만을 만들게 하거나 혹은 수조권보유자가 예속성이 강한 생산자에게 상품을 생산케 하는 방법이 혼재하고 있었다(Baker, 1984, ch.3-4). 전자의 경우에는 영세액면과 같은 매개재를 강력하게 필요로 하지만 후자의 두 경우는 지역 내에서 매개재를 필요로 하는 수요는 경감되었고 대신에 은화처럼 지역 밖과 결재를 위해 화폐를 필요로 하게 되었다.

여기에서 사례를 조금 넓혀 세계 전체로 탐구해가면 소농들에 의한 경영의 자유도 및 농촌 시장 발달 사이에 거의 완전한 상관관계를 발견할 수 있다. 남미 볼리비아에서 1952년 토지개혁의 성과를 검증하기 위해 1966년에 이루어진 농가가계조사는 이러한 가설이 타당함을 보여주고 있다. 볼리비아 북부의 고원지대는 이른바 라티푼디움 경영이 지배적으로 지주가 대규모로 많은 소농을 이용하여 직영지를 경작시키는 경영을 하였고, 상업생산물은 거의 지주가 경영하는 상점이 있는 수도 혹은 유출광산물을 생산하는 광산지대로 직접 옮겨졌고 현지 농촌시장에는 매우 적은 양만 있었으므로 농가 가계에서 현금지출도 매우 한정된 것이었다. 농민에게는 자기 보유지에서 거두어들인 초목을 파는 것도 금지되었고, 양을 보유하는 것도 5마리 이하로 제한되는 등 현금 소득을 얻을 수 있는 기회 자체에 제한이 두어졌다. 그런데 토지개혁에 의해 소농들에게 토지가 분매되자 가계에서 현금지출이 늘어나는 결과가 초래되었다. 66년 조사에서는 아직 현물거래가 많았으나, 농가 가계에서 현금지출이 4배나 되었고 이에 따라 상품 생산과 유통이 변하며 도시의 상인도 들어오기 시작하였다. 결국 현지에서도 정기시 등이 증가하기 시작하였다(Clark, 1968).

볼리비아의 조사는 유형화가 가능하다. 대규모 토지 소유권을 가진 계층이 수출용 상품수출을 지배한 결과 대외적으로 태환성이 높은 화폐를 독점하였지만, 한편에서 직접생산자들은 경영에 대한 선택의 여지가 거의 없어 현금의 지출도 줄어들었다. 현지 상인을 성장하지 못하게 한 구조는 비단 이곳에서뿐만이 아니었다. 예를 들면 16-17세기 폴란드의 상황도 바로 그러하였다. 당시 폴란드에 있는 은화의 대부분은 유럽에 곡물을 수출한 대가로 귀족들의 손에 집중되었으나 반대로 생산자인 농민들은 일상생활에서 화폐를 거의 사용할 수 없었다(Maczak, 1976).

세계시스템론에서 〈변방〉은 바로 대외 유동성 획득으로 흐르는 과두지배자와 경영에서 선택의 여지가 적어 일상에서 화폐 사용이 배제된 직접생산자의 결합으로 규정된 상황이다.

그러한 비교를 축으로 하면 우리들은 지역유동성에서 일정한 경향을 찾아볼 수 있게 된다. 즉, 소농들은 그들의 경영선택지가 적으면 적을수록 시장으로의 접근이 적어져 그 결과 농촌시장이 드문드문 생기게 되었다. 그러한 지역 내에서는 독자적으로 통화를 창조하여 유동성을 계속 유지하고자 하는 동기가 부여되지 않았다. 과두지배자가 획득하려고 하는 지역외부와의 태환성 때문에 지역내부 지향의 유동성이 희생되는 구조였던 것이다.

반대로 소농들의 경영에 대한 제약이 적을수록 그들은 기회를 보다 다각적으로 이용하고자 하여 농촌시장은 비밀스럽게 존재하게 된다. 이러한 상황에서는 공식적인 통화제도는 없었지만 지역유동성을 계속 유지하기 위한 자율적인 통화가 만들어진다. 또한 지역유동성을 풍부하게 하여 감에 따라 농촌시장이 발전하고, 소농이 농촌시장에 참가하는 기회도 증가하는 인과관계가 상정된다[11].

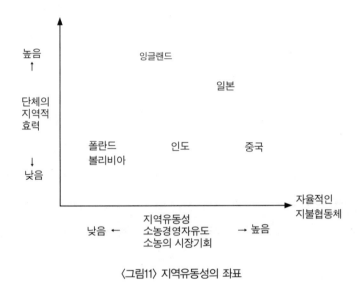

〈그림11〉 지역유동성의 좌표

이러한 경향을 좌표축에 표시하면 그림 11과 같이 나타난다. 지역유동성이 적은 왼쪽에 남미와 동유럽이, 반대로 오른쪽에는 중국이 배치되며 쌍방의 요소가 섞여있는 인도는 중간 자리에 들어서게 된다[12].

---

[11] 잉글랜드에 허가된 정기시의 수는 13세기에 증가한 후 14세기에 줄어 들어드는데 그것이 화폐공급의 증감과 병행하고 있다는 것은 매우 흥미롭다(Britnell,1981). 일반적으로 소생산자가 대부분 사고 파는 일을 겸하고 있는 농촌 정기시장에서 외상거래는 성립되기 힘들었다. 직접 물물교환을 하던가 영세액면의 현금이 필요하였다. 남인도의 정기시의 질문조사에서〈이득이 있는가〉라는 물음에 그렇다 14.6% 〈외상거래가 있는가〉에도 그렇다가 14.6%라는 결과를 보이고 있다(石原, 1987, p.336).

3절에서 설명한 영국의 경우는 좌표축에서 동구와 남미보다 자유도는 높으나 인도보다 낮은 곳에 위치한다. 그러나 지역유동성 비교 좌표축에는 또 하나의 좌표가 필요하다. 그것은 화폐를 만들어 지역유동성을 객체화 시켜 가려고 하는 지향이 아니라 지역 내의 채권과 채무관계로 한정된 내부 화폐로의 지향이었다. 이러한 지향점이 생기기 위해서는 채권, 채무관계를 공유하는 단체가 필요하며 또 그 단체가 지역적으로 강한 효력을 가지고 있어야 한다.

근세 일본의 사례를 덧붙여 설명하면서 그림 11의 비교좌표축의 의미를 보충설명하기로 하자. 근세 일본은 단체의 지역적 노력이 비교적 높았고, 또 소농의 시장에의 접근은 영국보다는 중국에 가까운 위치로 설정할 수 있을 것이다. 다음 절에서는 소농민의 자율도가 높아 지역통화를 보다 자율적으로 창조한 중국과 비교 하면서 근세에서 근대에 걸친 일본의 특색을 비교해 보자.

---

12) 今田 (2000)가 정리한 것처럼 데칸 고원의 탈크다르 촌락처럼 수조권 보유자가 농촌의 잉여를 지배적으로 받는 사회구조는 농민들의 자유도가 한정된 모습을 반영하고 있으나 다른 한편으로 三木 (2000)의 지적처럼 농촌시장의 자율적 발전은 거꾸로 중국농촌에 가까운 모양을 나타낸다. 전자가 데칸에서 서부인도에 걸친 부분에 대해 논하고 있고 후자는 카스트제도가 비교적 약하다는 벵갈을 대상으로 하고 있다는 지역적 차이가 여기서도 반영되어 있다고도 볼 수 있다. 다만 지역마다 차이가 있기 때문에, 두 곳의 요소가 모자이크처럼 섞여있는 것으로 보아야 한다. 정기시에 매매 의존도가 높은 벵갈에서도 자민달이 영내에서 정기시를 세우고 다른 시에 가지 못하게 한 예도 있다(高畠, 1972).

5. 지역적 신용과 지역은행

막번제 하의 일본의 지역경제를 앞에서 소개한 진사진 등과 비교할 때 먼저 떠오르는 것은 번찰(藩札)의 유통일 것이다. 번찰은 받아들이는 지역에 따른 공간적 한계가 있다는 것, 또 사실상 불환 지폐라는 점 등이 중국의 전표와 공통점이라 할 수 있다. 그러나 양자의 성격에는 기본적인 차이가 있다. 번찰은 원래 번이라는 반독립적인 권력이 강제로 받아 들이도록 한 것이다. 소위 후기 번찰이라 불리는 것의 경우, 번으로부터 특산물의 집하와 운반의 특권을 획득한 상인이 발행한 사례가 많았으나, 그것도 지역경제의 화폐수요와는 관계없이 타율적으로 공급된 것이라는 점에서는 다름이 없다.13) 번찰은 권력에 의존하지 않고, 유통도 자율적으로 이루어진 전표와는 다른 것이었다. 근세 일본에서도 말기를 제외하면 지역에서 자율적인 화폐를 만들고자 한 상황은 예외적인 정도밖에 나타나지 않았다.

소농경영에 대해 간단히 기술하자면, 중국보다 일본 쪽이 현금 획득의 여지가 안정되어 있었다고 볼 수 있다. 일일 노동과 같은 단기 잉여노동을 매매한다는 점에서는 명확히 근세 일본은 전통 중국보다 비중이 낮다. 일본의 경우 대부분 마을 내의 온정적인 관계에 의해 현금을 동반하지 않는 단기노동의 교환 내지는 봉사가 상시적으로 이용되며 일일 노동의 수요를 격감시켜 갔기 때문이다.14)

---

13) 弘化4(1848)년 오사카 상인들에게 번내의 특산물의 집하 및 전국적인 회송, 판매 등에 관한 독점권을 부여하고 미리 어음을 발행시킨 모리오카번(盛岡藩)의 사례, (吉川 1991, p.250)같은 사례는 각지에 있었다. (長野, 1992, 제3장)그러나 막말에서 메이지 초기에 걸쳐 각각의 사찰(私札)이 널리 퍼진 현상에 대해 중국의 전표류(錢票類)와 보다 신중한 비교가 필요하다.

여기서 주목할 만한 것은 일본 근세 촌락에 형성되어 있던 융통의 기능이다. 촌의 관리 계층을 중심점으로 마을 중상층의 가계에서 비교적 적은 규모의 금액을 저리로 융통하여 주는 구조가 마을 내에 만들어져 있었다는 점이다. 역사적으로는 마을 전체에서 미납된 세금을 대체하여 주는 것이 계기가 되어 생긴 경우가 많았을 것이다. 최근 재지 금융에 관한 연구가 진행되며 비록 소액이기는 하지만 이러한 융통이 마을 내 상호 금융에서 중심적인 기능이었다는 사례가 밝혀지고 있다(牧野, 2001). 조카마치(城下町) 이외의 농촌 마을에서도 같은 식의 사례가 있는 것을 보면 상당히 넓은 지역에 확산되었던 것으로 생각된다.[15] 즉, 근세 일본은 마을이라는 단체조직을 계기로 하여 내부에 화폐를 만들어 타율적인 외부화폐의 공급의 비탄력성을 보완하고 있었다.

지역에서 영향력을 발휘하는 단체는 소농들이 경영에 유동성을 확보해가려는 의지를 계속 제한하며 신용관계를 내포하는 기능까지 가지고 있었던 근세 일본의 사례를 통해 우리는 앞에서 살펴 본 서구 중세 말의 사례가 결코 고립적이지 않았다는 것을 알 수 있다. 바꾸어 말하면 일반적으로 소농들의 자율도와 지역 신용도는 어느 정도 균형적인 관계가 성립함을 시사하여 준다고 할 수 있다. 그리고 이것은 은행업, 특히 지방금융업의 발전과 커다란 관계가 있다.

제3절에서는 다만 중세 서구만을 검토하였으나, 거기서 밝힌 특징이 중세

---

14) 예를 들면 후쿠야마번(福山藩)에서의 면작 부업의 사례(岡, 1976, pp.170-172)

15) 이점에 대해서는 大塚 (1996)이외에 日田지방의 사례를 든 岩橋(1999년 a) 楠本(1999)도 시사를 받았다 加藤慶一郎 (2000년 제6장)은 번의 대출, 사원에서의 융통, 뢰모자강 (賴母子講)과 촌차용금제도(村借用金制度)가 있었지만 조카마치(城下町)에는 존재하지 않는 촌락금융의 모습을 밝혀내었다.

와 함께 서구에서 사라져버린 것은 아니다. 오히려 반대였다. 영국에서는 18세기 말에도 특히 지방에서는 통화 공급의 비탄력성 때문에 어려움을 겪었다. 특히 소액통화의 공급이 항상 부족하였기 때문에 통화 대체물로서 상점이 발행한 어음이나 상품 자체를 사용하여 거래하였다. 스미스는 동시대인으로 스코틀랜드의 한 마을에서 직인들이 화폐 대신에 바늘을 가지고 빵집과 술집에 가는 사례를 들고 있다. (Smith, 1986, p.127) 그런 가운데 각 지방에서는 지방은행(country bank)이 발행하는 은행권을 이용하거나 혹은 랭커셔 지방처럼 환수표를 소액거래에도 사용하는 방식을 취하는 등 각각 독자적인 조정 방법으로 대응해 갔다 (Ashton, 1945).

우리는 법정통화가 비탄력적으로 공급되는 사태에 대해서 보편적으로 지역경제가 독자적인 조달 방법으로 꾸려나가는 현상을 여기서도 볼 수 있다. 특히 여기서 말하는 지방 유통권은 적어도 18세기 중국으로 거슬러 올라가면 건륭(乾隆) 년간에 유통된 전표와 매우 유사하다는 인상을 받는다. 하지만 우리들은 지방은행권이 그 지역에서 받아들여진 것은 지역 내에서 유동성이 부족한 상황을 내부 화폐라는 수단을 통해 빠져 나오는 수법의 연장이었다는 것을 14세기로 거슬러 올라가 잉글랜드 지역경제에서 원형을 확인할 수 있었다.

지금까지 북아메리카에 대해서는 일체 언급하지 못하였는데, 다음 사례만은 소개해 두기로 하자. 북아메리카는 2장의 텐니네오의 사례에서처럼 식민지 시기부터 지방은행이 많은 활동을 하고 있었다. 그러나 19세기 전반 뉴잉글랜드의 지방은행에서는 발권업무도 예금업무도 아주 적은 비중밖에 차지하지 않았다고 전한다. 그러면 어떻게 대부 등이 가능하였을까? 이는 상업 어음의 할인을 통해서 가능하였다. 즉, 어음 뒤의 이서권을 가진 소수의 지방 투자자들에게 어음이 유통되는 형식이었으며, 따라서 은행은 익명의 고객보다는 공간적으로 한정된 사회관계에 의존하여 성립되었다(Lamoreaux, 1994). 이렇게 지방은행이 발권하는 배경에는 역시 심각한 화폐 부족의 역사가 숨겨져 있다. 18세기 전반 메사츄세츠에는 금과 은이 부족하기 때문에 조세 등을 담보로 한 공적 신용증권이 발행되었는데, 그것조차도 통화 수요를 충족시키기에는 역부족이었으므로 노동자들의 급여가 매물권(買物券)으로 대신 지불되는 일도 자주 있었다(淺羽, 1990, pp. 264-265).

메이지 유신 때 일본에서도 공업화에 들어서기 전에 매우 많은 유사 은행이 지방에서 생겨났던 상황을 주목해보자. 1887년에 만해도 국립은행 138개, 사립은행 221개였고, 유사 은행으로 분류된 것 만 하여도 741개였으니 은행 기능을 한 기관만 1000개 이상이나 되었다.[16) 그 외에도 전당포나 계(契) 류가 마을 단위로 다수 존재하였기 때문에 지방의 정(町)과 촌(村) 단위에서 유휴자금(遊休資金)도 상당히 많았다(朝倉,1961,p.187 p.284). 이것은 근세 일본의 정(町)과 촌(村)이 가지고 있는 융통 기능과 따로 떼어놓고 설명할 수 없는 현상이다. 또 메이지시기의 자산가들이 다소 리스크가 높아도 자기 마을의 기업에 투자하고자 하는 명망가들이 지향하였다는[17) 역사적인 문맥을 함께 보아야 할 것이다.

그러면 지방은행과 같은 조직이 자생하는 사회와 그렇지 못한 사회는 기

---

16) 메이지전기에 농업금융은 주요한 기능을 하고 있었는데, 차산지인 시즈오카현(靜岡縣)에만 1892년에 사립은행 47개, 은행유사회사가 35개나 되었다. (朝倉, 1961,p.198)
17) 지방 명망가 기업가의 자금대출은 그들이 사는 지역내를 순환하는 경향이 있다는 사례는 매우 흥미롭다. (谷本, 1998)

본적으로 어떠한 차이가 있는가? 구체적으로 제사(製絲) 금융으로 업종을 한정해 일본과 중국을 비교하여 보자.

20세기 초두의 중국과 일본은 무역 구성에서 생사 수출의 의존도가 높았던 점에서 서로 공통된다. 1900년 무렵을 예로 들어 보면, 중국 무석(無錫) 등의 강남(江南)에서 상해로 나가는 생사가 2000만 원(元) 정도였고, 일본의 나가노(長野) · 군마(群馬) 등에서 요코하마(橫濱)로 나가는 생사도 2000만 엔(円) 정도로 당시 환시세로 보면 같은 규모의 거래 액수였다.

제사 금융은 계절성이 매우 강하다. 소자본의 제사공장에서는 쉽게 조달하기 힘든 많은 액수의 누에고치 구입 자금을 단기간에 조달하여야만 하였다. 그러한 계절적인 자금 조달에서 중국에서나 일본에서나 중간상인과 전장(錢莊, 지방 환전상)이 제사공장 대인신용(對人信用) 관계에 기초하여 자금을 융통하는 역할을 하였다. 그러나 단기라고는 해도 위에서 언급한 것처럼 당시로서는 거액의 자금이었기 때문에 중간상인과 전장이 자기 자금에서 제공해 줄 수 있는 형편도 아니어서 무역금융을 취급하는 은행에서 대출받았다.

즉, 은행 측에서도 자기 자본이 부족하고 신뢰도가 그리 높지 않은 제사공장에 직접 신용을 공여하지 않고, 제사공장을 고객으로 한 중간상인들에게 신용을 부여하여, 그들이 넘겨받은 신용을 전가시키는 것이었다. 정부계 은행이 극단적인 계절성에 따른 금융 압박을 완화시키려고 적극적인 역할을 한 것 등도 양국에서 공통되는 현상이다. 그러면서도 또 큰 차이가 보인다.

중국에서는 누에고치 구입 자금은 다음과 같이 제공되었다.

상해 소재 은행 → 전장(錢莊) → 제사업자 → * → 누에고치 생산자

즉, 생산물이 농촌에서 개항장으로 원료생산에서 가공을 거쳐 수출되는 흐름과 정반대의 방향으로 자금은 흐르고 있었다. 다만, 개항장에서 물건을 사들이는 자금으로 유통된 통화(예를 들면 은화)를 누에고치 생산업자가 그대로 받는 것이 아니라, 중국 내에서 현지통화로 태환되어야만 하였다. 그러나 종종 현지통화 자체를 짧은 기간에 대량으로 조달하는 것이 힘들어, 누에고치 구입이 억제되는 경우도 있었다. * 은 그러한 현지통화에 대한 수요의 자율성을 기초로 한 시장의 분절성을 나타내고 있다(增田, 1994, 제 2,3,4,8장).

한편, 일본에서의 자금 흐름은 아래와 같다.

요코하마(橫濱) 소재의 은행 → 중간상인 → 제사업자 → 누에고치 생산자

↑

일본은행 → 지방은행

일본의 경우는 자금의 흐름이 입체적이다. 중간상인이 대인신용(對人信用)을 근거로 제사공장에 공여한 자금은 누에고치 구입 후에 일직선으로 무역항으로 반복되는 것은 아니다. 즉, 구매된 견은 다시 담보가 되어 해당지역의 지방금융기관에서 새로운 융통조건을 형성한다. 나아가 그 자금으로 구매된 누에고치와 제품대가의 감정을 담보로 다른 지역에서 가을 누에고치 구입을 위해 타지역 금융기관에서 신용 제공을 받는다.

즉, 여러 기관에서 공여하는 신용 간에 호환성이 부여되고 있었기 때문에 한번 도매된 신용이 생산 지방에서 순환되고 있었던 것이다. 이러한 과정에서 중간상인들이 짜놓은 신용대부는 단기 융통의 형식이지만 실질적으로는

다음 해 봄의 누에고치 집하기까지 장기 융통되는 효과가 있었다. 당연히 여기에는 일본은행권이 말단에 이르기까지 영향을 미쳤고, 화폐 때문에 시장의 분절성은 전혀 나타나지 않았다(山口, 1966, 서장, 제2장).

우리는 중국과 일본의 사례에서 신용공여의 흐름에 동반하는 계층성의 유무를 대조적으로 볼 수 있다. 일본 제사금융에서는 각 기관의 신용공여 사이에 이른바 상호 교차지역이 생겨 채권이 유통되고 있었다. 장기와 단기 그리고 담보대부와 신용대부라는 형태의 차이는 유통되는 동안에 가장되는 것일 뿐이라고까지 생각된다. 일본의 경우 중국과 인도 등에서 널리 보이는 은행 및 재래 금융 기관의 이중구조와는 명확하게 질이 다르다고 할 수 있다.

중국과 일본의 차이를 생각해 볼 때, 역시 일본의 지방은행과 유사 은행의 밀도에 주목하게 된다. 이들은 지방의 유휴자금이 현지로 몰려드는 구조를 이루었다.

이렇게 각 지역경제마다 유휴자금의 집약기구가 기능을 하고 있었던 것은 2가지의 효과를 가져왔다. 첫째로, 지역마다 화폐수급의 계절적인 압박에 대해 스스로 완충기능을 하였다. 둘째, 지역 밖에서 제공된 신용은 조금도 삭감되지 않고, 같은 질로 새로이 재래 자금의 재고 위에 쌓였다. 왜냐하면, 중국에서처럼 유휴자금이 분산되어 있고 핵이 되는 자금의 재고가 없을 경우 외부에서 유입되어 들어오는 자금은 또 빠져나갈 수밖에 없기 때문이다. 나가지 못하고 지역 내에 일단 분산되어 버리면 회수하는 것 자체에 비용이 들어가게 된다.

6. 전통시장의 네가지 유형

그러면 본장의 결론을 지어보자. 전통시장이 어떻게 지역 유동성을 유지시키고 있는가에 따라 다음 4가지의 분류가 가능하다. 첫 번째 그룹은 현지통화를 만들어 유동성을 계속 유지하려는 것으로 전형적인 예로는 전통 중국을 들 수 있다. 중국 농촌 지역의 시장마을에서는 현지상인이 발행한 지제통화가 어떤 공적 허가도 없이 유통되고 있는 것이다.

두 번째 그룹은 잦은 신용거래를 통해 유동성을 유지하려는 것이다. 중세 서구에서는 채무자에게 채무를 이행시키기 위한 법공동체가 형성되었다. 잉글랜드 시장마을 콜체스터의 사례에서는 1실링도 안 되는 거래에 신용을 사용하는 공민도 있었다. 신용거래는 지역유동성을 영주간과 도시들 간의 은화의 이동으로부터 독립시켰다. 두 번째 그룹이 소위 내부화폐를 공동체 내에서 창조하여 갔다고 한다면, 첫 번째 그룹에서는 외부화폐의 현지 공급을 발전시킨 것이라 할 수 있다. 현지 통화가 풍부하게 공급되자 소농들은 지방 시장에 쉽게 접근할 수 있었다.

세 번째 그룹은 태환성이 있는 화폐와 현물거래가 복합된 사례이다. 근대 초기 폴란드와 현대 볼리비아에서처럼 귀족, 지주 그리고 대상인 등이 해외 교역에 유효한 금은화를 축적해가는 한편 소농들은 화폐를 사용하지 않고 현물거래로 일용품을 교환했다.

전통 인도는 네 번째 그룹 즉, 앞의 세 가지의 혼합으로 분류된다. 무굴제국기의 인도에서는 영주와 금융업자들 간에 은화의 이동이 잦았던 한편 농촌에서는 오로지 현물거래에 의존하는 촌락과 패화와 동화와 같은 소액화폐가 유통되는 지방시장에 의존하는 촌락이 공존하고 있었다.

근세 일본의 사례는 외견상으로는 중국과 유사한 점이 많으나 지역 유동성을 생각하면 두 번째 그룹에 가까운 특징을 가지고 있다. 세금 납입을 담당한 공동체로서의 마을에 성원들끼리 융통관계가 발생되었고 또한 마을은 외부 상인으로부터 단체로 대출을 받는 단위로서의 기능도 하고 있었다.

대개 소농들이 보다 빈번하게 현지시장을 이용할수록 전통 중국의 경우처럼 시장은 보다 자율적으로 자신의 유동성을 스스로 조직화하게 된다. 그러나 중국의 사례는 자유로운 시장경제가 반드시 공업화로 향하는 것이 아니라는 것을 보여준다. 참가하기는 쉽지만 예측이 어려운 자유경쟁 장소보다도[18] 오히려 화폐사용에서의 제한과 지방공동체 내에서의 융통은 서구에서나 일본에서나 지역 공업화를 위한 자금축적을 준비한 것이었다.[19] 이상의 결과는 국민 경제를 배양기로 발달한 자본주의 경제가 개개의 사회구성의 자유도가 높은 시장참여에서 생겼다기 보다 일종의 제도적 제약을 촉매로 하여 싹 튼 것이라는 점을 시사한다.

---

[18] 바자르는 파는 쪽은 최대의 이익을 사는 쪽은 최대의 효과를 얻으려고 교섭하는 경쟁의 장소였다. (Geerts, 1978)
[19] 일본과 서구의 공업지역화의 비교연구는 19세기 말까지에 지역공업화로 향하는 양자의 공통항으로서 결국은 수출용 농산품의 이익이 그 지역의 투자펀드로서 축적된다는 요건을 떠오르게 한다. (齋藤, 1997, p.85)

7장
본위제의 승리
매몰되는 지역 유동성

1. 일국일통화 원칙의 역사성

오늘날 한 국가에서는 통화 하나만이 배타적으로 유통되는 것을 당연한
원칙으로 삼고있다. 중남미의 몇몇 국가에서처럼 국내 통화보다 현지에서
유통되는 미국 달러가 액수면에서 상회하는 경우도 있지만 그래도 역시 국
내 통화만은 하나이다.[1] 미국 달러는 국제통화로 각 국가들사이에 결제 통
화로 사용하고는 있지만 달러 자체는 일국일통화 원칙을 보완하는 것일 뿐
이지 대립되는 것은 아니다. 그러나 이러한 원칙이 원칙으로서 보급된 것은
아주 현대적인 일이다. 1장에서 소개한 마리아 테레지아 은화도 일국일화폐
제도의 통화체계에서라면 엄두도 못 낼 동화 유통이 제2차 세계대전까지 뿌

---

[1] 1995년에 미국달러가 해외에서 유통된 총액은 발행액 전체의 55~70%로 되어 있으나
볼리비아와 우루과이에서는 미국달러와 자국통화의 비율이 3대1 혹은 4대1이었다고 한
다. (Cohen, 1998, p.110)

리 깊게 잔존하고 있었던 사실을 보여준다. 실제 19세기에 동은화와 멕시코 은 등에서 많은 무역 은이 국경을 넘어 유통되자 은의 유통회로 마디마디에 묶여진 지역경제에서 계속적으로 독자적인 통화를 유지하였다. 제6장에서 살펴본 것처럼 현지 통화의 수요공급에 대한 압박이 완화될수록 지역신용이 발달한 사회는 별도로 하더라도 지역적인 독자 통화를 계속 유지하였을 때 이런 점이 현지인들에게 전혀 없었다고 말 할 수만은 없다. 아시아, 아프리카라는 지역경제 주변에서 다시 확인하여 본다면, 19세기 말부터 국제 금본위 단위의 형성으로 일국일통화제도의 원칙을 대체할 제2의 길은 결국 매몰되었다고 말 할 수 있다. 그렇게 매몰되는 과정은 국경 내부에서 유통되고 있던 통화들 사이에서의 관계가 대칭되는 과정이기도 했다. 과정의 구체적 양상을 다음 장에서 살펴보기로 하자.

2. 소농경제와 재래통화의 변용

제1차 세계대전이 진행되던 약 20여 년간은 런던을 중심으로 한 무역에서 다각적인 결재가 급격히 발전하는 시기였다. 이로 인해 한편으로 영국의 은화와 파운드를 축으로 하는 국제금본위제가 성립되었고 또 한편으로는 국제무역을 지속적으로 발전시키는 결과를 가져왔다. 특히 이 시기는 무역이 확대되어 농산물 수출에 유리한 가격비가 진행된 것이 특징이라고 할 수 있다. 이에 따라 동아시아, 남아시아에서는 눈에 띄게 통화가 변화하였다. 즉, 전통적 현지통화가 시장에서 퇴장한 것이었다. 그 진행은 더디게 이루어졌지만 중국과 조선 그리고 베트남의 구멍이 뚫린 1문 동전, 타이의 패화가 새로운 통화로 대체되었다(Rbequain, 1944, pp.137-146 : Ingram, 1955, pp.149-151). 그렇다고 해서 아시아가 다 똑같은 현상이 나타난 것만은 아니었다. 인도와 말레이시아, 인도네시아 등에서는 본국통화와 현지통화를 링크시킨 화폐제도를 사용하였지만 이와는 달리 중국과 베트남이 파운드와 변동시세를 유지하였고 결국 1930년대에 사실상 링크되는 차이가 발생하였다.

다만, 국제적으로 금본위제가 성립한 1900년경부터 지제통화가 수령되기 시작하거나 혹은 보급이 심화된 점은 거의 같다고 할 수 있다. 개항장에서 외국은행권이 한정적으로나마 유통되었고 4장과 6장에서 소개한 전표처럼 극히 한정된 지제통화를 제외하면 기본적으로 금속화폐에 의지하였던 중국에서 성정부가 발행한 관전표(官錢票)가 광범위하게 수령되기 시작하는 것도 이 무렵부터였다(黑田, 1994a, 제7장). 또한 인도에서 식민지 정부의 지폐가 이전부터 상당한 액수가 발행되었지만 소액면 지폐가 발행되어 지방 말단에서까지 사용된 것도 20세기에 들어와서였다. 이러한 현상은 보다 넓은 범위에 걸쳐 같은 시기에 나타났다.

중국에서 상품 유통이 변동하자 무엇보다도 이를 조달하는 화폐 유통의 변화가 이어졌다. 농촌 생산물에 대한 수요가 늘어나자 영세하여 1문 액면 정도 밖에 대표하지 않는 동전도 적어져, 1890년대 중반쯤부터 동전 부족 현상이 만연하였다. 농산물을 조달하기 위한 현지 통화가 부족하자 20세기에 들어서면서 10문 액면의 동원(銅元), 1000문 액면의 관전표가 수령되었다. 농산물의 수출이 호조를 보인 지역에서는 관전표가 이전부터 전장에서 발행되던 전표를 구축하였다. 그 결과 개항장에서 흡인력이 있는 성정부 지폐의 광역 통화권역이 나뉘어지면서 제1차 세계대전을 맞이하였다. 그러나 세계 대전으로 유럽으로의 수출이 중단되고 상해가 공업화됨에 따라 상해에서도 변화가 일어났다. 그것은 원세계(袁世凱) 은원과 그것을 태환화(兌換貨)로 한 중국은행권의 유통으로 나타났다. 중국은행권은 처음에는 발행은행 소재지에서만 금속화폐가 계절적으로 받는 수급의 압박을 완화시킬 수단으로만 쓰이던 지방화폐에 불과하였으나 결국 성정부가 발행한 관전표를 구축하고 1935년 중국에서 화폐 통일의 기초가 되었다(黑田, 1994a, 제9장).

인도에서도 수출이 늘어나자 농산물을 소농들로부터 조달하기 위해 통화의 공급이 증대되었다. 1900년 말에는 2억 8900만 루피(1860만 파운드)로, 1892년 말에는 2억7100만 루피(1,810파운드)로 변화가 많지 않았지만, 은화 총유통액이 이후 계속 증가하여 1911년에는 5억7400만 루피(3650파운드)로 증대하였다(竹內, 1978). 특히 지폐공급의 계절적 차이가 명확하여 추가 통화에 대한 수요에 대응하였다(Keynes, 1971a, pp.38-39). 정부지폐는 소액통화 중심으로 주요한 주(州)의 지폐발행국에서 공급한 것으로 당시 관할권 밖에서는 법화로 인정되지 않았으며, 태환될 때에도 할인되었다(Keynes, 1971a, pp.31-32). 지방에 소액화폐를 공급한 것은 수출상품을 끌어안고 있었던 소농들에게 쉽게 받아들여졌다.

〈표5〉 20세기 동남아시아의 지폐유통

	타이정부지폐유통잔고 (백만 바츠)	인도지나 운행권 유통잔고 (백만 프랑)	인도지나 은행권 준비 (백만프랑)
1903년	3.5	40.2	31
1908	14.8	57	65.7
1913	26.1	86.5	71.2
1918	59.7	174.4	60.6
1923	91.7	831.1	324.6
1928	135.3	1841.1	708
1933	114.3	956.4	822.5

출전 ; Centra Service of Statistics, 1939, pp.322-323, 權上, 1985, pp.376-377)

<표6> 서아프리카 영국령에서의 영국은화 공급

영국스터링 은화 발행총액(파운드)	연도	서아프리카 영국령의 무역총액(천파운드)
1886~90 24,426		
1981~95 116,323		
1896~1900 257,090		
1901~05 262,786	1903	9,793
1906~10 666,190	1908	14,564
1911 874,85	1913	30,479

출전 ; Mcphee, 1971, pp.236-237

다만 중국과는 달리 1파운드 = 15루피로 고정된 체제하에서 통화가 공급된 것이고 때문에 국제수지에 종속될 수밖에 없었으며 자율적으로 공급하기에는 한계가 있었다.[2]

동남아시아에서도 마찬가지의 경향이 나타났다. 20세기의 타이 정부 지폐와 인도지나 은행권의 유통잔고는 표5와 같은 추이를 보인다.

위의 표에서 20세기 초기 지폐의 유통 잔고가 착실하게 증가하였고 세계대전 후에는 급격하게 증가함을 알 수 있는데, 이 배후에 타이에서는 폐화가, 인도차이나에서는 동전이 시장에서 퇴장되고 있었다. 그리고 양국에서도 수출용 쌀농사가 진행되어 수확된 쌀의 집하 및 이전에 화폐수요가 밀접하게 관계하고 있다. 이러한 상품화폐의 대가로 소농이 받는 통화가 변화된 것은 아시아 지역[3]뿐만은 아니었다. 표6에서 볼 수 있는 것처럼 영국령이었던 서아프리카의 전체 무역액도 제1차 세계대전이 일어나기 전의 약 20여 년 동안 3배나 되었고, 마찬가지로 영국 스털링 은화의 발행액도 3배로 늘

---

[2] 거의 같은 상황이었던 식민지 카이로는 수출용의 시황(市況)이 직접적으로 통화공급을 좌우하였다. (關口, 1973)

어났다. 1894년의 영국령 서아프리카 은행이 설립되면서부터 1910년까지 500만 파운드 스털링 은화가 서아프리카에 흡수되었는데 이러한 상황은 이전의 인도와 마찬가지였다.[4] 다만, 인도와는 달리 영국 본토에서 주조되었으며 또 영국 은화가 극히 일부에서만 받아들여졌다는 것은 무엇보다 큰 차이였다.

19세기 서아프리카의 전통적 거래에서 화폐는 몇 겹의 단계로 나뉘어 유통되었다. 가장 하층의 일상적인 거래에서 사용되었던 것은 인도양에서 채취된 패화였다. 3장의 벵갈의 사례에서 본 것처럼 여기서도 패화는 아주 적은 액면밖에 대표하지 못했기 때문에 구멍을 뚫고 묶어서 고액의 거래와 원거리 운반을 감당할 수 있게는 하였지만, 대체로 고액거래에서는 패화보다도 병에 담은 진(gin)이나 때로는 노예가 사용되기도 하였다. 일상거래와 고액거래 사이의 중간 규모의 거래에서는 동선(銅線, cheetham), 작은 합금제철(manilla) 등의 금속류가 사용되었는데, 금속의 액면과 소농이 사용하는 패화는 차이가 커서 중간매체로 다양한 수교화폐나 상품화폐로 구별을 하여야만 했다.[5] 상술한 영국화폐는 가장 바깥층에서 들어와 사용된 것으로 나이지리

---

[3] 서아시아의 예를 보충해 보자. 19세기 후반 이란에서도 인도와 마찬가지로 중국의 아편 수출에 의존적인 무역구조였으나 중국산 아편이 늘어감에 따라 인도의 아편은 감소되어 갔다. 대신에 19세기 말부터 북부를 중심으로 하여 러시아로 수출하는 면화 양이 증대되었다(後藤, 1988). 이러한 상황에 따라 북부 지방에서는 루블이 유통되었지만 전반적으로 통화가 부족하자 1900년부터 13년간은 페르시아 제국 은행권의 발행액을 증가시켜 대응책을 마련하여 갔다. 덧붙여 말하면 그 동안의 발행액과 수출액과의 상관관계는 0.788이나 되는 높은 수치를 보이고 있다. 또한 공급부족인 동화(銅貨)대신에 니켈화도 발행하고 있었다(Issawi, 1971, pp.126-127).
[4] 1898년 런던 주조국에서 주조된 은화의 25% 이상이 서아프리카로 흡수되었다고 한다(Mcphee,1971,pp.241-243).
[5] 1897년의 사례이기는 하지만 40개 한 묶음의 패화가 3/8펜스, 머닐러(manilla) 하나가 5/4펜스였다고 한다(Ekundare, 1973, p.84).

아 라고스 주변 등지에서만 쓰였을 뿐이다 (Mcphee, 1971, pp.233).

1903년 영국에서는 재래 화폐를 구축하기 위해 청동주화를 수입하였으나 액면가가 높아 받아들여지지 않자 1908년에 1페니 니켈화, 1/10 페니화(구멍이 있음)를 도입하였고, 1911년에는 나이지리아 남부에서 동과아연의 합금 봉(棒)과 금속제 팔찌 머닐러(manilla) 의 비화폐화를 선언하였지만 대체가 늦어져 순조롭지 않았다 (Mcphee, 1971, pp.238). 그러나 대전 중 영국으로 수출되는 농산물이 급격히 증가하자 심각한 화폐부족이 나타나면서 사태가 변화하였다. 이제까지 유통되고 있던 마리아 테레지아 은화와 같은 외국은화는 구축되었고, 재래화폐의 유통 또한 억제되어 1펜스, 1/2펜스, 1/10 펜스의 니켈 청동화를 따라 2실링, 1실링, 6펜스, 3펜스 등의 합금주화가 폭을 넓혀 갔다. 1935년 6월말 유통액의 추계는 표7과 같다.

〈표7〉 1935년 나이지리아의 화폐유통액 추계(단위:파운드)

서아프리카 은화	1,348,318
서아프리카 합금주화	7,276,567
서아프리카 니켈청동화	653,064
서아프리카 지폐	717,295

출전 ; The Nigeria Handbook, 1936, p.73

지폐는 100% 준비를 원칙으로 런던의 서아프리카 통화국에서 발행했으나 화폐수요에 맞추어 탄력적으로 발행하지 못하였다. 따라서 인도보다 더 국제수지에 규제된 통화공급으로 탄력성이 부족하였기 때문에 이 기회를 틈타서 패화 등이 종종 부활되기도 하였다.

이처럼 독립성이 높은 소농들이 지방시장을 번영시키고 있었던 사회에서도 그들의 수요에 맞는 독자 통화가 서서히 스터링이나 파운드와 같은 기축

통화와 식민지 본국 통화와 태환성이 높은 새로운 통화로 대치되어 갔다. 그러나 그 과정이 꼭 한 가지 길로만 나간 것은 아니었다.

3. 지폐와 태환성

아시아 아프리카와는 달리 라틴아메리카는 지폐자체가 많았던 나라로 19세기 전반에 상당히 많은 국가에서 받아들여지고 있었다. 이곳에서의 유통상황이 한결같지는 않았지만 일정한 경향을 보여준다. 예를 들면, 1890년대 전반 브라질에서는 은행에서 발행하는 액수가 급증하여 브라질 통화인 밀레이스(milreis)의 파운드에 대한 환율 시세가 계속 하락하였다. 이러한 통화팽창은 커피 농장주들로 하여금 계속 수출을 자극하고 커피의 국제가격 침체로 인한 손해를 대중에 전가시키는 작용을 하였다(Furtado, 1963, p.193, Levy, 1991). 마찬가지로 같은 시기 아르헨티나에서도 불환지폐 발행이 증가하자 지폐 페소의 대파운드 환율 시세가 하락하는 경향이 나타났다. 농장주들 역시 농산물 수출의 침체에서 벗어나지 못한 손해를 국내 인플레이션으로 농산물 생산자에게 전가시키며 자신의 이익을 챙기고자 하였다(Ford, 1963, pp. 94-95).

그런데 아르헨티나에서는 1898년 무렵을 고비로 수출 농산물의 가격 추세가 상승으로 전환되어 상황이 바뀌었다. 유리한 교역조건하에서 환율시세를 안정시키기 위해 사실상 파운드에 링크된 통화제도가 되었다. 브라질에서도 1900년의 신용공황을 계기로 엄격한 발권준비가 법으로 규정되어 극단적일 정도로 발행이 제한되었다. 그 결과 밀레이스의 파운드에 대한 환율은 안정되었다. 라틴 아메리카 각 국가에서 국제금본위제가 형성되었다는 것은 호전된 교역조건에 대응해 국제태환성이 높아졌다는 것과 그에 따라 외자가 안정적으로 유입되었다는 것을 의미한다.

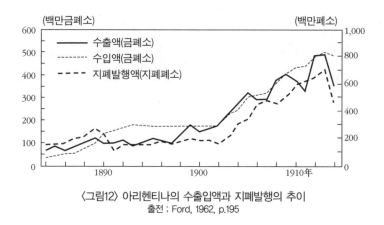

〈그림12〉 아리헨티나의 수출입액과 지폐발행의 추이
출전 ; Ford, 1962, p.195

아르헨티나에 대해 조금 자세히 살펴보자. 수출 확대되자 역시 통화 공급도 확대되었다. 그림 12에서와 같이 국내 통화인 지폐 페소의 발행액은 거의 무역액과 같은 양으로, 1884년부터 1914년까지 지폐발행액과 수출액의 상관계수는 0.945였다. 1901년만 한정하여 보더라도 0.911이라는 높은 수치를 보이고 있다. 당시의 수출무역은 지폐 페소에 의한 농산물 조달로 현실화 된 것이었다.

지폐 페소에 대해서는 다음 사항을 정리해 두자. 1881년까지 아르헨티나에서는 각 지방이 독립적인 통화를 가지고 있었고, 또 볼리비아, 페루, 칠레 등 외국통화도 유통되고 있었다(Ford, 1962, p.63). 이때문에 마치 성정부 지폐와 멕시코 달러를 필두로 한 각국 은원이 어지럽게 섞여 유통되었던 제1차 대전까지의 중국, 즉 이 책의 앞에서 설명한 경존(競存)화폐가 존재하던 중국의 상황과 유사하였다. 그러나 이쪽에서는 1882년에 폐제개혁을 실시하여 지폐 페소로 통일하였으며 대외통화도 배제하는 데 성공하였다. 이 지폐 페소의 특징은 대외통화인 금페소에 대한 비가(比價)가 변동시세제를 기초로 한다는 점과 금지불이 내륙 지역에서는 거부되기도 하였지만, 국내 유통되는 통화로 높은 수령성을 가지고 있었다는 점이다. 때문에 1895년까지 무역의 부진으로 지폐페소의 시세는 계속 하락하여 갔지만, 이로 인해 지주와 운수 관련업자가 이득을 보게 되었기 때문에 방임되었다. 그러나 1896년부터는 수출 호조에 따라 환율도 높아졌고 과두지배층은 이러한 조건이 계속되는 한 고정비율을 용인하였기 때문에 세계대전 전에는 계속 고정시세였다(Ford, 1962, p.94).

아르헨티나는 런던에서 아르헨티나의 공사채 모집과 영국의 아르헨티나에 대한 수출액 사이에 상관관계가 보여주는 것처럼 외자 의존적 경향이 강하였고, 또 대체산업이 없었기 때문에 수입품 수요에 대한 가격탄력성도 낮았으며(Ford, 1962, pp.67, 159) 무엇보다도 농산품 수출에 대한 의존도가 높다는 종속적 특징이 강하였다. 그러나 한편으로 오스트리아나 뉴질랜드와 달리 아르헨티나는 외국 은행이 금도 외국 환율도 그다지 보유하고 있지 못하였지만, 자국은행은 독립성이 강하였다. 또한 지폐 페소도 국내수요에 맞추어 발행하였기 때문에 스털링 잔고가 은행 준비와 외화준비를 형성하기 전의 두 나라 정도로 대외준비 감소는 국내신용에 그리 영향을 주지 않았다는 것도 특징이었다(Ford, 1962, pp.133, 150).

이처럼 동으로는 중국에서 서쪽으로는 아르헨티나에 이르기까지 원료 작물수출이 증대함에 따라 이를 구입하기 위한 통화 부족 현상이 20세기 초에 동시에 나타났다. 공급하는 쪽의 차이는 있지만, 대량 공급되면서 전통적

농수산물 유통을 지탱하여 왔던 재래의 현지통화가 변용되어 지폐유통이 침투되기 시작하였다는 점은 공통적이다.

그러나 갑자기 지폐가 유통되기 시작한 것은 아니었다. 중국에서는 1문 동전에서 당십동원으로, 서아프리카에서는 패화에서 니켈화로 전환되었듯이 일상적 유통수단이 고액면화되어 사실상 디노미네이션 현상이 진행되었으며, 지폐는 지폐가 가지고 있는 태환성에 따라 수령되어 갔다. 따라서 이러한 지폐가 유통되려면 반드시 두 가지 조건이 필요하다고 할 수 있다. 지폐는 어디까지나 현지통화를 보조하는 순간으로 유통되는 것이므로 태환보증도 지역적으로 한정되었다는 것이다. 소액면 지폐에 비중을 두어 화폐를 발행하고 또 태환을 확실하게 하기 위해서는 태환준비를 철저히 하여야 한다. 이는 각 지역경제의 통화수요의 계절적 변동에 대응해 태환준비를 보다 집하지에 가까운 지점으로 분산하여 형성하여야 한다는 것을 의미하였다. 실제 원료 수출국에서 당시의 지폐준비는 세계경제의 중심지의 준비율보다 낮기는 하여도 각 사회의 역사적인 문맥에서 보면 높았다.[6]

소농들의 생산물이 사회 경제의 중심지로 대량으로 조달되자 현지의 가격수준과 경제중추의 가격이 서로 접근되었는데, 이는 사실상 디노미네이션과 지폐의 추가적 공급이 매개되어 연결된 것이다. 그 결과 동전과 패화와 같은 전통적 현지통화가 시장의 뒷무대에서 사라지게 되었지만 반면, 이들

---

[6] 인도에서는 지폐준비가 100%였다고 한다. 1913년의 총지폐유통액 4600만파운드에 대해 루피은화 11만파운드, 인도에 있는 금 600만 파운드, 런던에 있는 금 1950만 파운드, 런던의 은 600만 파운드, 증권 950만 파운드가 준비되어 있었다(Keynes, 1971a, p.34). 이란도 100% 지불준비 상태라고 전해지나 실제는 2/3정도에 불과하였다 한다(Jones, 1986, p.80). 중국에서는 사실상 성은행인 관전국(官錢局) 중에서 최대 규모로 발행한 호북관전국(湖北官錢局)의 경우 1908년 12월과 1910년 7월의 현은(現銀)에 의한 지폐준비는 각각 44%, 26%였으나 유가증권을 더하면 100%를 넘고있다(謝, 1988).

통화가 지탱하여 왔던 지역 경제에서의 고유의 계절변동을 위해 새롭게 뛰어든 지폐도 영향을 받게 되었다.

여하튼 소농생산물의 수출을 흡수함에 따라 반대방향으로 지폐가 침투하였고, 그리고 사실상 디노미네이션에 따라 전통적 현지통화가 퇴장되는 현상이 세계적으로 동시에 진행되었다. 이 과정에서 일국일통화제도가 급격히 시민권을 획득하게 되었고, 자율적인 지불공동체가 사실상 무국적의 무역은으로 결부되려는 움직임이 갑자기 희미해져 갔다. 1장에서 소개한 홍해 주변의 마리아 테레지아의 유통은 바로 이러한 잔재였다고 할 수 있다.

현지통화에서 이탈하여 가는 속도를 보면, 재지 금융지관이 발달하지 못한 서아프리카에서는 완만하였고, 라틴 아메리카는 수출이 중심이 된 역사적 성격 때문에 19세기에 이미 진행되어 갔다고 볼 수 있다. 아시아의 소농경제는 중간에 해당된다.

4. 탈현지통화와 공황

위에서 설명한 것처럼 원료공급지로서 세계 경제의 〈주변〉에 위치하는 각 사회, 특히 전통적 소농경제가 현지 통화에서 이탈해 가는 과정을 통해 거꾸로 중심에 대해 통화 재고가 분산되도록 강요받는 구도가 되었다면 국제 금본위제에 대한 지금까지의 이해도 다시 생각해 보아야 할 문제이다. 당시 세계적인 규모로 계속적으로 일어난 신용공황에 대해서도 다른 해석의 가능성도 생긴다. 각 국 경제에 가장 심각한 타격을 입힌 1907년의 공황을 소재로 생각해 보기로 하자.

먼저 경과를 확인해 두자. 제1차 세계대전기의 다른 공황과 마찬가지로 공황의 발단과 이야기는 1년 전인 1906년 미국에서부터 시작된다. 그해 8월 유니온퍼시픽사가 돌연 부상한 것을 계기로 뉴욕 주식시장은 투기에 휩쓸렸고 이는 은행에서의 준비에 긴장상태를 초래하여 평상시로서는 30년 만에 최고 수준의 금리가 나타났다. 미국 재무성은 사태를 해결하고자 정부의 잉여자금을 은행에 예탁(금고금예탁)을 하여, 9월에는 3600만 달러 상당의 금이 유럽시장에서 계약되었다. 그러나 이러한 금의 이동이 유럽에 긴장을 파급시켰다. 영국은행에서의 준비율은 감소되었고, 1899년 이래 5-6%였던 금리가 1873년 이후 3번째로 높은 금리가 10월에 기록되었다(Noyes, 1909, p.357). 이집트에서 사들인 면화의 자금 이동까지 겹쳐 이러한 금리 인상으로 연결되었다.[7]

런던에서의 균형을 배경으로 국제적인 단기 자금의 이동이 투기를 과열시킨 것으로 볼 수 있다. 이전에는 이러한 신용 팽창에 주목하였지 농작물 이전에 따른 자금압박에 대해서는 어쩌다가 풍작이었기 때문에 그랬을 것이라는 우연적 요소로만 처리되었다. 그러나 바로 이러한 농작물 이전에 따른 자금 압박 자체는 국제 금본위제가 소농경제를 연결시킨 또 하나의 필연적 소산이었다.

위에서 말한 신용불안은 마치 해소된 것처럼 보이나, 다음 해인 1907년 함부르크, 알렉산드리아, 도쿄, 샌디에고 등 세계 도처가 신용불안에 휘말렸

---

[7] 1906년 10월 영국은행공정보합(銀行公定步合)은 베어링공황이래 2번째로 6%라는 수준을 기록하여 다음해 공황의 전사(前史)가 되었는데 세이어즈는 〈기묘하게 특히 6%라는 공정보합에 불을 붙인 것은 면화의 풍작을 구가한 이집트로 향한 금의 수요였다고〉주목하고 있다(Sayers, 1976, p.55).

다(Noyes, 1909, p.3360-363). 하지만 또 다시 가을을 맞이하여 거액의 어음과 미국 증권이 런던으로 흘러들어 왔고, 해외에서 수확용 자금에 대한 수요도 겹치며 일거에 신용이 붕괴되어 버렸다. 극히 일부의 예를 제외하면 그때까지 계속 확대되어 왔던 각국 무역량이 축소되었고, 이는 모든 생산 영역에도 영향을 미쳤다.[8] 인도도 예외는 아니어서 1908년에는 1차대전 이전에 유일하게 무역이 감소되는 시기로 기록되었다.

이 무렵 아르헨티나와 이란에서 발행되는 지폐 액수는 상당히 줄어들었고, 인도에서도 지폐는 유통에서 돌아가고 있었지만 1907년 가을부터 다음 해 겨울까지는 금은 유통에서 빠지고 있었음이 확인되었다(Keynes, 1971a, pp.96-97). 이것은 인도 경제가 런던 금융에 얼마나 종속되고 있는지를 보여주는 사례이다. 하지만 생각을 달리하면 끌어들일 가능성이 있는 금이 얼마나 대량으로 인도 시장에 고정되어 있었는가를 보여주는 것이기도 하다.

1908년 이후 각국은 한편으로 금을 확보하기 위한 경쟁도 심해지고 동시에 다른 한편으로는 다양한 형태로 지폐 발권의 탄력성에 힘쓰며 준비금 유지의 중압을 해소하고자 하였다. 원래 최대의 금 보유국인 미국으로서도 준비금이 개별 은행에 분산되어 있다고 비난을 받고 있었는데 공황을 계기로 긴급 통화발행 제도를 두는 등의 조처가 실시되어 곡물 수확기에 뉴욕에서 국내 각지로의 현금 이동은 아주 낮은 편이었다(須藤, 1985, 1987).

중국의 경우는 금 자체의 순환에서 가장 자유로운 입장이었으나 그래도 1907년 가을 국제무역을 담당하고 있던 동성화(東盛和)가 파산하자 상해(上

---

[8] 주요 철강생산 6개국의 생산고는 23%가 감소되었다(League of Nations, 1931, p.275).

海)와 영구(營口)의 공황을 시작으로(倉橋, 1980) 이후 빈번히 형태를 바꾸며 신용공황에 휩쓸리게 되었다. 고무공황처럼 국제적인 투기의 여파는 금 혹은 금환본위제(gold exchange standard)를 채용하지 않아도 되도록 밀어붙였다. 다만, 신용공여는 지역적이었기 때문에 공황도 지역적인 것에 불과하였다는 것을 유의해 둘 필요가 있다.

1920년대에 성립된 국제금본위제는 지금까지 설명한 것처럼 현지통화를 파운드에 연계시켜 오히려 농민에게 건네주어야 할 자금이 계절적으로 조정되기 위한 탄력적 대응을 어렵게 만들었다. 지폐가 보급되어 이러한 상황이 완화되었음은 틀림없지만, 그러나 실제로 엄격한 태환준비를 분산시켜 형성한데다가 지방차원의 유통에 그치게 했다. 나아가 1907년 공황을 전형(典型) 혹은 또 획기(劃期)로 하여 신용 불안은 태환 준비로서 금 사재기를 각국에 촉진시켰다. 실질적으로 국내에서 은을 사용하였던 국가인 인도가 루피를 1대 15의 파운드로 고정시키자 중국과 같은 은사용 경제도 영향을 받게 되었다. 1907년 이후 중국 개항장에서 지역별로 신용공황이 계속 발생한 것도 이와 관련된 일련의 현상이라고 생각할 수 있다.

그러면 이후 어떻게 되었을까? 이러한 불안전한 기초가 지속되면서 제1차 세계대전 후에도 현지 통화가격으로 농산물 가격은 계속 상승하였다. 이에 맞추어 통화의 수요와 공급에 탄력성을 확보해 가기 위해서는 어찌되었건 유통의 말단에 있는 재지(在地) 기구의 신용팽창에 의지할 수밖에 없었다. 이는 제1차 세계대전 후 1920년대에 절정을 맞이하였다. 제6장에서 살펴본 것처럼 유휴자금이 지역에서의 집적을 촉진할 수 있는 구조가 되지 못하였기 때문에 농산물의 수출이 증가하자 재지금융기구에서는 단기 신용공여를 팽창시킬 수밖에 없었다. 인도 남부의 서민금융 니디(nidhi : Baker,

1984, pp.276-318), 중국의 환전상 전장(錢莊), 베트남 코친차이나와 미얀마의 신용조합은 형태는 다르지만, 1920년대 전반에 숫자가 상당히 많아진 점은 공통된다. 코친차이나에서는 1913년에는 10만 피아스톨도 못되었던 상호신용조합에 대한 대부가 20년대에 급등해 30년에는 1,510만 피아스톨이나 되었다. 그것은 실질적으로는 인도차이나 은행이 지주에 대한 신용공여를 떠맡는 기능하고 있었으며, 은행자금은 지주의 손에서 소작농민에게 소매되었다. 소위 도매를 하는 인도차이나 은행으로서는 제1차 세계대전까지는 70% 이상의 발권 준비금을 보유하고 있었지만 세계대전 후에는 1/3에도 미치지 못하는 준비율로 은행권의 유통 잔고를 급속히 확대시켜갔다. 마찬가지로 미얀마의 농업 신용조합도 1920년대가 가장 발달된 시기였다 (Robequain, 1944, pp.170-172 ; Cheng, 1968, p.274).

대공황이 일어나기 전인 20년대 후반 이미 아시아 각지의 재지금융은 부진에 빠지기 시작하였다. 중국에서도 인도에서도 현지 통화가격으로 볼 때 수출 농산물 가격이 가장 피크였던 것은 20년대 후반이었고 공황 후에는 순환적인 통화수축이 시작되기 전부터 가격이 하락하는 경향도 숨어 있었다. 이것을 반영하는 것처럼 니디(nidhi)의 자금 수집능력은 쇠퇴하기 시작하였고, 상해(上海)와 한구(漢口)의 전장(錢莊)도 1924년의 신용 공황을 경계로 하여 경영상황이 악화되어 갔다.

세계공황이 문자 그대로 세계적인 규모로 공황이 되었던 점에 대해 세계경제의 중심에만 착안하는 것이 아니라, 1920년대의 농산물 수출경제에서의 잠재적 금융 위기와의 인과관계를 고려한 시각이 지금까지 없었던 것은 아니다. 그러나 그것은 브라질의 커피수출에서도 볼 수 있듯이 오직 라틴아메리카 등의 모노컬쳐형의 수출경제가 수출상품 가격의 부진을 외자 차입에 의한 체화(滯貨) 유지로 빠져나오려고 한 점에 착안되었을 뿐이다 (Kindleberger, 1986, ch.4). 게다가 그러한 사태는 19세기말부터 이미 나온 것으로 그것만을 세계공황의 전제로 보는 것은 무리가 있다.

그러나 이 장에서와 같은 시점에서 아시아, 아프리카의 소농경제에 착안함으로써, 시장 혹은 통화의 중층성을 넘음으로써, 신용연쇄가 확대되는 것을 알 수 있었다. 그러한 각도에서 다시 보면 우리는 제국주의론도 아니고, 종속이론도 아닌 중심을 상대화하는, 세계경제에 대한 또 다른 인식을 획득할 길이 열릴 수 있을 것이다.

종장
시장의 비대칭성

1. 화폐수요의 계절성과 통화의 비환류성

이 책에서는 지금까지 농업사회에서는 화폐의 수요와 공급에 계절적 차이가 있으며, 또 수교화폐는 원래 거래 수요에 맞추어 환류하는 것이 아닌데, 특히 소농들이 많이 필요로 하는 영세액면 통화일수록 환류가 힘들다는 것을 전제로 하여 역사 현상들을 설명하여 왔다. 지금까지 소개한 현상들 자체가 그러한 전제를 방증하고 있는 것인데, 여기서는 20세기 이후 조사통계에 의거해 다시 확인하기로 하자.

표8은 6장에서 예로 든 중국 산서성(山西省) 태원현 황릉촌 농가의 월별 농산물 판매액을 표시한 것이다. 전체 농산물 매각액에서 1월부터 4월까지는 4.3%만이 팔리고 있으나 보리를 베고 조를 수확하는 시기인 7월에서 10월까지는 70.0%가 팔리고 있다. 이러한 농산물 매각에서의 계절적 편차는 당연히 농촌의 화폐수요에 커다란 영향을 미쳤다. 또한 계절적 편차는 농산

물 구입자의 화폐수요에도 영향을 미쳐, 수확기 농산물을 구입하기 위한 자금이 도시에서 농촌으로 흘러들어감에 따라 도시 화폐수요에도 압박을 초래하였을 것이다. 표 9는 산서(山西)의 옆인 산동성(山東省) 제남(濟南)의 시중 금리를 계절별로 나타낸 것인데, 가을부터 겨울사이에 이율이 높은 것을 알 수 있다.

〈표8〉월별농가판매액 山西省 黃陵村, 1930년 단위 원(元)

	곡물	야채	계	마을판매	태원판매	생산지
1월	0	20	20	0	20	0
2월	0	0	0	0	0	0
3월	24	7.5	31.5	16.5	0	15
4월	57	0	57	42	0	15
5월	0	0	0	0	0	0
6월	17	100.8	117.8	3.75	70.75	43.3
7월	115	103.3	218.3	126.25	48.75	43.3
8월	214.5	99.67	314.17	192	122.17	0
9월	90.7	369.97	460.67	137.2	275.17	48.3
10월	377.52	401	778.52	409.02	269.5	100
11월	15	70	85	15	70	0
12월	297.4	149.67	447.07	284.9	132.17	30
계	1208.12	1321.91	2530.03	1226.92	1008.51	294.9

출전 ; 黑田.1996년

또 표 10은 무엇보다 농업에 의해 영향을 받으며, 통계자체도 매우 신빙성이 있는 제2차대전 전의 인도 사례로 소액면통화의 비환류성을 잘 나타내고 있다. 1919년에서 1937년까지 연평균 400만 루피에 해당하는 소액통화(1루피 미만)가 환류 되지 않고, 민간에 체류되고 있음을 알 수 있다. 같은 기간 중에 루피 은화가 매년 평균 6200만 루피가 회수되고 있는 것과는 대조적이다. 게다가 그림 13의 월별 통계를 보면 수확기인 가을이 걸친 시기는 수요가 높아 시장으로 흘러들어 가고, 여름에 걸쳐 회수되는 계절성을 명확히 알 수 있다. 통계를 내고 있던 인도의 준비은행에서도 루피 은화를 소액통화가 대체하고 있다고 해석하였다. 월별통계에서 계절변동의 파동은 소액면 통화와 루피 은화가 거의 일치하고 있고, 양자에 대한 수요 변동이 서로 비슷하다고 보기 때문에 대체될 가능성을 생각할 수 있다. 그러나 1914-18년에는 루피 은화도 환류하지 않고 체류하는데 반해 소액통화가 체류하고 있는 것을 보면 이 해석이 모순된다 할 수 있다. 즉, 루피 은화가 움직이고 있음에도 불구하고 소액통화는 거의 일관되게 유통 잔고를 계속 증가시켜 갔다. 결국 표10의 소액통화의 미회수액은 소액 통화의 체류 경향을 나타낸 것이라고 보아도 좋을 것이다.

여기서 화폐수요의 계절성과 소액화폐의 비환류성을 다시 한번 확인하

〈표9〉 월리의 계절변동 산동성(山東省)

봄	여름	가을	겨울
1	0.8	1.8	1.5%

출전 ; 《中外經濟周刊》84,〈濟南之金融機與通貨

〈표10〉 인도 소액통화의 연별 미수액
(발행액-회수액, 단위 1000루피)

1909-13년평균	6,087
1914-18년평균	10,027
1919년	21,371
1920	-4,759
1921	-569
1922	2,125
1923	3,249
1924	4,794
1925	2,228
1926	1,008
1927	3,872
1928	4,262
1929	1,220
1930	-6,621
1931	1,957
1932	832
1933	6,360
1934	4,670
1935	2,096
1936	9,907
1937	8,507

출전 ; Reserve Bank of India,1938,p.48

였다. 서장에서는 오로지 화폐간의 시세에 여러 평가가 있을 수 있다는 데 착안하였다. 그러나 통화는 하나만 제공되어도 수령하는 측이 그것을 차별화시켜 여러 개로 만들어버리는 것을 역사 속에서 볼 수 있었다. 제4-5장에서 동전유통이 이중화되는 사례가 보여주는 것처럼 화폐수요의 다양함이

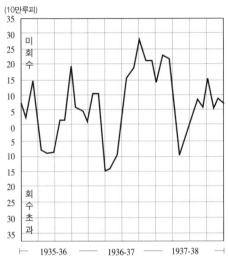

〈그림13〉 인도의 소액통화 연별 미수액의 월별추이
(발행액−회수액, 단위 1000루피)

(10만루피)

출전 ; Reserve Bank of India,1938,p.49

통화 자체의 실체를 분열시키는 것을 종종 볼 수 있다. 그러한 사태는 동전의 세계에서만 보이는 것은 아니다. 오로지 은화만을 쓰고 있던 중세 전기 이탈리아에서도 지역 내에 통용되는 은화의 질이 떨어지는 경향이 나타나자 지역 밖과 교역에 사용되는 은화사이에 이중구조가 형성되려는 경향이 있었다(森林, 1998). 또한 조선에서 통화로 유통된 포(布)도 정부가 지정하는 포(布)는 조금 폭 넓은 것이었지만, 지방시장에서는 폭이 좁은 것이 나타나 통일성을 지향하는 왕조를 혼란하게 하였다. 이러한 구도는 동전에서 관전(官錢)과 악전(惡錢)의 관계와 매우 유사하다(須川, 2001).

이상의 사례는 통화유통에서의 이중화가 통화의 특수한 사정에서 발생하는 것이 아니라, 이미 서장에서 언급하였던 것처럼 시장 자체에 통화를 분열시키는 비대칭성이 있음을 시사하고 있는 것이다.

2. 재화의 교환과 시간의 교환

보통 연역적인 방법으로 화폐를 논한다면, 물건을 가진 사람들이 자신이 소유한 물건과 다른 물건을 원한다는 조건을 상정하고 여기서부터 화폐의 생성을 이끌어 내려고 한다(Jones 1976 ; Iwai, 1996 ; 安富, 2000년). 이 논리에서는 원하는 물건을 가진 사람을 찾는 탐색 비용을 없앨 수 있는 열쇠로 화폐가 만들어 졌다고 한다. 갑, 을, 병 세 사람이 있었는데, 이중 쌀을 가진 갑이 포(布)를 원하였고, 포를 가진 을은 철(鐵)을 원하였고, 철을 가진 병은 쌀을 원하는, 즉 자신이 소유한 것과 원하는 상품이 서로 달리 설정된다. n인이면 n종의 재화가 상정되는 것이다. 이 책에서는 역사적으로 나타난 실체를 찾아보고 그 상황을 설명하여 이론을 추출하고자 하므로 화폐 생성의 이론에서도 그러한 조건을 설정하지 않는다.

이 책에서는 앞 절에서처럼 소농이 소매하는 공간을 기저로 중층적으로 쌓이는 시장을 주요 대상으로 고찰해왔다. 이는 틀림없이 많은 역사적 실체에 합치할 것이다. 그런데 기저에 상정된 소농이 모여드는 시장에서는 갖가지 재화가 거래되고는 있지만 거래규모를 보면 상당히 적은 수의 재화 거래가 집중적으로 나타나고 있다. 즉, 동서를 막론하고 곡물과 소금, 그리고 의류 등이 정기시 등에서 상당한 부분을 차지하고 있다. 따라서 다른 물건을 가진 자가 자신이 가진 물건과 다른 물건을 원한다는 조건 자체를 설정하는 것은 결코 현실적으로 교역의 일반적인 상황을 대표한다고 볼 수 없다. 오히려 누구나 비슷한 물건을 가지고 있고 또 비슷한 물건을 원한다고 보는 쪽이 역사적 보아도 현실적이다.

그러면 이처럼 유사한 재고를 가진 사람들끼리 교역은 왜 일어났는가? 이는 그들이 원하고 혹은 거꾸로 그들이 자신의 재고를 처분하고 싶어 하는 시간에 차이가 있기 때문이다. 갑, 을, 병 세 사람 모두 쌀을 가지고 쌀을 원하고 있지만 탐색하여 보아야 할 것은 재화의 종류가 아니고 재화를 얻을 수 있는 시간의 차이이다. 특히 앞 절에서 확인한 것처럼 농촌사회에서 심각한 계절성으로 쌀이라면 쌀을 얻기 쉬운 시간이 시간에 따라 크게 변해 버린다.

갑은 t 시에 쌀의 재고가 부족하고 을은 t +α 시에 마찬가지로 쌀이 부족하며, 병은 (t +β) 시에 부족한 것이다(0⟨α⟨β). 이 경우 두 가지의 해결책이 있다. 하나는 갑, 을, 병이 서로 알고 있는 관계로 서로 자발적인 상호 신뢰 관계이거나 아니면 타율적으로 외부 요소에 따라 삼자 간에 신용이 성립된 경우이다. 이 경우 쌀은 갑→병→을의 순서로 건네지는데, 그 반대 방향으로는 아무것도 건네질 필요는 없었다. 그러한 관계는 아무래도 닫힌 사회일 수밖에 없고, 갑→을→병…→갑으로 순환회로가 증대하는 것에도 한계가 있다. 이론적으로 접근하여도 시간적 차이를 메우려는 행위가 닫힌 관계에 따른 신용에 한정되어 버리고 만다.

그러나 현실적으로 역사에서는 재고를 처분하고자 하는 시간과 획득하려고 하는 시간의 차이를 메우는 방법이 또 하나 존재한다. 그것은 제 1의 경우처럼 닫힌 인간관계에 의한 것이 아니다. 이 경우는 앞의 경우처럼 갑, 을, 병이 잘 알고 있는 관계일 필요조차 없고, 거의 은닉적인 관계에 가깝다고 볼 수 있다. 그러나 그들에게는 공통점이 있다. 그것은 자신의 재고를 같은 장소에서 처리하고자 하는 것이다. 다만 장소에도 특징이 있어 어떤 계절에는 다량의 재고가 나타나고, 어떤 계절은 소량뿐이 없는 등 주기가 작용하는 장소라는 점이다. 그들은 그런 장소의 특성을 모두 다 잘 알고 있다.

쌀이 수확 전의 어떤 시기에 재고를 처분하여도 좋은 갑과 쌀을 원하는 을이 있다고 하자. 갑은 을과 수확기 후에 돌려받기로 약속하고 재고를 건네주면 양자간에는 대차관계가 성립된다. 그러나 을만이 아니라 수확기 후에 과잉되어 버린 재고를 처분하고자 하는 병, 정, 무 등 불특정 다수가 그 장소에 나타나는 것을 서로 다 잘 알고 있다. 그러한 조건에서 갑←을←병←……갑이라는 회로가 이미 잠재되어 있다. 갑과 을이 쌀을 대가로 교환한 그 무엇인가는 쌀의 흐름과 반대 방향으로 건네져 순환하게 된다. 그 무언가는 을이 갑에게 약속의 징표로 건넨 값진 패각(貝殼)일 수도 있고, 을이 우연히 갖게 된 잎담배 몇 매일 수도 있다. 잎담배를 처리하고자 하는 사람들에 의해 잎담배는 일정 양의 쌀로 표시되어 계속 유통되며 같은 장소를 뱅글뱅글 회전하는 상태가 된다. 다만, 그 장소와 관계없는 사람들에게 잎담배는 단지 소비 혹은 교환되어야 하는 물건에 지나지 않는다.

그런데 처음에서 설명한 것처럼 갑, 을, 병이 각각 쌀(米), 포(布), 철(鐵)을 가지며, 또 서로 다른 것을 원하고 있다고 설정한 것과 갑, 을, 병이 같은 물건을 가지고 소비하고 싶은 시간이 다르다고 설정한 것은 명확한 차이가 있다. 즉 재화 자체의 교환에서 화폐 생산으로 설명하는 전자와 시간의 교환에서 설명하는 후자가 각각 어울리는 시장상이 크게 달라진다는 것이다.

〈재화의 교환〉론은 쌀을 생산하는 사람이 포(布)로 교환하는 것처럼 생산과 교역이 확실히 구분되는 사회상과 잘 어울린다. 시장은 사회분업의 결과로서만 생겨난다. 이에 반해 〈시간의 교환〉론은 같은 사람이 쌀을 어떤 시기는 가지고 있다가 어떤 시기에 매각하고자 하기 때문에 자급과 공급의 경계가 가변적이다. 〈재화의 교환〉론을 견지하면서 현실적으로 역사에서 화폐의 발생을 찾아보고자 해도 같은 물건을 생산하는 사회 내에서 발생을 설명할 수 없으므로, 다른 특산품을 생산하는 〈사회〉 혹은 〈공동체〉 사이의 화폐 발생을 상정할 수밖에 없다. 이에 대해 〈시간의 교환〉론 쪽에서는 오히려 같은 물건을 소유한 사람들끼리의 교환과 화폐의 생성으로 설명하는 것이 더욱 그럴 듯하다. 또 전통사회 내부에서 교역을 고려해도 후자 쪽이 보다 많은 편이다.

또한 〈재화의 교환〉 쪽에서는 거리 혹은 공간은 문제가 되지 않는다. 쌀을 가지면서 철을 원하는 사람이 어떤 장소에 있는지 찾지 못한다면 영원히 소유와 욕구를 실현시키지 못하게 된다. 그러나 〈시간의 교환〉론 쪽은 그렇지 않다. 시간은 거리와 교환된다. 어떤 시간, 예를 들면(t +α)시에 쌀을 원하는 을에게는 (t +α)시에 쌀에 여유가 많지만 100킬로 떨어져 있는 무보다는 적어도 같은 시간에 쌀이 있고 1킬로 밖에 떨어져 있지 않은 정 쪽을 실제 교환상대로 선호한다. 〈시간의 교환〉론은 공간의 문제가 되는 것이다.

그런데 시간은 평탄하게 흐르는 것아 아니라 파동(波動)을 이루며 흘러간다. 시간의 파동은 여러 가지가 원인이 되어 나타나지만 가장 기저를 이루는 것이 수확에 동반된 파도일 것이다. 앞 절에서 표시한 것처럼 대부분의 생산자는 수확 후 잉여생산물, 예컨대 쌀 등을 갖는데, 그것을 팔려는 사람들은 팔려고 하는 동기를 공유한다. 그들은 다음 해도 또한 같은 시기에 남은 쌀을 팔려는 사람들이 많다는 것을 의식하지 않아도 상식으로 안다. 매년 자신이 내놓은 쌀 대신에 얻는 〈살 수 있는 것을 표시한〉 무언가는 한정된 특정의 인간관계의 사람들에게는 신용 등을 거치지 않아도 내년에 또 누군가 쌀을 내놓고 싶어 할 것이기 때문에 인수받을 확률이 높다는 의식을 공유하게 된다. 〈시간〉의 교환이라고는 해도 아주 먼 미래에 일어나게 될지도 모르는 〈시간〉과의 교환이 아니라, 그 후 1년 내에 대부분 교환될 가능성이 상당히 높았던 것이다.

다만, 이러한 〈시장〉에서의 교환이 몰래 이루어질 수도 있겠지만 공간도 없이 시간적 제약도 없이 이루어진 것은 아니었다. 정기적으로 시장에 모이는 다수(한사람도 없는 경우는 없음)는 매매의 파동에 대한 지식을 공유하면서 교역을 유지하였다. 시장이 결코 닫힌 배타적인 공간으로 나타나지 않지만, 그렇다고 해서 무한히 많은 생산자가 모이는 것도 아니다.

표8 에서처럼 경제적 영위에 커다란 계절차이가 내포된 농촌사회에서 모든 생산 주체는 재고 보유자로 나타난다. 장기적인 목적을 위한 보관은 무시한다고 해도 그들은 수확기에서 다음의 수확기까지 재고 보유자들인 것이다. 그들이 지평선상에 단지 막연하게 흩어져 있었던 것만은 아니고 일정한 성향을 가진 다수 집단으로 존재하였다. 그러한 편중의 핵이 재고를 처분하는 장소로 나타나는 것이다. 분산된 재고의 집합체만이 화폐를 생성시킬 수 있는 것이다.

그리하여 시장공간에서 교역을 매개 하는 화폐는 재화 자체로서의 평가에 따르지도 않으며 누군가 강제로 정한 것도 아니지만, 화폐로 수령되어 사람들 사이에서 전전하며 유통된다. 이 책에서 계속 소개하여 왔던 자율적 현지통화는 이렇게 하여 성립되었다. 소비하는 때를 보류한 사람들의 공간적인 집단은 현지통화가 받아들여지도록 지탱한 기본 구조가 되었다. 계속 전해지는 〈물건〉 자체에 대한 평가와 공사의 강제력은 현지통화의 유통을 보조하는 요인에 지나지 않는다. 그리고 현지통화의 생성은 태고의 어떤 한 시점에서 한번 만에 나온 것이 아니라, 이 책에서 살펴본 것처럼 어떤 때는 아주 얄팍한 사주전으로, 어떤 때는 소금 쌓는 종이로 혹은 권련담배의 형태로 역사적으로 반복되며 일어났다.

다만, 〈집단〉을 포괄하는 규모는 크기가 가변적이다. 그 장소가 시장이라 생각하면, 그림 14와 같이 여러 가지 크기의 공간이 중층적으로 겹친다. 그러한 가운데 어떤 규모의 시장에서 수교화폐의 회로가 자생하는가의 문제는 원래부터 존재하는 조건에 의해 타율적으로 결정된다고 보기보다 다른 사회적 · 제도적 조건에 의존한다고 보는 쪽이 타당하다. 그러면 많은 크고 작은 시장 공간들 간의 관계에 대해 생각해보자.

3. 시장계층의 부정합(不整合)

한 농민의 입장에서 보면, 한마디로 시장이라 해도 팔거나 혹은 사는 물건에 따라 다른 장소를 의미하는 경우가 생길 수 있다. 예를 들면, 자기가 스스로 남는 시간을 파는, 즉 일일노동자나 혹은 농번기에 자신이 누군가를 고용하려는 경우라면 마을마다 매일 아침 다리 옆 등에서 열리는 인력시장으로 모였다. 남는 곡물을 팔려면 며칠 간격으로 열리는 조금 떨어진 정시기에 가야했다. 그곳에는 근처의 십여 개 마을에서 사람들이 모여 들었다. 그러나 가축과 부업으로 만든 신발 등을 팔려고 한다면 사람이 더 많이 모이

〈표11〉 산동성 추평현 정시기 11곳의 상품 출처(단위 위엔)

	25km 이내	25-50km	50-150km	150km이상	계
기계제품		250	2,805	(ⅰ) 8,745	11,800
수공업품	(ⅱ) 9,190	(ⅲ) 1,850	955	(ⅳ) 3,575	15,570
농산품	(ⅴ) 36,705		(ⅵ) 6,775	(ⅶ) 7,195	50,675
계	45,895	2,100	10,535	19,515	78,045

특정적 상품 …… (ⅰ) 성냥, 면사, 양포(기계직포) (ⅱ) 토사(수직포), 신발 (ⅲ) 대(帶), 붓
(ⅳ) 주석통 (ⅴ) 곡물, 야채, 가축 (ⅵ) 담배 (ⅶ) 차

출전 ; 章, 1957年, p.319

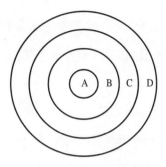

〈그림14〉 시장공간의 수평적 배치

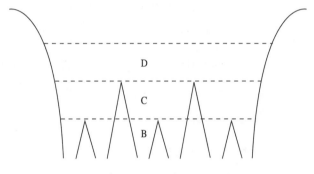

〈그림15〉 시장공간의 수직적 계층

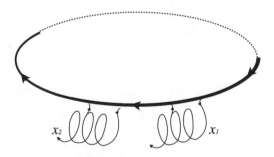

〈그림16〉 현지통화(x)와 지역간 결제통화(y)의 연결

는 진(鎭)이나 현성(縣城)까지 나가야만 하였다. 전통 중국의 소농들은 일본 에도(江戸) 시기 농민보다 이동과 시장 활동에서 자유도가 높았기 때문에, 그들에게 시장공간은 작은 원부터 큰 원이 중층적으로 겹쳐있었다고 보아 도 좋을 것이다.

표11은 1933년의 조사에 근거해 산동성 농촌부의 정기시에서 매매되는 상 품 출처를 공간적 분포에 따라 표시한 것이다. 각 정기시는 대략 5킬로 이내 에 사는 거주자들이 모였다. (ⅰ) - (ⅶ)에 나타난 것처럼 일정한 넓이의 공 간과 어떤 상품 군이 특정하게 대응함을 알 수 있다. 이는 재화에 따라 우선 적으로 수급이 조달되는 공간이 다름을 나타낸다. (ⅴ)의 곡물의 예에서 보 면 수입을 포함한 쌀과 소맥의 장거리 교역은 물론 병존하는 것이었지만, 황링촌의 조사가 보여주는 것처럼 가까운 정시기에 모인 범위 내에서의 수 급관계는 황링촌에 거주하는 사람들에게 그들 곡물매매의 시세를 형성하는 무엇보다 중요한 규정적인 요인이 되었다.

산서성 태원현과 산동성 추평현(鄒平縣)의 사례에서 공간의 대략적인 관 계를 도표화하면 그림 14처럼 된다. 중심의 가장 작은 A는 일일고용 노동이 모이는 범위를 나타낸다.[1] 수평적으로 확인하면 그곳 밖의 시장공간 B, C 가 동심원 상태로 넓어져 가는 것처럼 보인다. 그것을 곡물 B를 기저로 하 여 위쪽으로 C, D와 중복되는 계층적인 구조로 그림 15처럼 수직적으로 인 식할 수도 있다.

이러한 전통시장의 중층성 자체는 지금까지 지적되어 온 바이다. 전통 중 국에 한정하여 보면 남만주철도주식회사 등 여러 조사에서도 지적하였다

---

[1] 인력은 마을에서 주로 조달된 것으로 산서성의 조사에 의거하였다. 물론 예외도 있다 (黑田, 1996).

(天野, 1984). 스키너는 보다 넓은 문맥에서 정리된 상(像)을 제시하고 있다 (Skinner, 1964-65). 여기의 동심원을 중복하여 가면 상해(上海), 한구(漢口)와 같은 대무역항의 범위로까지 확대시킬 수 있다. 동시에 원의 대소에 의해 그곳에서 주로 취급되는 재화가 사치품인지 혹은 일용품인지의 구별에도 대응하고 있으며, 또 사용되는 통화도 고액면의 통화가 많은 장소와 영세액면의 통화가 많은 장소의 구분도 나타난다. 그것은 서구에서의 중세와 근세에 브로델이 일상적인 거래에 사용되는 동화 등 질이 떨어지는 금속의 통화가 사용된다는 경우와 그 범위를 넘어서 금은화가 사용된다는 것으로 구분하고 있는 것에 대응하고 있다 (Braudel, 1979, ch.7).

그러나 동심원 상태로 각급 시장이 계층을 이루고 있는 모양은 중대한 오해를 불러일으키기 쉽다. 즉, 사치품교역과 고액면 통화가 대부분인 상층시장과 일상품이나 영세액면 통화가 대부분인 하층시장의 수직 방향으로의 전환이 별다른 마찰 없이 원활하게 이루어지고 있다고 간주해 버린다는 점이다. 이 책에서 설명한 것처럼 양자 사이의 전환은 결코 원활하게 이루어진 것이 아니라, 상향전달과 하향전달이 비대칭적으로 이루어진다. 여기서는 서장에서 이미 지적한 두 가지의 요인이 작용한다. 다시 확인하여 두자.

첫째, 화폐 수요의 변동 특성은 시장 계층에 따라 다르다는 점이다. 계절성이 강한 곡물, 예를 들면 조(粟) 매매를 주요 부분으로 하는 시장 공간 B와 계절성이 약한 가축과 구두가 팔리는 시장 공간 D는 화폐 수요의 변동 특성이 다를 수밖에 없다. 문제는 공간범위가 다르기 때문에 같은 수교화폐로 양자의 화폐 수요에 응한다고 하면, 한 쪽에서의 수요가 다는 쪽의 공급을 위협할 수밖에 없는 것이다. 이러한 긴장을 완화시키기 위해서는 계절성이 강한 쪽 시장에 많은 화폐가 준비되어 있어야 한다.

둘째, 하층시장일수록 일상적 재화의 거래비율이 크고, 영세액면 통화의 수요가 높아진다. 그런데 상층시장에서 하층시장으로 통화를 공급하면, 액면이 적은 수교화폐일수록 하층에 쌓여 소액면통화가 다시 상층시장으로 환류하는 정도가 낮아지게 된다. 결국 소액면통화는 하층시장일수록 수요가 강하고, 상층시장일수록 환류하지 않으므로 공급이 부족하게 되는 경향이 동반된다. 이 장 처음에 제시한 인도의 소액면 통화는 그러한 상황을 설명하고 있다.[2]

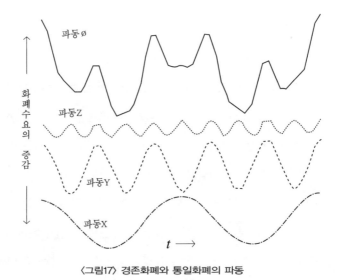

〈그림17〉 경존화폐와 통일화폐의 파동

이상의 두 가지 요소에 따라 화폐를 통일적으로 유지하기보다도 복수의 통화를 여럿 병존시켜 보유하는 쪽에 합리성을 부여하게 되어 갔다. 이에

---

[2] Sargent는 액면의 대소가 그들에 대한 수요의 차이를 가져왔기 때문에 액맥의 대소보다 그 환류속도가 다름을 보여준다. 그러나 시장 자체는 균질적으로 대칭적인 장소로 취급하였으므로 본서와 같은 환류성 등에 착안하지는 않았다 (Sargent/Velde, 2002).

따라 각 계층마다 통화를 자율적으로 보유하게 된 결과, 통화들 간의 교환에 비대칭성이 나타나게 되었다. 자율성을 가진 현지통화의 순환과 그들을 상층에서 묶는 지역간의 결제통화의 순환과의 관계는 그림16에서처럼 양자의 서로 다른 회전운동을 연결시키게 되었고, 회로간의 전환은 마찰의 연속이었다.

3장에서는 여러 화폐가 병존하는 사회는 각각 독자적인 계절변동을 갖게 되므로, 총체적으로 단일화폐에 의존하는 사회보다 다량의 화폐를 필요로 함을 보여주었다. 여기서 양자의 차이를 가시화시켜 보자. 시장 공간 B, C, D에서 화폐수요가 각각 그림 17처럼 X, Y, Z의 파동으로 변화한다고 가정해 보자(다만 그 파동 자체가 현실을 반영하는 것은 아니다). 공간 B에 거주하는 사람들에게 한가지의 선택은 X, Y, Z에 대응하는 화폐를 나누어 버리는 것이다. 그렇게 함으로써 다른 공간에서의 화폐변동에 영향을 받지 않고 X의 파동에 있던 화폐공급을 안정적으로 계속 유지할 수 있다. 이러한 상황은 C의 공간에서 가축만을 취급하는 업자들에게도 마찬가지라고 할 수 있겠다.

만약 이것을 하나의 화폐로 대처하고자 한다면 어떻게 될 것인가? 가장 단순하게 B, C, D의 평균적 거래 규모가 같다고 하고 X, Y, Z의 파동을 합치면 ϕ 등의 불규칙한 파동이 된다.[3] 3장에서 언급한 것처럼 수요 파동의 진폭이 클수록 통화를 보장하는 경향도 강하게 된다. 그런데 파동의 합동은 (진)파를 상쇄하여 진폭의 총화를 감소시켜 나가게 되므로 ϕ에 맞추려는 단일통화의 도입은 통화 공급을 절감하는 것을 가능하게 한다.

---

[3] 파동 자체에 대한 이해는 Feynman/Leighton/Sands(1965)에 따른다.

그러나 그러기 위해서는 불규칙한 수요에 탄력적으로 대응할 수 있는 있는 통화공급을 가능하게 하는 기구가 필요하다. 그런데 통화 특히 B와 같은 말단 시장에서는 유통되는 소액화폐의 환류성이 낮기 때문에 탄력적 조직을 만들어 가는 것은 쉬운 일은 아니다. 따라서 6장에서는 통화자체에 의존하지 않는 지역신용의 발달만이 단일통화의 하부구조를 지탱하여 준다는 것을 시사하였다.[4]

4. 시장의 수평적 연쇄와 수직적 통합

1000문짜리 액면 통화1개가 1문짜리 통화 100개와 호환되는 사회A, 30매로 할인되는 등 거의 호환이 되지 않는 사회 B가 있다. 이미 설명해 온 것처럼 그것을 통화 당국이 실행하는 강제력의 차이에 기인한다고 보는 것이 가장 이해하기 쉬울 것이다. 그러나 7장까지의 사례를 살펴 본 독자들도 통화들 간에 절대비율을 설정하는 것이 얼마나 어려운 것인가 하는 것을 알 수 있을 것이다. 때문에 오히려 그러면 어떠한 조건에서 절대비율이 실행될 수 있을 것인가라는 물음에 틀림없이 흥미를 가지게 될 것이다.

1000문 액면의 통화라는 것은 허구로 만들어진 가공의 예가 아니다. 1840년대 에도막부는 실제 100문짜리 액면인 천보통보(天保通寶)를 발행하였다. 소재 가치가 낮았음에도 불구하고 100문 액면 그대로 통용되었다. 같은 무렵 중국에서도 태평천국과 전쟁 중에 있던 청조정부가 재정 보충을 위해

---

[4] 또 하나의 방법은 통화자체를 탄력적으로 공급하려고 하는 지역적인 통화당국의 창출이다. 번찰(藩札)의 역사는 그 일례를 보여주는 동시에 그 유지가 얼마나 어려운 가를 명시하여 준다.

각종 고액통화를 발행하였다. 그러나 청정부가 발행한 고액통화는 액면대로 수령되지 않았고, 시장에서 통용되지도 않았다.

중국과 일본의 차이는 이것뿐만이 아니었다. 같은 동전과 평량은(枰量銀)을 사용하는 사회이면서도 18세기 후반부터 어떤 중요한 차이가 발생하였다. 중국의 경우 동전과 은의 비가는 지역적 차이를 동반하면서 끊임없이 변동하는 것이 상식이었다. 일본도 당연히 그러하여 오사카(大阪)의 은 시세 등도 메이지(明治) 유신까지 계속 변동하

〈표12〉 중국과 일본 중심지 계층비교

인 구	중 국	일 본
1,000,000명 ~	1	1
300,000 ~ 999,999	9	2
30,000 ~ 99,999	100	20
10,000 ~ 29,999	200	60
3,000 ~ 9,999	1,100	250
~ 3,000	6,000	400
정기시	24,000	1,000

출전 ; Rozman, 1973, p.102

〈표13〉 중국의 주현평균의 정기시추이

	산동	하북	산서
~ 1735년	15	10	6
~ 1795	20	12	7
~ 1861	23	13	8
~ 1911	29	14	8
~ 1949	42	21	

출전 ; Rozman, 1982, pp.106-107;喬編, 1998, p.331

였다. 그러나 18세기 후반부터 사실상 지방의 번들은 안정되어 갔다. 서일본의 경우 몬메센(匁錢)이라 하여 1문(匁)짜리 은에 전의 비율은 번마다 80문이거나 78문으로 고정되어 버렸다(藤本, 1984). 동시에 평량은 자체가 거의 유통되지 않게 되었고, 문이 빠른 속도로 계산 단위가 되어 갔다(岩橋, 1999b).

몬메센도 18세기 전반까지만 해도 같은 번 내에 여러 개가 병존하여 토지문서 하나에도 지불액을 여러 개의 몬메센(匁錢)을 함께 병행하기도 하였다. 그러나 18세기 말로 가면서 그렇게 함께 쓰는 일이 없어졌고 각 번에는 각각 하나만의 몬메센을 주로 사용하여 갔다(楠本, 1999, pp.311-315). 1772

년 난료니슈긴(南鐐二朱銀)의 발행에 따라 금은 비가도 사실상 고정되었으며, 18세기 후반 특히 다누마기(田沼期, 1767-1786)는 여러 통화간의 호환성이 급격히 높아진 시기였다. 중요한 것은 통화에서의 변화가 시장 자체의 변화와도 병존하였다는 것이다.

앞 절에서처럼 계층적 시장구조에서 재화가 수요 공급되는 장소로 농촌의 정기시가 최하층에 위치하고 있는 것은 수긍이 가는 일이다. 정기시 추세에서 일본과 중국은 근세 이후 전혀 다른 모양이 나타난다. 표12는 19세기 중반 일본과 중국간의 중심지 계층분포를 비교한 것이다. 중국 인구는 일본 인구의 13배 정도이기 때문에 거의 조카마치(城下町)에 해당하는 중소 규모의 도시는 일본 쪽이 무게가 있다고 한다면, 정기시의 확대에서는 중국쪽이 우세함이 확실하다. 그러나 결정적인 차이는 오히려 변화의 추세라고 할 수 있다. 중국은 20세기 말까지 정기시가 계속 증가하였다. 제7장에서 쓴 세계 경제의 흐름을 받은 농산물 시장의 활황도 그 요인이었을 것이다. 정기시 자체의 수는 19세기 중반의 2배인 5만 정도로 추측되고 있다. 또 표13에서 알 수 있는 것처럼 18세기부터 19세기에 걸쳐서도 일반적으로 증가하는 경향이 있었다.

하지만 일본은 감소하는 추세였다. 메이지 이후 정기시는 쇠퇴하였고 니가타(新潟)등 특정지역을 제외하면 거의 소멸되었다. 중요한 것은 이러한 추세가 공업화와 함께 일어난 것이 아니라 이미 메이지 이전부터 시작되었다는 점이다. 단적인 예로는 신슈우에타번(信上州田藩)의 사례를 들 수 있다. 17세기 초기의 우에타에는 적어도 센고쿠(戰國)시대부터 지속된 5개의 정기시가 있었다고 기록되었다. 그러나 번령(藩領) 내외를 구분하는 관소(關所)가 설치되고, 조카마치(城下町)가 상업 기능의 중심지로 자리잡는 등 일련의 과정을 통해 정기시가 사라져 갔고, 18세기 초에는 겨우 마고에시(馬越市) 하나만 남아 있었다(大石, 1975, 제2장). 우에타번의 사례는 조금 이른 시기의 사례지만, 대체로 정기시가 쇠퇴하는 시기로 접어든 것은 역시 다누마기(田沼期)부터라고 볼 수 있다(伊藤, 1967, pp.223-227).

지금까지는 국내 시장의 통일 등을 논할 때에 수평적인 통일만을 생각해 왔다. 이것을 굳이 그림으로 그려보면 시장공간이 여러 개 나란히 함께 공존하다가 국내 세관 철폐 등으로 합쳐지는 모양이 될 것이다. 즉, 종래는 시장공간에서 상하 각 계층의 수직 방향의 관계에 대해서는 중시하지 않았다. 이 책에서 화폐의 여러 가지 형태를 통해 나타내려는 것은, 바로 상층 시장들끼리 이른바 수평적인 연쇄가 강한 사실과 상하층의 시장들끼리는 수직적인 통합이 강하게 나타나는 사실은 구별되어야 한다는 것이다.

오히려 상층시장들끼리의 강력한 수평적인 연쇄가 상하층시장의 수직적 통합을 희생시킨 예도 있었다. 앞의 1, 2장에서 살펴 본 마리아 테레지아 은화와 일본 은원이 그리는 커다란 환상회로는 지역시장에서는 수평적인 연쇄가 강하다는 것을 설명하는 동시에 각 지역에서 하층시장은 상당히 자율성을 가지고 있음을 암암리에 보여준다.

결국, 이 책에서 말하고자 하는 것은 정기시 같은, 소농들의 재고처리장이자 가장 기저에 위치한 시장공간의 자율성을 통제하는 데 여러 시장간의 관계가 크게 의존하고 있다는 것과, 또 그 점이 국민경제 구조를 특징짓는다는 것이다.

이와 같은 이론은 오직 하부 시장 내에 유통되는 현지통화와 상위에서 시장들을 묶는 지역 간 결제통화와의 관계를 설명하는 것이다. 그러나 지역 간 결제통화로만 한정하여 보아도 어떠한 관계를 가지고 있는가에 따라 다

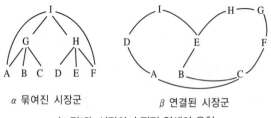

α 묶여진 시장군　　　　β 연결된 시장군

〈그림18〉 시장의 수평적 연쇄의 유형

른 시장관계가 생긴다. 그러므로 시장에서의 수평적 연쇄가 다양하다는 사실도 고찰해 보아야 한다.

그림18처럼 재화가 집중하는 같은 규모의 중심지인 9개 지점이 병존하며, 상호 강력하게 재화교환이 연결된 교환관계가 10개 있다고 가정하자.[5] 그러한 관계를 갖는 쪽이 α와 같이 집약적으로 묶여있는가, 혹은 β처럼 둥근 고리 형식으로 연결되었는가에 따라 각 지점을 묶는 통화의 존재방식은 큰 차이가 나타난다. α쪽은 교역이 증대함에 따라 Ⅰ지점에서 통용되는 한 개의 통화로 통합될 가능성이 높다. 이에 비해 β는 두 개의 통화가 각각 둥그런 회로를 만든다. 회로가 중복되는 B, C, E 지점의 시장에서는 두 개의 화폐가 경쟁하며 존재할 것이다. 그곳에서 두 통화의 시세는 통화의 소재가치와 재고수량의 비율보다는 각각 담당하는 회로에서 만나게 되는 화폐수요의 파동과 직접관계가 있다.

지금까지 서술하여 온 시장간의 수직적인 통합에서의 강약과 수평적 연쇄의 다양성이라는 것은 바로 사회 제도와 관련된 것이다. 재정구조, 환송금 형태 등은 시장구조와 밀접한 관련을 가진다는 것은 이미 지적된 바 있다 (黑田, 1994a). 그러나 사회제도와 경제를 유기적으로 취급하여 온 지금까

---

[5] 이러한 비교식은 그래프 이론을 개인관의 사회관계에 채용한 것과 유사하다(Flament, 1963,pp.79–81).

지의 작업은 모두 이러한 시각이 결여된 채 연구되어 왔다. 제도학파의 흐름에 강한 영향을 미치고 있는 저작에서도 화폐와 시장은 질적으로 대칭적인 수단과 장소로 취급되어 왔다(North, 1990; 靑木, 2001년). 화폐와 시장은 바깥에 존재하는 제도적 요인과의 관계에서만 논의되었지 화폐와 시장 자체에 제도를 넣어서 해석하지는 못하였다고 할 수 있다. 게다가 화폐와 시장구조의 다양성을 설명하는 공구도 가지지 못하였다.[6]

그러면 본서에서는 화폐와 시장의 다양성을 어떤 구성요인으로 설명하고 있는가? 그것은 다음의 4가지 사항을 종합한 것이다. 모두가 사회구조, 그리고 통화당국의 재정 집행 구조와 큰 관련이 있다.

1. 재고를 가지고 있는 사람들의 경우, 아주 자유롭게 자기 생산물을 처분할 수 있는 계층의 확대. 확대가 넓어질수록 '공간적인 집단'이 응축되어 현지통화 수요를 지탱하여 간다. 전통 중국, 그리고 지역 차이는 있지만 인도의 벵갈은 바로 이러한 계층이 넓게 확대되며 정기시가 매우 발달하였다.

2. 그러한 사람들 사이에서의 사회적 관계의 개방도. 촌락 공동체처럼 강한 규제가 따르는 경우〈시간의 교환〉이 시장을 매개로 하지 않고, 직접적인

---

[6] 아담 스미스적인 분업, 보다 구체적으로는 상업적 농업과 수공업적 발전이 18세기 유럽과 아시아 대륙의 양단, 즉 서구와 나란히 중국을 중심으로 하는 동아시아에서도 일어났고, 생활수준 등에서 양자는 큰 차이가 없었다는 논조가 최근에 강하고 일고 있다(Wong, 1997, Pomeranz, 2000). 그러한 인식 자체는 수긍되는 것이고 그 주장의 계발적인 의의도 자못 크다고 할 수 있다. 그러나 농업과 수공업, 도시와 농촌, 지역과 지역 간 이라는 수평적인 분업관계에만 착안하였다는 점에서 종래의 시장이해의 결여를 답습하고 있다. 수평적인 분업에서는 각 사회(예컨대, 중국과 일본)의 차이는 지적될 수 없기 때문에 19세기 이후의 분기는 오직 외부적인 요인(에너지 혹은 식민지의 유무 등)에서만 설명되고 있다. 이 책처럼 전통시장의 중층성을 인식하고 수직적 통합의 시각을 가짐으로써 보다 사실적으로 었었던 각 사회에 대해 해부할 수 있는 길이 열릴 것이라고 믿는다.

인간관계에 기초한 교환으로 해결할 수 있는 길이 열려 있다. 반대로 그러한 규제가 적은 사회에서는 시장 의존도가 강해져 현지통화의 생성을 촉진한다.

3. 통화를 공급하는 구조가 얼마큼 큰 액면의 것을 공급하는가? 소액면의 통화가 대량으로 공급되는 사회는 소액면 통화가 환류하지 않고 각 계층의 시장에 머무르면서 현지통화의 수요와 공급의 자율적인 조정을 촉진한다.

4. 지역에서 통용성이 높은 현지통화와 지역을 넘어 통용성을 갖는 호환성이 높은 통화와의 관계를 어떻게 설정하는가?

많은 소농민이 자유롭게 재고를 처분할 수 있으면 정기시가 발달하고, 거래 규모에 맞는 소액통화가 만들어져 사람들이 화폐와 시장에 의존하여 자원이 배분되는 가운데 생활할 것이다. 이것은 현지통화의 자율성을 높이는 방법은 되지만, 행정적으로 설정된 국경 내에서 질적으로 대칭된 화폐와 시장 창설로 나아가지는 않는다. 신분해방, 시장참가, 화폐취득, 신용 제도의 보급 등의 동인을 선형적(線型的)으로 경제발달에 연결시키는 발상으로는 현실적으로 여러 국민경제의 개성을 설명할 수 없다.

오늘날 유행하고 있는 사회과학에서는 일국일통화의 국민경제가 자명한 것으로 구축되어 있다. 그 중에는 글로벌리즘의 관점에서 이를 상대화하려는 관점도 있지만, 이 또한 국가별 내지는 지역별 시장들끼리 수평 방향의 관계만을 논할 뿐 수직적 방향에서의 관계까지는 주목하지 못하였다.

그러나 이 책에는 시장의 중층성을 살펴봄으로써 화폐에서는 간과되어 왔던 특질에 주목할 수 있었다. 즉, 화폐는 유통되어야만 하기 때문에 거꾸로 유통되지 않도록 설계된 존재라는 점이다. 수평방향의 가동성이 과도하게 되면 반드시 그것을 규제하려고 하는 수직방향의 힘이 나타난다. 역사에는 그러한 사례가 가득하다. 미국 달러의 수령성이 매우 높아져 버린 지금이야 말로 수령성이 공간적으로 제한된 문자 그대로의 지역통화, 이 책에서 말하는 지역 유동성의 변종이 등장하는 것은 역사적 필연인 것이다.

후기

이 책은 화폐가 무엇인지를 역사적 경험에서 찾아보고자 하는 시도였다. 그러나 역사적이라고는 하더라도 여기에서 든 현상이 과거 저편으로 그냥 지나쳐 버리고 만 것은 아니다.

싱가포르에서는 시중에 여기저기서 여러 화폐를 환전하여 주는 업자들이 있었다. 필자가 1998년 3월말 방문하였을 때, 미국 100달러 지폐는 현지통화인 싱가포르 달러로 교환비율이 5대1이 아닌 각각 다른 시세로 거래되고 있었다. 모든 환전상이 미화 100달러를 높게 평가하고 있었다(다만 2002년 3월 싱가포르를 다시 방문하였을 때에는 그러한 현상은 더 이상 보이지 않았다). 이것이 바로 액면에 대한 화폐의 비대칭적 현상이며, 서장에서 기술한 1원 은화가 1각 은화 10매와 등가로 교환되는 현상과 유사하다.

또한 80년대 에리토리아에서 인류학자의 조사에 따르면 에티오피아 내전으로 인한 혼란상황에서 농촌 쪽 사람들은 마리아 테레지아 은화를 사용하고 있었다는 보고가 있었다. 신용이 흔들리고 있던 정부 발행의 통화보다도 일찍부터 공유하고 있던 액면화폐를 쓰는 회로에 의존하는 쪽이 선호되고 있었던 것이다.

이 회로는 매우 짧지만 분명히 알 수 있는 것은 다음의 타이 아유타야에서
의 일본 100엔 동전의 유통사례에서이다. 2001년 9월 아유타야를 방문한
다카하시 고타로(高橋廣太郎)에 따르면 관광객을 위한 노점상 10여 명이 서
로간에 일본 100엔짜리 동전을 쓰고 있었다고 한다. 그들의 고객은 대부분
일본인 관광객들인데, 현지통화인 바츠라는 소액동전을 가지고 있지 않은
일본인들에게 20바츠 대신에 100엔 동전을 대금으로 받고 있었다는 것이
다. 그리고 그들 노점상이 음식을 파는 경우는 100엔을 20바츠 가량으로 환
산하여 주고받고 있었다고 한다. 환율시세는 100엔 = 36.6 바츠였기 때문
에 일본인 관광객과 아유타야 노점상간에 사용되는 바츠가 상당히 높게 평
가되고 있음을 알 수 있다이(정보는 安富步).

즉, 화폐의 회로, 그리고 비대칭성이 비록 대칭적인 건물의 지하에 갇혀
버리는 신세가 되어 버렸지만 지금도 계속되고 있다고 할 수 있다.

또한 최근에 확대되고 있는 이사카와와 같은 〈지역통화〉 및 이 책에서 논
한 현지통화와의 차이도 언급하여 두고 싶다. 전자는 형태가 다양하여 주민
들 간에 서비스 제공을 담보로 하는 것이라고 보아도 좋다. 이는 이 책의 제
6장에서 이미 서술한 촌과 마을의 단체적 효력에 의한 내부화폐와 유사한
측면이 있다. 중세,근세의 촌과 마을은 현대의 지역사회 등과는 여러 가지
면에서 차이가 있지만 두 가지 모두 어떤 사회적 관계에 의거한다는 점은
공통된다. 그에 비해 현지통화 쪽은 재화의 재고에 일방적으로 의존하고 있
고, 보유자간의 사회관계의 의거하지 않는 외부화폐이다. 전통사회에서도
외부화폐 지향의 사회와 내부화폐 지향의 사회로 나뉘었던 것처럼 〈지역화
폐〉 창조의 성패에도 당연히 사회마다 차이가 있었을 것이다.

어찌되었건 화폐 내지 시장과 사회 내지 제도는 서로 의존적으로 밖에 이해할 수 없다.

각 장에 관계된 발표논문을 아래에 적어 두었다. 고쳐 쓴 부분의 원고가 많기 때문에 원형을 보존하고 있는 것은 2장, 5장, 6장뿐이다.

서장 : 새로 씀.

1장 : 새로 씀.

2장 : 〈貨幣が語る諸システムの興亡〉,《岩波講座世界歷史》15, 岩波書店, 1999년.

"Another Monetary Economy : The Case of Traditional China", A.J.H. Latham and H. Kawakatsu(eds.) , *Asia Pacific 1550-2000*, Routledge, 2000.

3장 : "Concurrent Currencities in History : Comparison of traditional monectary systems between India and China," *Proceedings of the XIII Congress of the International economic History Association*, Session 15 'Global Monies and Price Histories, 16th-18th Centuries,' Buenos Aires, July 2002.

4장 : 새로 씀.

5장 : 〈16-17世紀環シナ海經濟と錢貨流通〉,《歷史學研究》711, 1998년.

6장 : 〈伝統市場の重層性と制度的枠組み-中國・インド・西歐の比較〉,《社會經濟史學》64-1, 1998년.

7장 : 〈周邊〉からみた國際金本位制の特質 -中國貿易を比較基準として〉, 中村哲編,《東アジア資本主義の形成-比較史の視點から》, 靑木書店, 1994,

〈アジア在來金融からみた20世紀初期の世界經濟〉,《歷史評論》539, 1995.

종장 : "Seasonal Fluctuation, Multi-Layered Market and Monetary Diversity : How to Maker or not to Make a Single Domestic Currency", *Proceeding of the XIII Congress of the International economic History Association.* Session22, 'Comparative Analyses of Economic Performance across Eurasia in Age of Early Industrializion', Buenos Aires, July 2002.

3장은 〈貨幣 · 金融을 중심으로 한 近代世界시스템에서의 中國과 인도의 比較研究〉(特定領域研究 A 〈남아시아의변동〉1999-2000) 또 제1장은 〈아시아 · 아프리카에서의 무역은 유통과 그 종언에 대한 비교사적 연구〉(맹아연구, 2002)의 연구과제로 각각 과학연구비조성금의 성과물이기도 하다.

이 책에서 취급한 영역은 필자의 능력을 넘은 광범한 지역이므로, 책 내용의 많은 부분을 이미 나온 연구에 의존할 수밖에 없었다. 그러나 지면상 참고문헌에는 원칙적으로 본문과 주에 직접 인용한 것에 한정시켜 버렸다. 또한 일본번역의 출전에 한해서는 화폐 자체와 관련된 것을 취급한 문헌으로 좁혀 두었는데 이점에 대해서 양해를 구하고 싶다.

혼자서만 즐기는 표현으로 흘러버리는 필자의 문장을 이와나미(岩波) 서점의 스기타(彬田守康)씨가 조금 고쳐주었다. 그럼에도 불구하고 대중성이라는 편집부의 요청에 부응되었는지 아닌지에 대해서는 크게 신경 쓰지 못했다. 표현상 용의주도하지 못함이 실제로는 구상력의 결핍을 드러내는 것이 아니기만을 바랄 뿐이다.

참고문헌

일본어 · 중국어 · 한글

靑木昌彦 (2001), 《比較制度分析に向けて》, NTT출판.

朝尾直弘, (1964), 〈木地室銀札について〉, 《日本史硏究》 72.

朝倉孝吉 (1961), 《明治時期日本金融構造史》, 岩波書店.

淺羽良昌 (1990), 《アメリカ植民地土地銀行史論》, 日本經濟評論社.

足立啓二(1990), 《明淸時期における錢經濟の發展》, 中國史硏究會, 《中國專制國家と社會統合 》, 文理閣.

足立啓二 (1992)〈東アジアにおける錢貨の流通〉, 荒野泰典 · 石井正敏 · 村井章介編, 《アジアの中の日本史》, 東京大學出版部.

天野元介助(1984)〈中國農業經濟論〉, 第3卷, 不二出版.

荒井政治 (1959)〈イギリスにおける市の發達について〉, 《社會經濟史學》, 25-1.

池享編 (2001), 《錢貨-前近代日本の貨幣と國家》, 靑木書店.

池田溫 (1972), 〈西安南郊何家村發見の唐代埋藏文化財〉, 《史學雜誌》81-9.

石田浩(1980),〈舊中國における市場圈と通婚圈〉,《史林》63-5.

石原潤(1987),《定期市の研究》名古屋大學出版會.

伊藤好一(1967),《近世在方市の構造》,隣人社

井上正夫(1998),〈和同開稱の銀錢の問題について〉,《社會經濟史學》64-2.

井上泰也(2000),〈宋代貨幣システムの繼ぎ目−短陌慣行法〉,《アジア遊學》18.

井原今朝男 (2001),〈宋錢輸入の歷史敵意義〉,池享編,《錢貨−前近代日本の貨
幣と國家》, 靑木書店.

今田秀作 (2000),《パクス・ブリタニカと植民地インド−イギリス・インド
經濟史〈相關把握〉》, 京都大學學術出版會.

岩井克人 (1993),《貨幣論》, 筑摩書店.

岩井茂樹 (1992),〈中國專制國家と財政〉,《中世史講座 6 中世の政治と戰爭》
學生社

岩生成一 (1928),〈江戶時代における銅錢の海外輸出に就ついて〉,《史學雜
誌》39-11.

岩生成一 (1966),《南洋日本町の研究》, 岩波書店.

岩橋勝(1999a),〈近世後期金融取引の基準貨幣−豊後日田千史料を中心とし
て〉,《松山大學論集》11-1.

岩橋勝(1999b),〈近世三貨制度の成立と崩壞−銀目空位化への道〉,《松山大
學論集》11-4.

浦長瀨隆 (2001),《中近世日本貨幣流通史》,勁草書房.

榎木宗次 (1977),《近世領國貨幣研究序說》, 東洋書院.

王雪農 ・ 劉建民(2001),《山西民間票帖》, 中華書局, 北京.

大石愼三郎 (1975),《日本近世社會の市場構造》, 岩波書店.

大田由紀夫 (1993),〈元末明初における徽州府下の貨幣動向〉,《史林》76-4.

大田由紀夫 (2001),〈中國王朝による貨幣發行と流通〉, 池享編,《錢貨-前近代日本の貨幣と國家》, 靑木書店.

大塚英二 (1996),《日本近世農業近世史の研究-村融通制の分析》,校倉書房.

岡光夫 (1976),〈幕藩體制の小農經濟》, 法政大學出版會.

小畑弘己 (1997),〈出土錢貨にみる中世九州・沖繩錢貨流通〉,《文學部論叢》熊本大學文學會56

小野一一郎 (2000),《近代日本幣制と東アジア銀流通》, ミネルヴァ書房.

加藤慶一郎 (2001),《近世後期經濟發展の構造》,淸文堂.

加藤繁 (1952),《支那經濟史考證》, 東洋文庫.

加藤博 (1998),〈價金〉からみた中世イスラムの貨幣事情〉,《歷史學研究》711.

金子邦彦・ 安富步 (2002),〈共依存的生滅の理論〉, 社會經濟史學會,《社會經濟史の課題と展望》, 有斐閣

華北交通株式會社實業部編(1944),《北支農村の實態-山西省晋泉縣黃陵村實態調查報告》, 龍文書局.

川岡勉 (1986),〈中世後期の貫高制と〈石高制〉〉,《ヒストリア》112.

川勝義雄 (1982),《六朝貴族制社會の研究》, 岩波書店.

韓明基(1992),〈17세기초 은의 유통과 그 영향〉,《奎章閣》15.

岸本美緒 (1997),《淸代中國の物價と經濟變動》,研文出版

岸本美緒 (1999),〈淸代中國の經世論における貨幣と社會〉(歷史學研究會編, 1999)

喬志强編 (1998),《近代華北農村社會變遷》, 人民出版社, 北京.

姜抮亞 (2001),《1930年代廣東省の財政改革-中央・地方・商人三者關係を

中心に〉, 東京大學人文社會系博士論文.

草野靖 (1982), 〈南宋財政における會子の品搭收支〉, 《東洋史研究》41-2.

楠本美智子 (1999), 《近世の地方金融と社會構造》, 九州大學出版會.

倉橋正直 (1980), 〈營口の巨商東盛和の倒産〉, 《東洋學報》63-1・2.

黑田明伸 (1994a) 《中華帝國の構造と世界經濟》, 名古屋大學出版會.

黑田明伸 (1994b) 〈〈周邊〉からみた國際金本位制の特質 −中國貿易を比較基
　　準として〉, 中村哲編, 《東アジア資本主義の形成−比較史の視點から》, 青
　　木書店.

黑田明伸 (1995), 〈アジア在來金融からみた20世紀初期の世界經濟〉, 《歷史
　　評論》539.

黑田明伸 (1996), 〈20世紀初期太原縣にみる地域經濟の原基〉, 《東洋史研
　　究》54-4.

黑田明伸 (1998), 〈伝統市場の重層性と制度的枠組み−中國・インド・西歐
　　の比較〉, 《社會經濟史學》64-1, 〈伝統市場と地域流動性の比較史として〉,
　　石坂昭雄・篠塚信義・高橋秀行編, 《地域工業化の比較史的研究》, 北海道
　　大學圖書刊行會, 2003.

黑田明伸 (1999a), 〈16−17世紀環シナ海經濟と錢貨流通〉(歷史學研究會,
　　1999)

黑田明伸 (1999b), 〈貨幣が語る諸システムの興亡〉, 《岩波講座世界歷史15 商
　　人と市場》, 岩波書店.

吳知 (1936), 《鄕村織布工業的一個研究》, 商務印書館, 上海, 《鄕村織布工業
　　の一研究》, 發智善次郎外譯, 岩波書店, 1942.

高聰明 (2000), 《宋代貨幣与貨幣流通研究》, 河北大學出版社, 保定.

黃冕堂 (1985), 〈明代物價考略〉《明史管見》, 齊魯書社, 濟南.

後藤晃 (1988), 〈19世紀イランにおける貿易の展開と社會經濟構造の變容I〉《東洋文化研究所紀要》107.

小葉田淳 (1969), 《日本貨幣流通史》刀江書院

小葉田淳 (1976), 《金銀貿易史の研究》法政大學出版會.

權上康男 (1985), 《フランス帝國主義とアジア－インドシナ銀行史研究》東京大學出版會.

齋藤修 (1997), 《比較史の遠近》NTT出版

崎原貢 (1975), 〈渡唐銀と薩琉中貿易〉《日本歷史》323.

佐久間重男 (1992), 《日明關係史の研究》吉川弘文館.

櫻井英治 (1995), 〈割符に關する考察－日本中世における爲替手形の性格をめぐって〉《史學雜誌》104-7.

櫻井英治 (1997), 〈日本中世における貨幣と信用について〉《歷史學研究》703.

櫻井英治・中西聰編 (2002), 《新体系日本史12 流通經濟史》山川出版社

櫻木晋一 (1998), 〈洪武通寶の出土と成分組成〉《季刊考古學》62.

佐々木銀弥 (1972), 《中世商品流通史の研究》法政大學出版局.

佐藤正哲 (1994), 〈17世紀後半～19世紀前半北インドにおける都城と市場町(村)の形成〉《東洋史研究》52-4.

斯波義信 (1968), 《宗代商業史研究》風間書房.

鳥居一康 (1990), 〈兩稅折納における納稅價格と市場價格〉中國史研究會《中國專制國家と社會統合》文理閣

嶋谷和彦 (1994), 〈中世の模鑄錢生産〉《考古學ジャーナル》372.

嶋谷和彦 (2001), 〈堺の模鑄錢と成分分析〉(東北中世考古學會,2001年).

謝杭生 (1988), 〈淸末各省官銀錢號研究(1894-1911)〉《中國社會科學院經濟研究所集刊》11.

章友義 (1957), 《中國近代農業史資料 第三輯》三聯書店,北京.

須川英德 (1999), 〈朝鮮時代の貨幣-〈利權在上〉をめぐる葛藤〉(歷史學研究會編,1999年).

須川英德 (2001), 〈朝鮮前期の貨幣發行とその論理〉(池亭編 2001年).

杉山正明・北川誠一 (1997), 《世界の歷史9 大モンゴルも時代》中央公論者.

鈴木公雄 (1999), 《出土貨幣の研究》東京大學出版會.

須藤巧 (1985), 〈合衆國貨幣市場と連邦準備制度の成立〉--〈金融改革運動〉との關連を中心として〉《社會經濟史學》51-3.

須藤巧 (1987), 〈合衆國貨幣市場の國際的位置と連邦準備制度の成立〉藤瀬浩司・吉岡昭彦編 《國際金本位制と中央銀行政策》名古屋大學出版會.

石毓符 (1984), 《中國貨幣金融史略》天津人民出版社. 天津

關周一 (1997), 〈東アジア海域の交流と對馬・博多〉《歷史學研究》703.

關口尙志 (1973), 〈低開發(=植民地)型金融構造の基本性格〉大塚久雄 《後進資本主義の展開過程》アジア經濟研究所.

金漢昇 (1968), 〈明季中國与菲津賓間的貿易〉《香港中文大學中國文化研究所學報》1.

泉州市文物管理委員會・泉州市海外交通史博物館 (1975), 〈福建泉州地區出土的五批外國銀弊〉《考古》141.

莊爲機 (1975), 〈福建南安出土外國銀弊的幾個問題〉《考古》141.

莊爲輝 (1996), 《海外交通史跡研究》厦門大學出版社. 厦門.

曾田三朗 (1994),《中國近代製糸業史の研究》汲古書院.

戴建兵 (2001),《中國錢票》中華書局,　北京.

高橋弘臣 (2000),《元朝貨幣政策成立過程の研究》東洋書院.

高畠稔 (1972),〈19世紀初期西ベルガル農村の社會經濟關係-ゴーパールプ
　　ル土地文書の研究〉《北海道大學文學部紀要》20-1.

竹內幹敏 (1978),〈インドの通貨政策と國際收支-植民地的帝國主義の弊制
　　支配〉《經濟と經濟學》40.

谷本雅之 (1998),《日本における在來的經濟發展と織物業-市場形成と家族
　　經濟》名古屋大學出版會.

田谷博吉 (1963),《近世銀座の研究》吉川弘文館.

張家驤主編 (2001),《中國貨幣思想史》上,　湖北人民出版社,　武漢.

鄭永昌 (1994),《明末淸初的銀貴錢賤現象与相關政治經濟思想》國立台灣師
　　範大學歷史研究所專管刊 24.

東野治之 (1997),《貨幣の日本史》朝日新聞社.

東北中世考古學會 (2001),《中世の出土模鑄錢》高志書院.

永井久美男編 (1996),《中世の出土錢-補遺I》兵庫埋藏錢調查會.

永井久美男 (2001),〈模鑄錢の全國的樣相〉(東北中世考古學會, 2001年).

中込律子 (1995),〈中世成立期の國家財政構造〉《歷史學研究》677.

中島圭一 (1997),〈中世貨幣の普遍性と地域性〉網野善彦他編《中世日本列島
　　の地域性-考古學と中世史研究6》名著出版.

中島圭一 (1999),〈野本の中世貨幣と國家〉(歷史學研究會編,　1999年).

長野暹 (1992),《明治國家初期財政政策と地域社會》九州大學出版會.

名城邦夫 (2000),《中世ドイツ・バムベルク司敎領の研究》ミネラル書房.

橋口定志 (1999), 〈錢を埋めること-埋納錢をめぐる諸問題〉(歷史學研究會 編 1999年).

橋本雄 (1998), 〈選錢令と列島內外の錢貨流通〉《出土錢貨》9.

濱下武志 (1997), 《朝貢システムと近代アジア》岩波書店.

日野開三郎 (1937), 〈南宋の紙幣〈見錢公據〉及び〈見錢關子〉の起源について〉 《史學雜誌》48-7・8・9. 《日野開三郎東洋史論集》7, 三一書房, 1983年.

博衣凌 (1956), 《明淸時代商人及商業資本》人民出版社, 北京.

藤本隆志 (1984), 〈近世における錢貨流通の一考察--福岡藩の〈匁錢〉成立 を求めて〉《經濟學研究》(九州大學) 49-4・5・6.

彭信威 (1965), 《中國貨幣史》上海人民出版社, 上海.

細見眞也 (1992), 《アメリカの農業と農民-ガーナの事例研究》同文舘.

本多博之 (1991), 〈毛利氏領國における基準錢と流通錢〉《內海文化研究紀要》 20.

本多博之 (2000), 〈戰國期社會における錢貨と基準額--筑前・豊前兩國を 中心に〉《九州史學》126.

前田直典 (1973), 《元朝史の研究》東京大學出版會.

牧野成制 (2001), 〈寛永期の金融と地域社會〉《歷史學研究》747.

增井経夫 (1986), 《中國の銀と商人》研文出版.

松浦章 (2002), 《淸代海外貿易史の研究》朋有書店.

松延康隆 (1989), 〈錢と貨幣の觀念-鎌倉期における貨幣機能の変化につい て〉《列島の文化史》6.

三木さやこ (2000), 〈18世紀末から19世紀前半のベンガルの穀物流通システ ム〉《社會經濟史學》66-1.

三品英憲 (2000),〈近代中國華北農村の変容過程と小經營の展開――河北省
　　定縣を例として〉《社會經濟史》66-2.

水野薫 (1935),〈山東の一農村(張耀屯)に於ける社會經濟事情(下)〉《滿鐵調
　　査月報》昭和10年8月號

宮崎市定 (1951),〈明淸時代の蘇州と輕工業の發達〉《東方學》2.

宮澤和之 (1998),《宋代中國の國家と經濟》創文社.

宮澤和之 (2000),〈魏晋南北朝時代の貨幣經濟〉《鷹陵史學》26.

宮澤和之 (2001),〈元代後半期の幣制とその崩壞〉《鷹陵史學》27.

宮下忠雄 (1952),《中國幣制の特殊研究》日本學術振興會.

宮原兎一 (1951),〈朝鮮初期の銅錢について〉《朝鮮學報》2.

村井章介 (1997),〈銀と鐵砲とキリスト教－中近世移行期の世界史的意味〉
　　《國境を越えて－東アジア海域世界の中世》校倉 書房.

村松祐次 (1975),《中國經濟の社會態制》東洋經濟新報社, 1949年, 複刊.

室井義雄 (1992),《連合アフリカ會社の歷史1879-1979年；ナイジェリア社
　　會經濟史序說》同文館.

毛利憲一 (1974),〈ビタ錢の価値變動の關する研究〉上・下《日本歷史》310-1.

盛本昌廣 (2000),〈豊臣期における金銀遣いの浸透過程〉《國立歷史民族博物
　　館研究報告》83.

森本芳樹 (1998),〈ヨーロッパ中世貨幣史／古錢學から〉《歷史學研究》711.

安國良一 (1999),〈近世初期の選錢令をめぐって (歷史學研究會編 1999年).

安國良一 (2001),〈三貨制度の成立〉(池亨編 2001年).

安富步 (2000),《貨幣の複雜性》創文社.

湯淺赳男 (1988),《文明の〈血液〉――貨幣から見た世界史》新評論.

山口和男編著 (1966), 《日本産業金融史研究 製糸金融編》東京大學出版會.

山田勝芳 (2000), 《貨幣の中國古代史》朝日新聞社.

山本進 (2002), 《清代財政史研究》汲古書院.

山本有造 (1994), 《兩から円へ－幕末・明治前期貨幣問題研究》ミネルヴァ
書房.

吉川光治 (1991), 《德川封建經濟の貨幣的機構》法政大學出版局.

李憲昶 (1996), 〈肅末~正祖朝(1678~1800년간) 米価의 變動〉《經濟史學》21.

李碩崙 (1984), 《韓國貨幣金融史稿》博英社, 서울.

梁方仲 (1989), 《梁方仲經濟史論文集》中華書局, 北京.

林仁川 (1987), 《明末清初私人海上貿易》華東師範大學出版社, 上海.

林滿紅 (1994), 〈嘉道年間貨幣危機爭議中的社會理論〉《中央研究院近代史研
究所集刊》23 上.

歷史學研究會編 (1999), 《シリーズ歷史學の現在1 越境する貨幣》青木書店.

脇田修 (1967), 《近世封建制成立史論－－織豊政權の分析》東京大學出版會.

脇田晴子 (1969), 《日本中世商業發達史の研究》御茶の水書房.

Ashton, T. S. 1945. "The Bill of Exchange and Private Banks in Lancashire,
1790-1830", *Economic History Review*,15.

Austin, G, / K. Sugihara (eds.), 1993. *Local Suppliers of Credit in the Third
World, 1750-1960*, Macmillan.

Bacharach, J. L. 1983. "Monetary Movements in Medieval Egypt, 1171-
1517", J. F. Richards (ed.), 1983.

Baker, C. J. 1984. *An Indian Rural Economy 1880-1955 : The Tamilnad*

Countryside, Oxford U.P.

Bayly, C. A. 1983. *Rulers, Townsmen and Bazaars : North Indian Society in the Age of British Expansion, 1770-1870*, Cambridge U.P.

Berry, B. J. L. 1967. *Geography of Market Centers and Retail Distribution*, Prentice-Hall.

Blusse, L. 1988. Strange Company : *Chinese Settlers, Mestizo Women and the Dutch in VOC Batavia*, Foris.

Braudel, F. 1979. *Les Structures du quotidian : le possible et l' impossible*, Librairie Armand Colin. F. ブローデル《日常の構造》全2冊, 村上光彦 譯, みすず書房, 1985年.

Brennig, J. J. 1983. "Silver in Seventeenth-Century Surat : Monetary Circulation and the Price Revolution in Mughal India", J. F. Richards (ed.), 1983.

Britenell, R. H. 1981. "The Proliferation of Markets in England, 1200-1349", *Economic History Review*, 2nd ser., 34-2.

Britnell, R. H. 1986. Growth and Decline in Colchester, 1300-1525, Cambridge U. P.

Central Service of Statistics, 1939. *Statistical Year Book, Siam, 1935-36 and 1936-37*, Bangkok.

Chaudhuri, K. N. 1986. "World Silver Flows, Monetary Factors as a Force of International Economic Integration 1658-1758(America, Europe and Asia)", W. Fischer / R. M. McInnis / J. Schneider (eds.), *The Emergence of a World Economy, 1500-1914*, vol. 1, Franz Steinbar.

Cheng Siok-Hwa, 1968. *The Rice Industry of Burma 1852-1940*, University of Malaya Press.

Cipolla, C. 1967. Money, Prices and Civilization in the Mediterranean World : Fifth to Seventeenth Century, Gordian.

Clark, R. J. 1968. "Land Reform and Peasant Market Participation on the North Highlands of Bolivia", *Land Economics*, 44-2.

Cohen, B. T. 1998. *The Geography of Money*, Cornell U.P. B. T. コ?ヘン《通貨の地理學》本山美彦監譯, シュプリンガー・フェアラーク東京, 2000年.

Commelin, I. 1646. *Begin ende voortgang van de Vereenighde Nederlandtsche Geoctroyeerde Oost-Indische Compagnie*, vol. 1, Amsterdam.

Cross, H. E. 1983. "South American Bullion Production and Export 1550-1750", J. F. Richards (ed.), 1983.

De Cecco, M. 1974. Money and Empire : The International Gold Standard, 1890-1914, Basil Blackwell. M. デ・チェッコ《國際金本位制と大英帝國》山本有造譯, 三嶺書房, 2000年.

De Roover, R. 1948. *Money, Banking, and Credit in Medieval Bruges : Italian Merchant-Bankers Lombards and Money-Changers : A Study in the Origins of Banking*, Medieval Academy of America.

De, S. C. 1952a. "The Cowry Currency in India", *Orissa Historical Research Journal*, 1-1.

De, S. C. 1952b. "Cowry Currency in Orissa", *Orissa Historical Research*

Journal, 1-2.

Deyell, J. 1983. "The China Connection : Problems of Silver Supply in Medieval Bengal", J. F. Richards (ed.), 1983.

Einzig, P. 1966. *Primitive Money : In its Ethnological, Historical and Economic Aspects*, 2nd edtion (Revised and Enlarged), Pergamon.

Ekundare, R. O. 1973. *An Economic History of Nigeria 1860-1960*, Methuen.

Feynman, R. P. / R. B. Leighton / M. L. Sands, 1965. *Feynman Lectures on Physics*, Addison-Wesley. R. P. ファイマンほか《ファインマン物理學 Ⅱ 光熱波動》富山小太郎譯, 岩波書店, 1968年.

Flament, C. 1963. *Applications of Graph Theory to Group Structure*, Prentice-Hall. C. フラマン《グラフ理論と社會構造》山本國雄譯, 紀伊國屋書店, 1974年.

Flynn, F. O. / A. Giraldez, (forthcoming) "Cycles of Silver : Global Economic Unity through the mid-18th Century".

Ford, A. G. 1962. *The Gold Standard 1880-1914 : Britain and Argentina*, Oxford U.P.

Furtado, C. 1963. *The Economic Growth of Brazil : A Survey from Colonial to Modern Times*, trans. by R. W. de Aguiar / E. Ch. Drysdale, University of California Press.

Galbraith, J. K. 1995. *Money : Whence It Came, Where It Came, Where It Went*, Penguin. J. K. ガルブレイス《マネー――その歴史と展開》都留重人監譯, ティビーエス・ブリタニカ, 1976年.

Garretson, P. P. 2000. *A History of Addis Abăba from its Foundation in 1886 to 1910*, Harrassowitz.

Geertz, C. 1978. "The Bazaar Economy : Information and Search in Peasant Marketing", *The American Economic Review*, 68-2.

Glassman, D. / A. Redish, 1988. "*Currency Depreciation in Early Modern England and France*", *Explorations in Economic History*, 25.

Grierson, P. 1978. "The Origin of Money", *Research in Economic Anthropology*, 1, JAI Press Inc.

Habib, I. 1967. "The System of Bills of Exchange (Hundi) in the Mughal Empire", *Proceedings of Indian History Congress*, Patiala Session.

Habib, I. 1990. "Merchant Communities in Precolonial India", J. D. Tracy (ed.), *The Rise of Merchant Empires : Long-distance Trade in the Early Modern World 1350-1750*, Cambridge U.P.

Hans, J. 1946. *Austria between two Wars*, Ferd. v. Kleinmay.

Hans, J. 1961. *Maria-Theresien-Taler*, Brill.

Hayek, F. A. 1976. *Denationalisation of Money*, London, Institute of Economic Affairs. F. A. ハイエク《貨幣發行自由化論》川口愼二譯, 東洋經濟新報社, 1988年.

Hicks, J. 1969. *A Theory of Economic History*, Clarendon. J. ヒックス《經濟史の理論》新保博譯, 日本經濟新聞社, 1970年.

Hoffman, P. T. 1996. *Growth in a Traditional Society : The French Countryside 1450-1815*, Princeton U.P.

Hogendorn, J. / M. Johnson, 1986. *The Shell Money of the Slave Trade*,

Cambridge U.P.

Imperial Maritime Customs, China, 1912. *Decennial Reports, 1902-11*, vol.1, Shanghai.

Ingram, J. C. 1955. *Economic Change in Thailand since 1850*, Stanford U.P.

Issawi, C. 1971. *The Economic History of Iran : 1800-1914*, University of Chicago press.

Iwai, K. 1996. "The Bootstrap Theory of Money : A Search-theoretic Foundation of Monetary Economics", *Structural Change and Economic Dynamics*, 7.

Jennings, R. 1973. "Loans and Credit in Early 17th Century Ottoman Judical Records", *Journal of the Economic and Social History of the Orient*, 16-2,3.

Jones, E. L. 1981. *The European Miracle : Environments, Economies and Geopolitics in the History of Europe and Asia*, Cambridge U. P. E. L. ジョーンズ《ヨーロッパの奇跡》安元稔・脇村孝平譯，名古屋大學出版會，2000年.

Jones, G. 1986. *Banking and Empire in Iran*, Cambridge U.P.

Jones, R. 1976. "The Origin and Development of Media of Exchange", *Journal of Political Economy*, 84.

Keynes, J. M. 1971a. *Indian Currency and Finance*, Macmillan. J. M. ケインズ《インドにおける通貨と金融》則武保夫・片山貞雄譯，東洋經濟新報社，1977年.

Keynes, J. M. 1971b. *A Treatise on Money / The Pure Theory of Money*,

Macmillan. J. M. ケインズ《貨幣論Ⅰ 貨幣の純粋理論》小泉明・長澤惟恭譯, 東洋經濟新報社, 1979年.

Kindleberger, C. P. 1986. *The World in Depression, 1929-1939*, revised and enlarged edition, University of California Press. C. P. キンドルバーガー《大不況下の 世界1929-1939》石崎昭彦・木村一郎譯, 東京大學出版會, 1982年.

Kindleberger, C. P. 1989a. *Economic Laws and Economic History*, Cambridge U.P.

Kindleberger, C. P. 1989b. *Spenders and Hoarders : The World Distribution of Spanish American Silver 1550-1750*, Singapore : Institute of Southeast Asian Studies.

King, F. H. H. 1965. *Money and Monetary Policy in China 1845-1895*, Harvard U.P.

Klein, B. 1974. "The Competitive Supply of Money", *Journal of Money, Credit and Banking*, 6-4.

Knapp, G. F. 1918. *Staatliche Theorie des Geldes*, Dunker & Humblot. G. F. クナップ《貨幣國定學說》宮田喜代藏譯, 岩波書店, 1922年.

Kowaleski, M. 1995. Local Markets and Regional Trade in Medieval Exeter, Cambrigde U.P.

Kuroda, A. 2000. "Another Monetary Economy : The Cace of Traditional China", A. J. H. Latham / H. Kawakatsu (ed.), Asia *Pacific Dynamism 1550-2000*, Routledge.

Kuroda, A. 2002a. "Concurrent Currencies in History : Comparison of traditional monetary systems between India and China" for Session 15 'Global Monies and Price Histories, 16th-18th Centuries', *Proceedings of the XIII Congress of the International Economic History Association*, Buenos Aires.

Kurada, A. 2002b. "Seasonal Fluctuation, Multi-Layered Market and Monetary Diversity : How to Make or not to Make a Single Domestic Currency" for Session 22 'Comparative Analyses of Economic Performance across Eurasia in Age of Early Industrialization', *Proceedings of the XIII Congress of the nternational Economic History Association*, Buenos Aires.

Lamoreaux, N. 1994. *Insider Lending : Banks, Personal Connections and Economic Development in Industrial New England*, Cambridge U. P. / National Bureau of Economic Research.

League, of Nations, 1931. *The Course Phases of the World Economic Depression*, Geneva.

Levy, M. B. 1991. "The Banking System and Foreign Capital in Brazil", R. Cameron / V. I. Bovykin (eds.), *International Banking 1870-1914*, Oxford U.P.

Lopez, R. S. / H. A. Miskimin / A. Udovitch, 1970. "England to Egypt, 1350-1500 : Long-term Trends and Long-distance Trade", M. A. Cook (ed.), *Studies in the Economic History of the Middle East from the Rise of Islam to the Present Day*, Oxford U.P.

Maçzak, A. 1976. "Money and Society un Poland Lithuania in the 16th and

17th Centuries", *The Journal of European Economic History*, 5.

Mahapatra, P. R. 1969-70. "Currency System in Medieval Orissa", *Quarterly Review of Histrical Studies*, 9-2.

Mallick, B. S. 1991. *Money, Banking and Trade in Mughal India (Currency, Indigenous Fiscal Practices and the English Trade in 17th Century Gujarat and Bengal)*, Rawat Pubications.

Marx, K. 1961. *Zur Kritik der politischen Okonomie*, Dietz.《經營學批判》大內兵衛・細川嘉六監譯, マルクス・エンゲルス全集13卷. 大月書店, 1964年.

Masters, B. 1988. *The Origin of Western Economic Dominance in the Middle East : Mercantilism and the Islamic Economy in Aleppo, 1600-1750*, New York U.P.

Mcphee, A. 1971. *The Economic Revolution in British West Africa, 1926*, 2nd edition, Routledge.

Menger, C. 1892. "On the Origins of Money", *Economic Journal*, 2.

Meuvret, J. 1971. "Circulation monétaire et utilisation éonomique de la monnaie dans la France du XVIe et du XVIIe siécle", *Études d'histoire éonomique*, Cahiers des Annales 32, Paris.

Miron, J. A. 1986. "Financial Panics, the Seasonality of the Nominal Interest Rate, and the Founding of the Fed", *American Economic Review*, 76-1.

Mishra, R. K. / D. Maass / E. Zwierlein (eds.), 1994. *On Self-Organization : An Interdisciplinary Search for a Unifying Principle*, Springer.

Mitra, D. B. 1991. *Monetary Systeme in the Bengal Presidency*, K. P.

Bagchi.

Mollema, J. C. 1935. *De Eerste Schipavaart der Hollanders naar Oost-Indie 1595-97*, Martinus Nijhoff.

Motomura, A. 1994. "The Best and Worst of Currencies : Seigniorage and Currency Policy in Spain, 1597-1650", *Journal of Economic History*, 54-1.

Mundell, R. A. 1961. "A Theory of Optimum Currency Areas", *American Economic Review*, 51.

Munro, J. 1983. "Bullion Flows and Monetary Contraction in Late-Medieval England and the Low Countries", J. F. Richards (ed.), 1983.

The Nigeria Handbook, 1936. London.

Nightingale, P. 1990. "Monetary Contraction and Mercantile Credit in Later Medieval England", *Economic History Review, 2nd ser.*, 43-4.

North, D. 1990. *Institutions and Institutional Change and Economic Performance*, Cambridge U.P.

Noyes, A. D. 1909. *Forty Years of American Finance*, Putnam.

Pamuk, S. 1997. "In the Absence of Domestic Currency : Debased European Coinage in the Seventeenth-Century Ottoman Empire", *Journal of Economic History*, 57-2.

Peez, C. / J. Raudnitz, 1898. *Geschichte des Maria-Theresien Thalers*, Carl Graeser.

Perlin, F. 1993. *The Invisible City : Monetary, Administrative and Popular Infrastructures in Asia and Europe 1500-1900*, Variorum.

Pirenne, H. 1936. *Economic and Social History of Medieval Europe*, trans.

by I. E. Clegg, Routledge & Kegan Paul.

Polanyi, K. 1977. *The Livelihood of Man*, Academic Press. K. ポランニー
《人間の經濟》玉野井芳朗・栗本愼一郎譯, 岩波書店, 1980年.

Pomeranz, K. 2000. *The Great Divergence : China, Europe, and the Making
of the Modern World Economy*, Princeton U.P.

Preston, H. H. 1933. "The Wooden Money of Tenino", *Quarterly Journal of
Economics*, 47-2.

Prigogine, I. 1997. *The End of CERTAINTY : Time, Chaos, and the New
Laws of Nature*, The Free Press. I. プリゴジン《確實性の終焉》我孫子誠
也・谷口佳津宏譯. みすず書房, 1997年.

Reid, A. 1993. *Southeast Asia in the Age of Commerce 1450-1680. vol.2 :
Expansion and Crisis*, Yale U.P. A. リード《大航海時代の東南アジア 2
擴張と危機》平野秀秋・田中優子譯, 法政大學出版局, 2002年.

Reserve Bank of India, 1938. *Report on Currency and Finance for the Year
1937-38*, The Times of India Press.

Richards, J. F. (ed.), 1983. *Precious Metals in the Later Medieval and Early
Modern Worlds*, Carolina Academic Press.

Robequain, C. 1944, *The Economic Development of French Indo-China*,
trans. by I. A. Ward, Oxford U.P.

Robertson, D. H. 1948. *Money*, 4th edition, Combridge U.P. D. H. ロバート
ソン《貨幣》安井琢磨・熊谷尚夫譯, 岩波書店, 1956年.

Royal Commission on Indian Currency and Finance, 1926. *Appendices to
the Report of the Royal Commission on Indian Currency and Finance*,

vol.2, His Majesty's Stationery Office.

Rozman, G. 1973. *Urban networks in Ch'ing China and Tokugawa Japan*, Princeton U.P.

Rozman, G. 1982. *Population and marketing settlements in Ch'ing China*, Cambridge U.P.

Sargent, T. J. / F. R. Velde, 2002. *The Big Problem of Small Change*, Princeton U.P.

Sayers, R. S. 1976. *The Bank of England 1891-1944*, Cambridge, Princeton U.P. R. S.セイヤーズ《イングランド銀行1891-1944年》日本銀行金融史研究會譯, 東洋經濟新報社, 1979年.

Senn, P. R. 1951. "Cigarettes as Currency", *Journal of Finance*, 4-3.

Singh, M. P. 1985. *Town, Market, Mint and Port in the Mughal Empire 1556-1707*, Adam Publishers &Distributors.

Sinha, J. C. 1938. *Indian Currency Problems in the Last Decade (1926-1936)*, University of Delhi.

Skinner, G. W. 1964-65. "Marketing and Social Structure in Rural China", *Journal of Asian Studies*, 24-1,2,3. G. W. スキナー《中國農村の市場・社會構造》今井淸一・中村哲夫・原田良雄譯, 法律文化社, 1979年.

Smith, A. 1986. *An Inquiry into the Nature and Causes of the Wealth of Nations*, Penguin. A. スミス《國富論》水田洋譯, 河出書房新社, 1974年.

Souza, G. B. 1986. *The survival of Empire : Portuguese Trade and Society in China and the South China Sea, 1630-1754*, Cambridge U.P.

Sprenger, B. 1995. *Das Geld der Deutschen : Geldgeschichte Deutschlands*,

Ferdinand Scho' ningh.

Spufford, P. 1988. *Money and its Use in Medieval Europa*, Cambridge U.P.

Subrahmanyam, S. (ed.), 1994. *Money and the Market in India 1100-1700*, Oxford U.P.

Treasury Department, Bureau of the Mint, 1940. *Annual report of the Director of the Mint for the fiscal year ended June 30*, Washington : Government Printing Office.

Vilar, P. 1991. *A History of Gold amd Money 1450 to 1920*, Verso.

Vogel, H. U. 1993. "Cowry Trade and its Role in the Economy of Yunnan : From the Ninth to the Mid-Seventeenth Century", part I, II, *Journal of the Economic and Social History of the Orient*, 36-3, 4.

von Glahn, R. 1996. *Fountain of Fortune : Money and Monetary Policy in China 1000-1700*, University of California Press.

Weber, M. 1924. *Wirtschaftsgeschichte*, Dunker & Humblot. M. ウェーバ-《一般社會經濟史要論》上・下, 黑正巖・青山秀夫譯 岩波書店. 1954-55年.

Weber, M. 1972. *Wirtschaft und Gesellschaft*, zweiter Teil, Kapitel I, J. C. B. Mohr. M. ウェーバ-《法社會學》世良晃志郎譯, 創文社, 1974年.

Weber, M. 1980. *Soziologische Grundbegriffe*, J. C. B. Mohr. M. ヴェーバ-《社會學の根本概念》清水幾太郎譯, 岩波文庫, 1972年.

Whitmore, J. K. 1983. "Vietnam and the Monetary Flow of Eastern Asia, Thirteenth to Eighteenth Centuries", J. F. Richards (ed.), 1983.

Wicks, R. S. 1992. *Money, Markets, and Trade in Early Southeast Asia : Tha*

Development of Indigenous Monetary Systems to AD 1400, Southeast Asia Program, Cornell University.

Williams, J. 1951. "Maria Theresa' s Dollar", *Chamber' s Journal*, Nov.

Williams, J. (ed.), 1997. Money : *A History*, British Museum Press. J. ウィリムズ《圖說お金の歴史全書》湯淺糾男譯, 東洋書林, 1998年.

Wong, Bin R. 1997. *China Transformed*, Cornell U.P.

찾아보기